Zheng Dongguo Zhuan

*Zheng Dongguo
Zhuan*

郑洞国传

戴燕君　冯云飞 ◎ 著

中国文史出版社

前　言

郑洞国一生具有传奇色彩。他在青年时代，受孙中山先生革命思想的影响，毅然投笔从戎，考入黄埔军校，参加东征北伐，屡立战功，一路升为营长、团长，在黄埔学生军中崭露头角。

1927年大革命失败以后，因国民党内部各派系军事集团间不断发生混战，郑洞国随国民党中央军先后参加了蒋桂战争、蒋唐战争、讨伐石友三以及1930年的中原大战等系列混战。忽东忽西的军旅中，郑洞国曾在困惑和怀疑中进行反思，但由于思想的局限性，还是把自己的命运同蒋介石连在一起，走过一段曲折的道路。

"九一八事变"后，日寇侵占我东北三省，进一步入侵热河，继而大举进攻长城各口。在国难日深、全国人民强烈要求停止内战、举国抗日的情势下，郑洞国率部在古北口一带的古长城上，与装备有飞机、战车、大炮的日军浴血奋战两月余，狠狠打击了侵略者的嚣张气焰，是最早参加抗日的国民党将领之一。

"七七事变"后，抗战全面爆发，郑洞国纵横驰骋，转战南北，后参加过保定会战、津河战役、徐州会战、归德战役、武汉会战、广西昆仑关战役、鄂西会战、中国驻印军反攻缅北等重大战役。日本宣布无条件投降后，蒋介石曾电召郑洞国前往重庆，欲委任他为其侍从侍卫长。他以自己性情愚拙、不善内卫事务为词，婉言谢之，后被任命为国民党第三方面军副司令长官。郑洞国因抗战战功卓著，被誉为国民党军队中的抗日名将。

1948年，在辽沈决战的重要时刻，郑洞国脱离了国民党反动阵营，归向人民。毛泽东曾肯定了郑洞国将军在兵临城下之际毅然投诚的这一明智决断，号召其他国民党军队将领"学习长春郑洞国将军的榜样"（《毛泽东选集》第四卷），并在中央军委起草致东北局的电文中指出："郑洞国为黄埔高级军官，此次又率部投降"，"应给以礼遇"。此后，郑洞国冷静地总结了自己前半生的经历，认识到国民党早已背弃了孙中山先生的革命主张，违背了广大人民的根本利益，成为阻碍中国社会进步与发展的反动势力，而注定是要失败的。中国只有在共产党的领导下走社会主义道路，才会有光明的前途，这也是实现自己当年投奔黄埔、反帝爱国的革命初衷的唯一正确途径。他表示愿意参加新中国的建设事业，受到周恩来的嘉勉。1950年6月，郑洞国任水利部参事和全国政协文史专员。1954年9月，在第一届全国人民代表大会第一次会议上，毛泽东亲自提名其为国防委员会委员。此后，郑洞国曾担任全国政协第三、四届委员，第五、六、七届常委，黄埔同学会副会长，自1979年起任中国国民党革命委员会副主席。

古人言"择善而固执之"，郑洞国自从投身人民革命行列以后，就真心实意地拥护共产党的领导，即使面临严峻考验，仍坚信社会主义道路的伟大正确。十一届三中全会以来，他目睹改革开放和社会主义现代化建设事业所取得的举世瞩目的成就，心情更加振奋，尽管晚年体弱多病，仍然十分关心国家大事，勉力参加各项政治和社会活动，直至生命的最后一息，保持了一个真诚的爱国人士的晚节，是很可钦佩的。

1991年1月27日，这位穿过了东征北伐的枪林弹雨，走过了古北口、台儿庄、昆仑关、缅北等征战之途，跨越了孤城死亡之线而获得新生的一代名将，走完了他人生的最后旅程……

郑洞国的这部传记，以严肃、客观、求实的态度，总结和回顾了他的人生历程。文笔力求生动活泼、引人入胜，向人们展示老一辈爱国志士的追求和奋斗，包括他们所走过的曲折坎坷道路，以期从不同的侧面给予现在的青年一代以爱国主义教育。在写这部传记过程中，我们参考了大量的史料和相关方面的书籍，由于作者水平有限，难免有疏漏之处，敬请广大读者批评指正，在这里表示一一感谢。

目　录

第一章　家有幺儿初长成

在一个普通农民家里，郑洞国出生了。没有特殊之处，一切悉听父母安排，年纪轻轻娶妻生子，在家人的支持下从商溪、石门县城、长沙，一步一步求学成长，历经革命洗礼，终成为一心从军报国的热血青年。

童年生活

1903 年 1 月 13 日，三更夜，湖南石门商溪河畔南岳寺的一个普通农民家里，即将分娩的母亲正经历着剧烈的阵痛。屋外，电闪雷鸣，风雨交加；屋内，四十三岁的母亲，因高龄生育，几次三番痛昏过去。在半醒半昏沉的迷蒙中，母亲似乎梦到一条身披鱼鳞的蛟龙穿过山洞，凌空而起。少许，新生儿呱呱坠地，风停雨歇，鸡鸣声声……

郑洞国——本书的主人公，在这美丽的商溪河畔的黎明中出生了，以普通的生命形式开始了他不平凡的一生。

郑洞国在兄弟姐妹中排行最末，父母都唤他为"幺儿"，亦名"蛟儿"。父亲郑定琼，是位粗通文墨的正直农民。母亲陈英教，是位贤妻良母型的农家妇女，步入不惑之年才怀上郑洞国，此前她曾生育过四次，除头一胎是男孩外，其余三胎都是女儿。父亲郑定琼将长子起名"潼国"，将三个女儿分别起名"先梅""芷梅""尽梅"，寄寓着其"女儿止尽男儿来"的企盼。郑母果不负夫望，第五胎终于孕育出一个男儿来。因妻子生产时梦蛟龙，郑父便将"蛟儿"的乳名赐给了这个盼来的"老来子"，跟所有的父母一样，期盼着"蛟儿"将来能有出息。

一方水土养一方人。

石门地处湘西山区，与临澧、桃源、慈利、大庸等县相邻。这一带山清水秀，物产丰富，风景亦十分秀丽。商溪河是一条美丽的小河，有着泛波似银、飞浪若雪、积潭如玉的碧水，蜿蜒于缀锦叠翠的崇山峻岭间；这里的沟壑纵横，如大树的根系。倘若不计山之大小、水之巨细，这里可谓"奇峰三千，秀水八百"。大山峪也较其他山乡富裕，当地有歌谣曰："金仙阳，银渡水，有钱难买商溪水。"仙阳与渡水在石门可谓是似金如银的富庶地，可与商溪一比，便相形见绌了。本是富饶之地，但是因交通不便，环境闭塞，一些农副产品如：桐油、茶叶、板栗、竹藤制品和矿产等很难大批外运。再加上常有水旱灾情，时局动乱以及官府的重重盘剥，农村百姓的生活还是十分清苦，一般农民辛劳一年，勉强糊口已属不易，若遇大的天灾人祸，便只好出卖田地、牲畜，为人帮工过活了。

郑家在这方土地上，有祖传老屋六七间，田地近三十亩。年成好时，可岁收谷四五十石（按当时标准，每石折合一百一十市斤左右），也只是解决温饱问题。不过按照当时民不聊生的社会实际情况来看，郑家能解决温饱问题也算是乡间的小康之家了。

郑洞国出生时，母亲已是四十三岁的人了，由于营养不良、体弱多病，根本没有奶水，只好用米粉制成的面糊喂养他，所以郑洞国从小身体就很瘦弱。尽管这样，湘西山区的灵秀之气还是把这个郑家的幺儿滋养得健康无比。

从郑洞国记事以来，家境就每况愈下。家里穿的都是自制的粗布旧衣，日常饭食也大多是番薯丝和糙米混合在一起的杂合饭，只是到了农历春节的时候，母亲才悄悄给孩子们塞上几个压岁钱。郑洞国可以用它买些爆竹、麦芽糖之类的东西，若遇到年景稍好时，母亲偶尔还会扯上几尺洋布给孩子们缝件新衣，再做双新鞋，那便会让郑洞国高兴得不得了。

过年，在乡下是件很大的事。进入腊月，家境稍好的人家便开始忙着磨豆腐、做糯米糍粑、杀猪宰鸡、熏制腊肉，或到附近集镇上采办过年物品等，一派热热闹闹的气象。在外谋事的人们，也陆续回乡与家人团聚。这期间，无疑是无忧无虑的小孩子们最快活的时光了，不仅可以穿上新衣，吃到平常很难吃到的肉食、点心和糖果，还可以趁着大人们忙着准备过年，尽情地到处嬉闹。除夕晚上，全家人围坐在一起吃一顿一年中最丰盛的年饭，年饭吃过后，孩子们就急急忙忙跑到房子外面放爆竹。夜深时，再随长辈们去祖坟上祭祖。祭祖仪式结束后，胆子大些的男孩子便打着灯笼，在山坡上跑来跑去地捉迷藏，这样玩耍一夜也不觉困倦。

第二天是大年初一，郑洞国一早便要随着大人给族里的长辈磕头拜年。磕头自然也不是白磕，无论到了哪一家，主人都不免要招待饭食，或给一些点心之类的东西吃。这种快活热闹的日子，一直要过到正月十五才结束。所以，同许多小孩子一样，儿时的郑洞国老是盼着过年。

然而快乐的时光总是短暂而易逝的，郑洞国童年的大部分时光都是在父亲的严格教导下度过的。

六岁起，父亲郑定琼开始亲自教郑洞国读书。郑洞国的父亲读过两年私塾，在乡里还算是文化人，比较注重两个男孩子的教育，对潼国、洞国兄弟管教严格。郑洞国的启蒙读物最初是《三字经》《千字文》等，以后又读《论语》等书。每天早饭后，父亲即端坐桌旁，高声唤道："幺儿过来读书！"这时，郑洞国闻声便赶紧小心翼翼地走到他身前，垂手站好，倘稍迟延一下就要挨骂。父亲教授的方法是先由他自己将课文朗读一遍，然后再将书中生字逐一教郑洞国识别、书写。这样反复进行几遍，他便叫郑洞国在一旁默写、默读，自己则吸着水烟袋，闭目养神，过一会儿再将郑洞国叫过来考问。郑洞国幼时天资并不聪颖，加上书中文字都很怪僻，意思更难弄懂，因此学起来不免吃力。父亲的态度却十分严厉，每当他对郑洞国的学习效果不甚满意时，便拿起预先放在桌上的竹篾片，朝郑洞国头上拍打几下，郑洞国虽感到疼痛，但不敢哭，只能默默地流着泪，规规矩矩地站着重新聆听父亲教训。每天的学习都使郑洞国战战兢兢，如坐针毡。直到末了父亲挥挥手说"好了，今天就到这里吧"，郑洞国才如释重负。这样读书对年幼贪玩的小郑洞国来说远非是件愉快的事情，然而也正是父亲的这种严厉，使郑洞国从小就懂得隐忍。

郑洞国八岁那年，父亲把他送入乡间的私塾就读。先生是郑洞国的一位本家兄长。先生的学问底子不错，他待学生很严格，不过不像父亲那样常常打人，生气时至多是将顽皮的孩子申斥几句，偶尔也用戒尺打几下手板。或许是郑洞国在父亲身边已有了些文化基础，抑或是私塾先生不似父亲那般严厉，到私塾读书反倒让郑洞国觉得轻松了不少，学习也有了些兴趣。两年间，郑洞国先后读了"四书"、《诗经》、《左传》等书。十岁那年，乡间开办一所新式小学，郑洞国父亲知道这个消息后非常高兴，连忙送郑洞国入学就读。岂料这所学校竟是有名无实，学校里只有一名教员，而且这名教员除了懂些国文，对算术、音乐、体育等几乎一窍不通，最可笑的是他连算术作业的评分规则都搞不清楚，只知道给作业成绩不好的学生打上六十分，成绩好的打上一百分。对于那些成绩极差的学生，他原本想打十分，结果不知怎的在十的后边加了个零，也成了一百分，弄得成绩好坏不分，笑话百出。父亲了解到这所学校的教学情况，气得捶胸顿足，大骂教员误人子弟，马上将郑洞国重新送回私塾读书，郑洞国在私塾里又读了三年书。

这样，童年的郑洞国在私塾一共读了五年，充满中国传统儒家思想和封建礼义纲常的旧国学，对郑洞国一生影响很大。五年的国学熏陶，也使郑洞国养成了宽厚仁德、严以律己、宽以待人的性格特点。

婚姻大事

早在郑洞国八九岁时，家里就为他定下一门"娃娃亲"，女方是邻乡的一位农家姑娘，名叫覃腊娥，比他大八岁。父亲一直把他这个幺儿的婚事当作一桩心事，巴不得小儿早日完婚。眼瞧着时局越来越乱，父母便开始着急张罗幺儿的婚事。郑洞国自己那时年纪太小，尚不知结婚娶妻为何事，一切听从父母安排。按湘西风俗，女婿在结婚的前夕要亲自到岳家拜望，并且住上几日，以示郑重。郑洞国的父亲是很遵守礼教的人，对这些事情看得格外重。

1917 年冬日，郑洞国放假，受疼爱自己的姑母邀请，决定在姑母家住一阵子。虽说此时郑洞国已有十四岁了，父母急着张罗结婚之事，但他毕竟还是孩子，也还调皮。这天，同伙伴们出去玩耍，见河边上拴着一只供摆渡用的小船，小伙伴们闲得无聊，便一起跳上船，解开缆绳，胡乱在河里游荡起来，过了一会儿，船不知怎的猛烈摇晃了一下，郑洞国没站稳，扑通一声栽进河里，船上的小伙伴们吓坏了，一面大声呼救，一面拼命向上拉他，但是河水冰冷刺骨，郑洞国几经挣扎也爬不上来，周身也麻木了，渐失知觉。幸好路过的人被呼救声惊动，赶过来将郑洞国救上来，将浑身湿漉漉的郑洞国送回到姑母家。看到落汤鸡一样的侄子，姑母心疼坏了，一家人忙不迭地为郑洞国烤换衣服、灌热姜汤。这时，父亲差人来叫郑洞国立即去拜见岳母，姑母没好气地要打发捎口信的人走，那人说什么也不肯，再三说郑洞国的父亲命他无论如何也要去一趟才行。"孩子都这样了，过去啥？"姑母气得大骂，但也深知郑父脾性，信守礼教是马虎不得的，好说歹说，并答应过几天让郑洞国去岳母家，送信的人才离开。

也是祸不单行，几天后郑洞国去岳母家时，又受了一场虚惊。他到岳母家的头一天晚上，岳母十分高兴，特地预备了不少酒菜款待。郑洞国因年纪轻，没有酒量，只喝了两小杯便有些支持不住，于是早早就安歇了。大约午夜以后，他突然被房子外面的一片嘈杂声惊醒，遂爬起来睡眼惺忪地朝外一望，顿时吓得魂飞魄散。只见院子外面立着十余个手执长矛大刀的大汉，正喝令岳母一家开门。郑洞国意识到这是土匪打劫，惊慌得不知如何是好。郑洞国胆小害怕的样子，很难让人想象若干年后，他竟成了驰骋战场、无惧生与死考验的铮铮铁汉。此时郑洞国确实看不出来有什么过人之处：先是船上玩耍落水受惊，此时却是害怕得发抖。要说与同龄人不同的就是家人一直坚持让他读书，这实在是乡里人很难得的。

过了片刻，有七八个土匪已经破门而入，将岳母全家连同郑洞国一起赶到堂屋，为首的一个精壮汉子，将手中明晃晃的大刀朝屋角一摆，喝道："莫动，站到那边去！"然后，将房中岳母覃氏的几箱子嫁妆抢劫一空。惊恐之余，郑洞国发现身边的一位姑娘是岳母家中从未见到的，心想这必是自己未来的妻子无疑了，那姑娘也觉察到郑洞国在注视她，赶紧深深地埋下头，缩到郑洞国的岳母身后。按旧时礼教，青年男女的婚姻大事，全凭父母之命、媒妁之言，非到成婚拜堂之日，双方是不得见面的。但郑洞国夫妻二人却是在这样的情况下见了第一面，真令人啼笑皆非。事后才知这次抢劫实际上就是郑洞国岳母家家族的人勾结外面人干的，目的仅是趁覃家女儿出嫁之机劫掠些财物，所以并未打算伤人，这也算是不幸中的大幸了。

郑洞国与覃氏结婚时，刚刚年满十五岁，覃氏已是二十三岁，整整大郑洞国八岁。这在今天的青年人看来是不可想象的，但那时在湖南农村却是相当普遍的事情。对家中长辈来说，娶进年纪大些的媳妇，既可增加一份劳动力，又可早日添丁进口，岂非好事？不过，郑洞国与覃氏结婚后，彼此感情十分融洽，覃氏为郑家生下一儿一女，直至后来覃氏因病故去，他们从未红过脸。

第一次革命的洗礼

1918 年，在"巴黎和会"上中国外交失败，激起了全国人民对北洋政府卖国行径的强烈不满和愤怒，成千上万的学生、工人、市民在北京和全国各地掀起了一场声势浩大的反帝爱国运动，具有划时代意义的五四运动爆发了。

石门县城虽然地处偏僻山区，却也受到了这场伟大爱国革命运动的深刻影响。郑洞国 1917 年春天来到石门县城读书，最初父亲并不同意送他到县城读书，但在兄长的一再坚持下，才决意送郑洞国到石门县城的石门中学附属小学读书。这所小学是三年制，全部采用西式教学。那时郑洞国已满十四岁，只好直接插入二年级学习。可郑洞国除了国文还有些基础，其他课程都不行，特别是算术，程度更是低得可怜，老师在课堂上讲授的东西根本听不懂，为此郑洞国大伤脑筋，急得寝食不安。最后无法，只有横下一条心发奋用功，每日早起晚睡，根据老师和同学的指点反复研读、演练，直到把每个题目搞会为止。功夫不负有心人，到了第二年，郑洞国的算术成绩在班上同学中已经算是很不错了，其他功课也都陆续赶了上来。这样郑洞国小学毕业后便顺利升入石门中学。

五四运动一爆发，石门中学的学生们在部分爱国教员的宣传鼓动下，首先起而响应，纷纷走上街头游行示威。当时的斗争矛头主要是北洋军阀政府和日本帝国主义，郑洞国和同学们几乎天天在县城游行，宣传抵制日货，并组成清查队，到各个店铺里清查日货。平日唯利是图的店铺老板们，有些是出于爱国之心，有些是慑于学生声威，此时有不少人都主动将店里的日本商品交给学生们，他们见到这些爱国学生，一个个点头哈腰，恭敬得不得了。学生们把所有商人上缴和清查出来的日货收集在一起，在街市上当众焚毁。这次运动在石门县城轰轰烈烈地持续了好长时间才逐渐平息下去。

五四运动是郑洞国经历的第一次革命洗礼，它唤起、培养了郑洞国朴素的爱国热情和信念，对郑洞国后来的人生影响很大。除此之外，郑洞国的长兄郑潼国对他的世界观、人生观、价值观的形成影响很深。长兄郑潼国比他大十四岁，在郑洞国年幼时，兄长一直在外读书，又去过日本，接受的新思想较多，每逢回家省亲，郑潼国都免不了要向家人及乡邻们讲些有关清政府卖国、误国，以及孙中山先生领导同盟会闹革命的事情，讲到激愤处，常常是慷慨激昂，声泪俱下。对于兄长讲的这些事情和道理，年幼的郑洞国并不全懂，但当时兄长在他眼中简直是个大学问家，兄长说的话他都相信，更让郑洞国觉得很有趣味的是他讲的一些新鲜名词，比如"民主"呀、"共和"呀等。由于受兄长的影响，那时郑洞国就对孙中山先生景仰得不得了，幼小的心灵里已开始刻印下一个观念，即清朝皇帝不好，必须推翻帝制，建立民国，中国才有希望。郑洞国的兄长无疑是他在政治上的启蒙老师。

而五四运动的洗礼，使郑洞国开始痛切地认识到，中国外有列强虎视眈眈，内有军阀混战，国家残破，政治腐败，大有灭种亡国之危险。作为一个热血青年，应立志救国，解民倒悬。但对如何救国救民，当时郑洞国的想法却也极其简单、幼稚。觉得中国之衰弱，关键在于武备不振，今后欲抵御列强欺侮，消灭各种军阀势力，非有强大武力不可。基于这个认识，郑洞国心中开始萌发了弃学从军的强烈愿望。

转眼又过了两年。这一日，有人从省城长沙回来说，湖南督军赵恒惕要在长沙举办湖南陆军讲武堂，正在筹划招收学生。这个消息使郑洞国喜出望外，急忙托人在长沙打探消息，准备前去投考，实现从军之梦。也是凑巧，当时率部驻扎在湘西一带的澧州镇守使唐荣阳，有意在石门中学选拔一批学生进入讲武堂受训，以便将来作为自己部队的骨干，乃请准在石门县城设考场招生。在郑洞国看来这可是个千载难逢的好机会，急忙前去应试。考试那天，由驻兵石门县城的旅长唐敬德亲自担任主考。应试的人很多，其中多是石门中学学生和唐部官兵。考试的题目是《论语》中子路的一段话："夫千乘之国……由也为之，比及三年，可使有勇，且知方也。"郑洞国拿到题目后，从容作答。考试结束后，郑洞国就被录取了，高兴的心情简直无以言喻，顾不上与家人辞别，便跟随军队中的一些人前往长沙报到。

到了省城，情况却出现了意想不到的变化。此时正值赵恒惕大举发兵攻打湖北督军王占元，结果反被王部击败，湘军溃回湖南，大肆烧杀抢掠，纲纪荡然无存。一些地方军队也乘机再度混战，搅得湖南全省糜烂不堪。在这种情形下，陆军讲武堂自然也就无法开办了。郑洞国在长沙苦等了近两月，最后见事情已无希望，且身边盘缠将尽，才垂头丧气地返回石门。值得庆幸的是，当初走时学籍还保留在石门中学，否则回去连书也读不成了。

时光荏苒，白驹过隙，转眼间郑洞国在石门中学又是两年。1922年初夏的一天，郑洞国正在学校温习功课，家里托人捎来急信，说母亲病重，要郑洞国速速回去料理。郑洞国闻讯，心急如焚，向校方请了假，连夜徒步赶路。回到家中，看见母亲的病势已极度沉重，面色苍白如纸，浑身浮肿，气喘不止，见到郑洞国回来，只叫了一声"幺儿"，便不停地剧烈咳嗽起来，再也说不出话来。郑洞国不由泪如雨下，抱住母亲痛哭。过了两天，郑洞国的长兄也由外地匆匆赶回。孩子们终日轮流在母亲床榻前伺汤奉药，祈望母亲病体康复。但是，尽管一家人想尽办法，母亲的病情仍在不断恶化。母亲自知病将不起，挣扎着将这些儿女唤至榻前，对后事一一做了交代。她除了要孩子们今后好生孝敬父亲，兄弟姐妹间彼此和睦相处，还特别叮嘱兄长和郑洞国，务须努力读书做事，为人亦要正直诚实，切不可贪利忘义，有负天地祖宗。母亲的这些遗言，后来确实成了郑洞国一生处世的座右铭。

这一年的6月中旬，母亲不治谢世，享年六十三岁。郑洞国的母亲与同时代的无数农村劳动妇女一样，善良、质朴、勤劳，但一生都未摆脱生活的贫困和艰辛。

两个月以后，郑洞国从石门中学毕业了。可是毕业并没有带给他一丝轻松与欢喜，慈母过世的阴影始终罩在心中。平日里母亲省吃俭用，却总是设法满足幺儿所需。记得郑洞国初到石门县城读书时，刚开始所需费用均由正担任石门中学校长的兄长承担。后来，兄长应聘到林德轩的军队中任林氏的秘书，离开石门，便无法经常资助郑洞国了，供郑洞国读书的经济负担就落到了在乡间的父亲身上。可那一时期郑洞国家里的境况却在继续恶化。地里的庄稼连年歉收，母亲又因生病时常请郎中，弄得经济上入不敷出，郑洞国的读书费用都成了问题。有一次放暑假回家，郑洞国见到父亲整天为维持生活而愁眉苦脸、唉声叹气。临到快开学了，父亲始终不曾提到郑洞国学费的事情，郑洞国虽然心里焦急，可望着他那张阴沉沉的脸，哪里还敢提及此事？末了母亲不知从哪里借来四块光洋，偷偷地塞给郑洞国。靠着这四块光洋，郑洞国终于重返校园，并省吃俭用地用了许久。

　　失去母亲的伤痛，使郑洞国没有心思继续外出求学，就回到家中，应聘到附近小学任教。

　　次年夏天，郑洞国感到在家乡长久待下去也不是办法，遂决定去长沙求学。那时，兄长正在长沙做事，收入较过去多些，家中的经济状况有所改善，所以父亲、兄长和妻子都很赞同郑洞国的想法。于是，郑洞国简单收拾了一下行装，带了些盘缠，即告别父亲、妻儿，只身来到长沙。到了长沙，郑洞国先在市内一家小旅馆安顿下来，又去见过兄长，然后就在街头上留意起各学校张贴的招生启事，晚上则浏览报纸，寻找学校的招生消息。当时郑洞国考虑，报考大学本科依郑洞国的家庭经济状况是无力负担的，不如去考那些专门学校。一来费用少得多，二来可在较短时期内学成一样特长，以便自立谋生。于是郑洞国首先报考了一家工业专科学校，却未考中。郑洞国不气馁，接着又报考了商业专门学校，这次倒是被录取了。学习经商本非郑洞国所愿，但为今后生计，此时也顾不得再去选择了。

那时长沙的物价还算便宜，每月花上三块光洋，就可以在学校附近找到包吃包住的地方，如果肯出四五块光洋，那么吃住条件就相当不错了。郑洞国因读书费用均由兄长负担，故很知节俭，只包了三块光洋一月的食宿。即使这样，也比当初在石门读书时的情形好多了。郑洞国清楚地记得在兄长离开石门的那个冬天自己窘迫的情形。那个冬天十分寒冷，郑洞国还没有换季的棉衣，但为了能继续读书也只好挺着。有一天，郑洞国在常德做县长的堂侄郑康侯因事路过石门县城，特地前来看他，见他只穿一件破旧长衫，在寒风中不住地打抖，心中老大不忍，当即取出二十块光洋，再三让郑洞国收下。有了这笔钱，才使郑洞国渡过了难关。后来，兄长从别人口中知道了这件事，心里很难过，从此他唯恐郑洞国在经济上再受窘，千方百计地设法按期支付郑洞国的读书费用。

长兄如父，有兄如此，郑洞国还是相当知足的，自己也懂得要节俭为兄分担。就这样，郑洞国在长沙生活、学习了半年多。

郑家的这个幺儿在家人的节俭下，在长兄的资助下，从商溪走出，到石门县城，到长沙，一步一步求学，渐渐长成了一个有抱负的热血青年，后面还有更广阔的天地等着这位时代的弄潮儿去搏击……

第二章　黄埔军校铸忠心

郑洞国听说黄埔军校正在招生，便不顾家人的反对，放弃正在就读的商业专门学校，前去投考。到了广州，报名已经截止了。绝望中想出一计，顶替黄鳌的名字参加考试，顺利考进了黄埔陆军军官学校，在这里接受革命思想的教育和熏陶，从此开始了二十四年的戎马生活。

冒名顶替考黄埔

1924 年初，郑洞国期末考试成绩名列第一，这让他十分得意。有一天晚上，郑洞国和几位同学在住处谈笑，商议着放假期间各自回家过年的事情。其中有位同学突然插言道："你们听说了吗？孙中山要在广州创办军官学校，已经派人到湖南来招收学生了！"郑洞国心中一动，忙问："此话当真？你是怎么知道的？"那位同学说是听别人讲的，并无准确根据。这件事大家说说也就过去了，郑洞国却记在了心上。两年前郑洞国从军未果，但从军之志一直没有消失过，因此他决定放弃回家度假的打算，专心打探消息，寻找机会。

机会从来都是青睐有准备之人。果然，过了一个多月，这方面的消息愈来愈多，据传在广州的程潜将军秘密派人到湖南招军校生，好多人已经走了。焦急间，他猛然想起在长沙工业专科学校附中读书的好朋友王尔琢，他也是素有从军之志，也许会有办法，何不找他商议一下呢？王与郑不仅是石门同乡，还是亲戚，又是石门中学同学，从小就在一起玩耍，一直很要好。可是，他寻遍了王尔琢的学校和住处，却不见其人。一打听才知道，王尔琢已在几天前偷偷动身去广州了。

这时恰好兄长郑潼国来长沙看他，郑洞国便把投考黄埔军校的想法同他说了。潼国不同意，更不肯资助他。他就软缠硬磨，述说自己对中山先生的仰慕和报效国家的决心。兄长本就对中山先生领导的革命抱有好感，经不起他的死缠烂打，终于同意了。

4月中旬，郑洞国同兄长告别，离开长沙上路了。与他同行的，还有石门同乡陈聪谟和伍效德、伍俊德堂兄弟二人。一行人历尽艰辛，辗转来到广州。刚在广州安顿下来，吃过午饭，几人在房中商议着如何出去打探军校招考消息，忽听有人在院内说话，声音好熟悉。郑洞国隔窗一望，竟是王尔琢。他乡遇故人，他们都为这个巧遇感到极为高兴。与王在一起的，还有两位朋友。其中一位是贺声洋，也是石门中学的同学，另一位生得矮矮胖胖，年纪略大些的叫黄鳌，是湖南临澧县人。大家都为投军而来，志向相同，所以也都一见如故。

于是郑洞国向他们打探起消息来。

只听王尔琢说："我们当中黄鳌到广州最早，已通过军校考试录取了，我和贺声洋幸好赶上最后一批报名。目前军校第一期的报名已经截止。"

这个消息令他大失所望，深悔当初未能早动身几日，以致错过时机。

王尔琢看到郑失望的表情，便建议道："你们就别走了，留在广州等待军校第二期招生吧。"

郑洞国道："那还得等多久啊？我等不及啊，怎么办，怎么办？"他着急得确实不知怎么办好。

正难过，默坐在一旁的黄鳌慢吞吞地说："既然郑兄如此心切，我倒有个主张，不知能否试试？"

"什么主张？请黄兄快讲！"原来黄鳌初到广州时，担心一次考不取，先后报了两次名。现在他已被录取，却还空着一个名额，建议郑洞国顶着他的名字去考试。郑洞国想了想，觉得除此也无他计，就决定大胆冒名一试。

数日后，考试的日期到了，郑洞国顶黄鳌的名字与王、贺二人一起参加了考试。考试的科目只分语文、数学两科。校方大约考虑到前来应试的有相当数量是工农青年，所以考试的题目都不难，郑洞国不很费力就答完了卷子。

老天不负有心人，军校张榜公布录取名单时，郑洞国和王尔琢、贺声洋都榜上有名。梦寐以求的愿望实现了！他们高兴得搂抱在一起，禁不住流下了喜悦的热泪。就这样，郑洞国终于考进了黄埔陆军军官学校第一期，从此开始了二十四年的戎马生活。

在郑洞国的老家有句俗话："老实人搞结巴事。"其意是说老实人做老实事。可这回，老实人却做了件不太老实的事，显然有点儿"出格"了。也许，没有这次似乎有点儿"出格"的冒名顶替，中国抗日战争史上将会少了一位湘籍的将军，第二次世界大战的印缅战场上将会少了一位卓越的中国指挥官。后来的事实分明也证实了这一点：当时与郑洞国同赴广州的其他三位同乡，除一人二度重来考上黄埔军校第三期，另两人均未再来，且三人均无缘留名青史。而与郑洞国同期考入黄埔的三同乡王尔琢、贺声洋、黄鳌却均在日后的岁月中有所建树，后来都成为早期共产党的骨干。由此可见，机不可失，时不再来。郑洞国的冒名顶替，是其非凡人生的至关重要一步。没有这冒险性的一步，便没有他日后留在淡水、棉湖、古北口、台儿庄、昆仑关、密支那等战场上的光辉足迹。

初入黄埔军校，郑洞国一直是在惴惴不安中生活着。他是顶用黄鳌的名字通过军校招生考试的，而入学后又和黄鳌恰巧在一队，每日出操点名，往往是两个人同时应声而答，众人皆诧异好笑。点名时的尴尬不时地困扰着郑洞国。心理上的压力，使初入军校的郑洞国兴奋之外，又平添了几分紧张与不安，尤其是每天清晨起床号吹响，当他从睡梦中惊醒后，神经更是绷得紧紧的，以致一次晨起折叠军毯时，手忙脚乱，竟将床头桌上的一瓶墨水碰翻在毯子上。虽然他认为自己的动机无可指责，却不能不感到冒名顶替终究不太光彩，更觉得长此隐瞒下去绝非良策。

经过几个不眠之夜的煎熬，这天，郑洞国终于鼓起勇气，涨红着脸向区队长报告了自己冒名顶替的真情，并说："区队长，我真正是为了投身革命。这样做实出无奈，若军校认为这符合正常手续，愿意重新补考入学。"

区队长先还表情严肃地听郑洞国诉说事情原委，等搞清楚后，竟忍不住哈哈笑起来，说道："原来是这事啊，没事，你安心参加学习、训练，听候上级处理。"上级似乎也很理解这些青年人的心情，认可了郑洞国冒名顶替之举，未予追究，只是让他把名字更改过来。于是乎，在黄埔一期的点名册上，出现了郑洞国的名字。谁又能想到，日后这个响亮的名字将出现在东征北伐的作战序列间，出现在抗日战争的史册上，出现在新中国参政议政的篇章里，出现在致力于海峡两岸统一的伟业中……

在世人心目中，大凡冒名顶替者，似乎皆有不轨之图，然而郑洞国的冒名顶替，却没有一丝非分之想，完全出于悠悠报国心与拳拳赤子情，而校方在知道真实情况后，也没有追究，完全可以印证当时军校门额上的四个大字"革命者来"。

聆听孙中山先生教诲

黄埔军校原名"陆军军官学校"，因校址在广州市郊区约二十公里处的黄埔长州岛，故简称黄埔军校。黄埔岛四面环水，又地处长州要塞，为广州军事重地，中山先生特地选中这个地方作为校址。

孙中山先生欲建立一个培养革命军事人才机构的愿望由来已久。他一生致力于国民革命，却屡起屡败，特别是1922年陈炯明叛变革命，"祸患生于肘腋"，更使中山先生受到极大触动。惨痛的失败教训使他认识到，必须建立一支真正革命的军队，作为取得国民革命胜利的保证。1917年俄国十月革命胜利的经验，给予中山先生以极大启示，在共产国际代表马林，苏俄代表越飞，中国共产党人李大钊、陈独秀、林伯渠等人的热情帮助下，中山先生毅然改组了国民党，重新解释了他的三民主义，实行联俄、联共、扶助农工三大政策。同时又在苏俄和中国共产党人的积极协助下，加紧筹建黄埔军校。因此，黄埔军校的建立和后来在大革命时期的发展，可以说是中国近代历史上国共第一次合作的产物。

中山先生对黄埔军校寄予了极大期望，他亲任军校总理，并委任蒋介石为校长、廖仲恺为党代表。此外，当时国共两党中的许多要人都在军校各部门中担任重要职务。如周恩来担任政治部主任（初为戴季陶、邵元冲）；李济深、邓演达分任训练部主任、副主任（邓氏负实际责任）；王柏龄、叶剑英分任教授部主任、副主任；林振雄任管理部主任；周俊彦任军需部主任；何应钦为军事总教官。政治教官以共产党员为主，主要有恽代英、萧楚女、聂荣臻（兼政治部秘书）、高语罕、张秋人、于树德等。还有苏俄政府派来的鲍罗廷、加伦、巴甫洛夫、切列潘诺夫等富有军事和政治经验的专家指导军校的建设。

黄埔军校自创建之初，就洋溢着生气蓬勃的革命气氛。郑洞国等人一入军校大门，便望见门两侧写有"升官发财请往他处，贪生畏死勿入斯门"的对联，那大门上方装嵌着"革命者来"的匾额，更是让人感到振奋。校内还张贴着许多诸如"拥护三大政策""民主主义就是共产主义""打倒帝国主义""打倒封建主义"等标语、对联，师生们高唱《国民革命歌》和《黄埔校歌》，精神焕发，充满了革命激情。

1924年6月16日，一个天清气爽的夏日，流经黄埔岛的珠江江面上，随着红日冉冉升起而渐趋沸腾。这一天是一个特殊的日子，是黄埔军校举行开学典礼的日子。

从广州城驶来的小火轮、小汽艇、小木船群龙抢珠般地汇集黄埔军校的码头，汽笛声此起彼伏。码头上军乐队演奏着激昂欢快的乐曲，似乎欲与汽笛竞雄。蒋介石、廖仲恺分领着军校师生列队两旁，欢迎着前来出席黄埔军校第一期开学典礼的孙中山先生。当这位伟人第一次出现在黄埔一期近五百名新生的面前时，郑洞国与其他同学一道，百脉沸涌，激动万分。曾经幼小的郑洞国把孙中山先生想象成关云长、赵子龙一样的人物，孙中山先生是他心灵深处革命种子的灯光，也曾在梦中不断追随。如今孙先生就站在眼前，头戴"拿破仑"式白帽，身着笔挺的白色中山装，精神饱满，神采奕奕，一边率先前行，一边频频向人群还礼致意。

随后，中山先生在军校大操场举行的开学典礼上，向黄埔学生们做了题为《革命军人的基础在高深的学问》的长篇演讲。

在演讲中，孙中山先生直言不讳地说："我们现在开办这个学校就是仿效俄国，开办这个学校的唯一希望，就是创造革命军，来挽救中国的危亡。"

孙中山先生铿锵有力的话语，如鼓点般地擂响在包括郑洞国在内的数百名黄埔一期学子的心扉上，郑洞国更是全神贯注地聆视着孙中山先生，生怕漏听一句。

孙中山先生在训示中开宗明义，首先提出了建立革命军队的重大意义。他说："中国的革命有了十三年，现在得到的结果，只有民国之年号，没有民国的事实……这是由于我们的革命，只有革命党的奋斗，没有革命军的奋斗；因为没有革命军的奋斗，所以官僚军阀便把持民国，我们的革命便不能完全成功。我们今天要开这个学校，是有什么希望呢？就是要从今天起，把革命的事业重新来创造，要用学校学生做根本，成立革命军。诸位学生就是将来革命军的骨干。有了这种骨干，成了革命军，革命事业便可以成功。"

中山先生接着指出："中国在这十三年之中，没有一种军队是革命军。现在在广东同我们革命党奋斗的军队，本来不少，我都不敢说他们是革命军……就是因为他们内部的分子过于复杂，没有经过

17

革命的训练，没有革命的基础……我今天到此地来和诸君讲话，是要把以往的成败当作一场大梦，一概不要回顾它，要从今天起，重新来创造革命的基础，另外成立一种理想的革命军。"

中山先生站在讲台上，神态安详，目光炯炯，深入浅出地以其毕生从事革命事业所得出的深刻教训，谆谆教诲。讲台下鸦雀无声，师生们列队肃立，凝神静听。郑洞国目不转睛地望着中山先生，努力将他的每一句话、每一个字都铭刻在脑海里。真没想到，像中山先生这样一位伟大的思想家和革命家，讲话竟是这样通俗明了，使人一听便懂，更没有想到，革命竟是如此艰难、曲折，成立革命军队的意义竟是如此关键、重大。

在谈到如何做革命军时，中山先生又说："立志做革命军，先要有什么根据呢？要有高深学问做根本：有了高深学问，才有大胆量，有了大胆量，才可以做革命军。所以做革命军的根本，还是在高深学问。"

中山先生教导学生，学习不能仅仅局限于先生讲授的东西，还要善于研究和思考，学会举一反三，自己推广。尤须注重自修功夫，研读一切有关军事学和革命道理的各种书籍和杂志报章，以期达到融会贯通。

中山先生还特别强调了发扬大无畏革命精神的重要意义。他认为黄埔军校在开办的时间、人数和器械上，条件均比北方官僚军阀开办的军校差得远，但由于有了救国救民的思想和革命的志气，就一定能够改造中国，建设一个新国家。他告诫同学们："革命是非常事业，不是寻常事业，非常事业绝不可以寻常的道理一概而论。现在求学的时代，能够学得多少便是多少，只要另外加以革命精神，便加以利用，如果没有革命精神，就是一生学到老，死记得满腹的学问，总是没有用处。"并指出："……当革命军的资格……就是要用先烈做标准，要学先烈的行为，像他们一样舍身成仁，牺牲一切权利，专心去救国。像这个样子，才能够变成一个不怕死的革命军人……我敢说革命党的精神，没有别的秘诀，秘诀就在不怕死。"

孙中山先生的这一席教诲，总结了中国革命的教训，阐明了黄埔军校的宗旨，提出了对军校同学的殷切期望，真似一场春雨滋润着郑洞国的心田。那时郑洞国还是一个年仅二十岁的青年学生，虽有一腔爱国热血，但当时对许多革命道理和建立革命军队的意义及宗旨，还是十分模糊的。中山先生的长篇演讲给大家上了第一堂生动实际的政治课，郑洞国觉得自己的思想、眼界一下子开阔了许多，他开始懂得建立革命武装对于完成国民革命的重大意义，以及革命军人所肩负的救国救民的重任，也更加坚定了追随中山先生革命到底的信心和勇气。

　　举行过开学典礼后，在廖仲恺的引导下，同学们加入了国民党。军校即转入正式的学习和训练生活。与旧式军校不同，黄埔军校仿效苏俄的建军原则和制度，除在校内设立党代表和政治部，在教育内容上亦采用军事与政治并重、理论与实践结合的方法，要求培养出既善于做政治工作，又能指挥作战的革命军官。

　　军事教育方面，开设的主要课程有步兵的典、范、令和战术、兵器、筑城、地形、交通等。虽然学习属于速成性质，但同学们还是在很短的时间内，比较系统地掌握了从单兵训练到指挥排、连、营作战的主要军事科目。军校采用的军事教材基本上都是由苏联顾问提供的，无论从军事理论或军事技术角度上看，内容都比较新，也很适用。政治教育方面，军校以向学生传授基本的革命知识和理论为主，主要是进行孙中山先生革命的三民主义教育，也灌输一些马列主义思想。开设的课程有三民主义、国民革命概论、社会主义运动、政治学概论、经济学概论、中国及世界政治经济状况、苏俄研究、农民运动、劳工运动、帝国主义和不平等条约等。除了这些正式课程，军校还经常举办各种专题演讲。孙中山先生、廖仲恺先生和当时国共两党的其他重要人物，如汪精卫、胡汉民、周恩来、恽代英、萧楚女、张太雷、邵元冲、戴季陶等都曾在军校做过演讲。

　　孙中山先生曾先后五次来到黄埔军校视察、演讲。最后一次，是在 1924 年 11 月 13 日，观看了学生们生龙活虎的战斗演习，慨然叹道："有了这样好的学生，我死而无憾！"临行前，孙中山先生还对隆重欢送他的师生们语重心长地说："同学们不论是国民党还是共产党，为了革命事业，都应该把鲜血流在一起！"哪知三个月后，这位为中国国民革命耗尽毕生精力的革命先行者猝然病逝于北京。临终前，他仍断断续续地讲出"和平、奋斗、新中国"的遗言，留下"革命尚未成功，同志仍须努力"的政治遗嘱。

正是这些革命思想教育，极大地唤起了黄埔学生的革命和爱国热情，并建立起一支由这些军校学生为骨干的、在当时中国独一无二的革命队伍，日后走上东征和北伐的战场，破敌攻城，屡建战功。

而对于郑洞国来说，这一时期革命思想的灌输和熏陶，在头脑中打下了深刻的烙印，使这个以前对中国革命的见解还比较幼稚的青年人，逐步开阔了政治视野，认清了国民革命赖以取得成功的一些重要而迫切的问题，如中国革命的现阶段任务是驱逐帝国主义列强的在华势力和打倒列强在中国的代理人——封建军阀；坚持国共合作，唤起民众，是完成国民革命的基本条件；革命军队肩负着以武力摧毁封建军阀统治和列强在华势力，最终统一全国的重任等。

蒋介石的第一次召见

军校校长蒋介石是一位在郑洞国个人前半生经历中起很大影响的人，从进入黄埔军校到祖国大陆解放，郑洞国前后共跟随他二十余年。

1924 年 5 月，蒋任黄埔军校校长，直接参与决策和领导黄埔军校军事与政治训练。初任军校校长的蒋介石，工作非常勤奋。他每天早晨 5 点钟起床，接着开始巡视，这使不少还躺在床上睡懒觉的人感到吃惊。在郑洞国的最初印象中，蒋性情严肃、刻板，十分注意仪表，平时出入军校，都身着军装，足蹬乌黑锃亮的长筒马靴，戴着雪白的手套，并有卫兵跟从。他是一位待部下威严、令人敬畏的官长。记得 5 月 8 日蒋向第一期黄埔学生做首次训话，就直接严肃地说明作为革命党须明了做人的意义。他的讲话从孙中山先生"党治军队"理论发旨，开宗明义指出："我自己严守本党纪律，严守本校校规，决不敢轻忽一点，愿各位体此'严'字本旨，我们大家要拿这个'严'字治理这个学校。"他还指出："不是为哪一个人做事，是要为党做事，为国家做事，为主义做事。"对学生们明确指出了党与军队（军校）、军人之遵从关系，体现了黄埔军校"严"字当头的教学管理，更体现在重视对军人的思想管束，特别注重对军人进行政治与精神教育。

蒋校长的严格，让学生们都对其有一种敬畏感，学生们很少敢于接近他讲话，有时迎面碰上，也必须规规矩矩地远远站定，向他敬礼，待他走过后方敢行动。不过，他一般并不轻易处罚学生。郑洞国在军校时只见他发过两次脾气，一次是因军校师生换装，队长以上官佐的军服质料好一些，有位队长就此提了意见，其实也无恶意，却不知怎么触怒了蒋，他当众大发了一阵脾气，将那位队长关了几天禁闭。另一次是一位学生队长与几位同学闹矛盾，一直闹到校部，要求面见廖党代表解决。蒋先生答复说，廖党代表很忙，平时不在学校，他是校长，有事可对他讲。但其中一位偏执意不肯，蒋先生对此事本已不快，见那人如此固执，不禁大怒，将其痛骂了一顿，差点儿又关了他的禁闭。当时郑洞国碰巧有事去校部，亲眼看到了这个场面。

蒋介石对第一期黄埔生尤为关怀，寄望与期待甚重。在黄埔军校一期生入学至毕业期间多次亲临视察与讲演，受到个别接见的黄埔一期生也在绝大多数人。其实，蒋有自己的想法。他认为，黄埔军校是培养忠于自己的干部熔炉，要达到这个目的，自己就要身先士卒，做出样子。蒋一当上校长，就抱着个人目的，先成为军校的"一把手"。后来的历史证明，国民党的许多高级将领都是黄埔军校的学生，他们追随蒋介石，争取建功立业。从这一点可以看出，蒋介石颇有战略眼光，他放长线钓大鱼，在争当军校"一把手"的权谋上棋高一着。

在军校学习期间，郑洞国也很荣幸地受到了蒋校长的亲自召见。那时蒋就住在军校内，几乎每星期都要找学生个别谈话。一次郑洞国与其他三四位同学一起被叫到校长办公室，然后轮流进去见蒋介石。轮到郑洞国时，心中颇有些紧张，不知如何应对。蒋见郑洞国进去，漫不经心地看了看花名册，问道："你是郑洞国？是哪里人啊？"郑洞国赶紧立正回答："湖南石门人。"他接着问起郑洞国家中的情形，为何要来投考黄埔军校，以及能否过惯军校生活等，郑洞国都一一作答。蒋的浙江奉化口音郑洞国听起来很费力，所以不得不格外留意听他讲话。郑洞国说话时他嘴巴里"嗯，嗯"地应着，末了又勉励了郑洞国几句，就结束了这次召见，待走出他的办公室时，郑洞国才发现自己竟紧张得出了一身汗。这是郑洞国在军校唯一一次同蒋的近距离接触。

虽然郑洞国在军校期间同蒋介石的直接接触不多，但思想上受其影响还是不小的。一方面，由于他很注意在学生中树立校长的权威，向学生们灌输"服从命令是军人的天职"等信条，使郑洞国从那时起就养成了绝对服从他的意识；另一方面，蒋在当时被认为是孙中山先生的得力助手和其事业的捍卫者，因而受到包括郑洞国在内的许多人的信赖和拥戴。

的确，大革命初期蒋是以革命左派的形象出现的，在他那个时期的言行中，大多充满了激烈的革命倾向。例如在他对黄埔军校学生的演讲和训示中，曾多次强调国共合作对于取得国民革命胜利的极端重要性，一再申明两党同志要亲爱精诚，共同奋斗，"谁反对共产同志，谁便是反对革命"。一次，他甚至慷慨激昂地当众宣布：倘将来有一日他有反对革命、反对共产同志之举动，则大家均可起而反对他，也可枪毙他。对蒋的这些话，郑洞国当时确是信而不疑的，这更加深了他对蒋的敬仰和追随。后来，国共两党决裂，以蒋为代表的政治集团的政治态度来了个一百八十度大转弯时，郑洞国十分迷惘，思想意识也曾发生了尖锐的矛盾和冲突，但由于个人的思想局限，结果使他仍以旧的"忠孝"意识而绝对服从蒋校长的权威。

可敬的师长和同学

黄埔军校学习期间，可敬的师长和同学给郑洞国留下了难忘的印象。

印象最深的首先是军校党代表廖仲恺。廖仲恺是孙总理最亲密的朋友和战友之一，是当时国民党左派的著名代表，思想非常革命。他坚定地贯彻孙总理制定的联俄、联共、扶助农工的三大政策，不遗余力地维护国共两党的团结和合作，因而在国共两党内和黄埔军校师生中享有极高的威望，成为当时最受革命同志敬爱与拥戴的政治领导人之一。最难得的是，廖先生一点儿没有官架子，待人热诚恳切，讲话又懂得抓住大家的心理，因此同学们最喜欢同他谈话。他工作很忙，不能经常到军校来，但一来即被同学们亲热地团团围住，争着问长问短，谁也舍不得离开他。每逢此时，廖先生总是满面笑容地解答同学所提出的各种问题，关切地询问大家的学习、训练和生活情况。在这种无拘无束、气氛热烈的谈话中，使学生们往往受到很大的教益。后来，每当郑洞国回忆起黄埔军校时期的火热生活，廖先生的音容笑貌还常常清晰地浮现在眼前。

另一位是邓演达将军，在黄埔军校同学中享有很高威望。邓将军是广东惠阳人，当时不过三十岁左右年纪，身材魁梧，举止稳重深沉，不苟言笑。平素他总是身着笔挺的军装，走起路来目不斜视，步履坚定，一副典型的军人风度，非常威严。开始学生们都很怕他，相处久了，才知道他外表严厉，心地却极好，不仅工作认真、练达，而且待人热情诚恳，平易可亲。入学初，他兼任学生总队长，始终坚持与大家同甘共苦，一起生活和操练。邓将军对军校师生的要求十分严格，执行纪律一丝不苟。有一次，高语罕早晨起床迟了一点儿，他当即严肃批评了高语罕。虽然他们之间私交甚好，但高犯了校规，邓将军毫不徇私情。这件事对师生教育很大，以后再也无人敢无故松懈偷懒。不过，若是发现谁遇到什么困难、烦恼，或是生了病，邓将军总是嘘寒问暖，亲自抚慰体贴，仿佛待自己的兄弟手足一般，确实有一种对同志亲爱精诚的友爱精神。在学生们眼中，邓将军既是一位威严的师长，又是一位仁爱可亲的长兄。郑洞国衷心爱戴他，特别愿意与他接近。当然，邓演达将军之所以能同郑洞国等这些青年学生建立起如此深厚的感情，除了他工作认真、办事公允、严于律己、能力超群，以及他关心同志、诚挚待人等优良品质，主要是由于他思想进步，对革命事业忠心耿耿，坚定不移地贯彻孙总理的思想和主张，满腔热情地致力于国共两党间的精诚合作，是一位与廖先生一样坚定的革命家。可惜大革命失败后，邓演达将军终因坚持自己的革命主张，而于1931年秋被国民党政权杀害，中国革命由此失去了一位栋梁式的人物。

军校政治部主任周恩来也是深受同学们尊敬的师长之一。他的前任是戴季陶和邵元冲，这二人封建思想很浓厚，讲课时很少涉及中国国民革命的现实问题，却喜欢大谈封建伦理纲常那一套，把中山先生革命的三民主义也说成是中国传统道统——孔孟思想的延续，大家听了都很反感。特别是邵先生，学生们背地里称其为"催眠术教官"。周恩来主持政治部工作以后，军校的政治工作焕然一新。他对军校的政治工作抓得很紧，常常亲自讲课。那时他仅二十余岁，英俊潇洒，双目炯炯有神，讲话时声音铿锵有力，语言简明扼要，特别是他讲课的内容深入浅出，生动新颖，颇受大家欢迎，因此在同学中威信很高。虽然他担任政治部主任不久，第一期同学就毕业了，郑洞国本人与周恩来更多的直接接触，还是在稍后的东征途中和中华人民共和国成立以后，不过在黄埔军校时，周恩来就已经是深受学生们崇敬的师长了。

军事总教官何应钦将军，也是普遍受到同学们尊敬的人。由于他常常亲自带队出操，故与学生们有一定接触。何将军平时讲话不多，但为人宽厚，办事稳当，在军事上尤为内行，枪法也非常好，使郑洞国和许多同学深为敬服，以后在国民党军队中，他成了学生们的老长官，一直受到部下尊敬。

第一期同学中，对郑洞国思想影响较大的是王尔琢、黄鳌、贺声洋三人。郑洞国同他们都是湖南同乡，又曾在一起报考军校，思想比较接近。进入军校后，感情格外亲密，情同手足，每逢节假日，常常相约乘船去广州市区游玩，或轮流做东吃馆子。那时军校发的薪饷很少，所谓吃馆子，其实也就是每人吃碗面罢了。不过，更多的时候，他们是在上课、训练的空隙，坐在黄埔岛临江的树丛中讨论当时的时局和国民革命的前途等政治问题。大家在讨论中难免经常发生一些争论，有时甚至争得面红耳赤，但彼此都从未因此产生过任何隔阂。那时除了郑洞国，他们都是共产党员（但身份不公开），其中黄鳌年纪最长，他不仅思想进步，为人正直，而且很有才气，写得一手漂亮文章，在学生们中间俨然是老大哥，他的观点和看法也往往是最有分量和说服力的。

当然还有许多可敬的师长和同学影响着郑洞国，比如一期学生中有名的"黄埔三杰"……

总之，黄埔军校第一期藏龙卧虎，在以后的峥嵘岁月中，可敬的师长和同学大部分都在历史的记忆中划过一道道火花。有的像流星划过天空，在战场上牺牲了；有的则成为领袖人物，在中国历史上写下浓墨重彩的一笔。郑洞国在这些可敬的师长和同学的熏陶和引导下，也在日后写下了其不平凡的一生。

平息商团暴乱

动荡的年代是放不下一张平静的书桌的，更何况郑洞国读的是黄埔军校，不待他与同学们读完全部课程，反革命的枪声已经响起。黄埔军校创办于一个非常的历史时期，一开始就引起了中外反动势力的仇视，特别是在广州的一些军阀武装，更把其视为眼中钉、肉中刺，必欲去之而后快。滇军将领范石生甚至公开叫嚣，要派兵缴掉黄埔军校数百名学生的枪械。那时广州外有盘踞在东江地区的陈炯明势力，时时企图卷土重来；内有各省前来依附的军阀部队和广州反动商团武装，他们相互勾结，伺机起事。革命政权几乎每一天都面临着内外敌人倾覆的危险，环境十分险恶。

1924 年 8 月，商团武装在英帝协助下，私下购得大批枪械弹药，企图偷运进广州，以做日后叛乱之用。这时，孙中山先生正在韶关督师北伐，闻报后即电令蒋介石将这批军火悉数截获，并扣留在黄埔岛上。陈廉伯等见事情败露，遂恼羞成怒，一面威逼广州商人罢市，一面加紧勾结英帝，声言要与广东革命政府公开摊牌，不惜以武力解决问题。英帝也趁机兴风作浪，公然对广东革命政权发出动武的叫嚣。对方剑拔弩张，战争一触即发。这时广州的局势于革命者十分不利，忠于广东革命政府的军队已随孙中山先生出师北伐，市内只有五百名黄埔学生武装和力量很弱小的海军，以及一部分工农赤卫队。其他驻广州的军队，有的隔岸观火，态度暧昧，有的则与陈廉伯暗中勾结，伺机起事。鉴于环境恶劣，广东革命政府不得不在商团通电表示服从政府的前提下，于 10 月初勉强同意发还了部分枪械。但商团的反动气焰并未因此稍减。10 月 10 日，广州市的工人、学生及市民集会游行，庆祝 "双十节"。游行队伍通过西壕时，受到商团团兵阻拦，双方发生争执，商团武装居然以排枪向游行队伍射击，当场打死打伤民众百余人。次日，商团继续搜捕群众并封锁了部分市区，同时胁迫广州商人罢市。

面对如此严峻的局势，孙中山毅然决定回师广州，铲除商团之患。15 日清晨，蒋介石指挥黄埔学生武装和部分广州卫戍部队，在广州工农赤卫队的配合下首先向商团发动攻击，刚刚赶回广州的北伐部队也迅速投入了战斗。商团武装虽然气焰嚣张，但其团兵多未受过严格军事训练，也没有作战经验，时仅半日，商团纷纷溃败，革命军占领了位于广州西关的商团总部。第二天，商团残部被迫全部缴械投降。当初骄横不可一世的商团头子陈廉伯，灰溜溜地躲进沙面租界的英国领事馆。

至此，商团叛乱算是彻底平定了。黄埔师生在这次战斗中初试锋芒，先声夺人，表现十分出色，经受了一次实际的军事锻炼。遗憾的是，郑洞国所在的分队于战斗前被派到广东革命政府驻地担任警戒，未能亲身参加战斗，在后来的东征战役中，郑洞国才有了冲锋陷阵的机会。

11月底，广东革命政府相继在广州黄埔岛上正式成立了党军教导一团、教导二团。教导团的编制为三三制，即每团辖步兵三营，每营三连，每连三排。各团还配备有直属部队，如特务连、机关枪连、通信兵队、辎重队、卫生队等，共有兵员两千余人。此外，党军还仿照苏俄红军的制度，在团营连三级设党代表一职，加强对军队的政治工作和政治领导。

教导团的士兵除部分是广东人，很多都是浙江、江苏、湖南、安徽、河南等省秘密招募的青年工人、农民，素质比较好，唯军队中的干部十分缺乏。为此，黄埔军校的一些教官、干部先后调入党军任团营连指挥官，如教导一团团长为何应钦，沈应时任第一营营长，刘峙任第二营营长，王俊任第三营营长；教导二团团长为王伯龄，顾祝同任第一营营长，林鼎祺任第二营营长，金佛庄任第三营营长。同时，第一期学生也提前毕业，大部分被派到党军中任连排级干部。也许是上级认为郑洞国当时的思想进步些，所以派郑洞国到教导二团担任第二营第四连的助理党代表，不久接任了党代表职务。就这样，郑洞国结束了七个多月火热的军校生活，在革命军队中开始了新的战斗历程。

第三章　东征北伐显将才

在东征和平叛的战斗中，郑洞国凭借一系列的战功，循着连助理党代表、连党代表、营党代表的阶梯上升。省亲归来，为了重返前线，他找过汪精卫、周恩来、蒋介石，几经周折，才如愿以偿。北伐途中，郑洞国两受嘉奖，很快升任团长，但由于同情共产党人而上了黑名单。

第一次东征

革命形势风起云涌，很快满足了郑洞国上战场的愿望。

1925年新春，盘踞在东江潮汕一带的反动军阀陈炯明趁孙中山远上北京之机，在港英当局与段祺瑞的军事援助下，纠集"还乡团"，号称十万人马，预谋反扑广州，摧毁革命政权。为了先发制敌，消灭陈逆反动武装，解除北伐的后顾之忧，广东革命政府决定以滇军将领杨希闵为总司令，组织东征联军，讨伐陈炯明，这就是历史上有名的东征。

东征联军兵分三路，向东挺进。由教导一团、二团以及黄埔二期、三期学生组成的黄埔学生军与粤军为右翼军，许崇智为司令，蒋介石为参谋长，周恩来为政治部主任，率三万人马，经淡水、海陆丰向据守于潮汕的陈炯明部将洪兆麟进攻。郑洞国在军校时的军事总教官何应钦则担任教导一团团长。

这次东征任务是党军成立以来首次出兵作战，黄埔军高度重视。在出征前的两个月，进行了严格训练和政治教育，部队的精神面貌和战斗士气极佳，官兵们摩拳擦掌，跃跃欲试。1月31日，参加东征的黄埔学生军在军校大操场举行东征誓师大会，出征将士同仇敌忾，斗志昂扬。会场上高悬着一幅巨型标语，白布上赫然写着"杀陈炯明"四字，表达了全体黄埔学生军的誓言与心声。翌晨，已升任教导一团二营四连党代表的郑洞国随队出发，走过贴有"贪生畏死勿入斯门"对联的军校大门，义无反顾地踏上了东进的征途。

担任右翼军先头部队的粤军某部，首先与敌洪兆麟部接触，经短暂战斗后敌旋退去，东征军于当日下午进占东莞，右翼军继续挺进。一路上，郑洞国眼巴巴地望着行进的前方，总希望遭遇上敌军，与对方真枪实弹地干上一场。也难怪，一个一心只想报效国家的热血男儿，经过七个多月的军校训练，再加上两个多月的军旅生活，天天握枪而立，伴枪而眠，怎禁得住战场的诱惑？也许是战神有意考验磨砺这个未来的将军，开拔十多天来，一直只让他和他的战友们跟在人家屁股后边走，一直只让他闻听前方的炮声隆隆，却不让他见到敌人的身影踪迹。郑洞国沉不住气了，担心自己又会像上次广州之战那样，徒有参战名，空闻炮火声，而无缘开枪杀敌，急躁之情不禁溢于言表。当时连长是位姓马的湖北人，曾任过军校区队长，颇有作战经验，便拍着郑洞国的肩膀宽慰他说："老弟，莫急嘛！我看大战还在后面。"郑洞国只得耐着性子等待时机，可还是禁不住思想天马行空，几回在睡梦中梦见自己投入战斗，在枪林弹雨中冲锋陷阵。

果不出马连长所料，两三天后，右翼军便在淡水城下与敌人展开了东征战役以来的第一场恶战。

逼近淡水城时，郑洞国所在部队成了前卫连，走在全军最前面。下午，部队进逼淡水城，在距城西南几公里外的一片丘陵地带，与敌小股部队交上火。枪声一响，郑洞国兴奋极了，心想，终于轮到自己真枪实弹地杀敌了，便毫不犹豫地带领前卫排一个劲儿地猛冲。

激烈的冲突中，双方都不时有人饮弹伤亡，有的在血泊中痛苦地挣扎，有的在惨叫声中轰然倒下。然而在郑洞国的眼中只有火光的闪烁、硝烟的翻滚，耳中只有子弹的呼啸、大炮的怒吼，心里口里都呼喊着"冲呀冲呀"，仿佛他生来就是为了上战场，脚步连同身躯不由自主地向前腾跃着、冲锋着，丝毫没有想到过自己随时都可能饮弹而亡。这是郑洞国平生第一次参加战斗，对于这第一次战斗，郑洞国曾在自传中描写当时的感受："我平生第一次参加战斗，居然没有一点儿紧张、恐惧的感觉，仿佛这次追击战是一次登山越野比赛。"

在郑洞国的带领下敌人被赶下了山坡。少顷，马连长率后续部队赶到，一起跟在敌人后面穷追不舍，一连翻过几个小山头，直到敌人蹿进城内为止。黄昏前，教导一团、教导二团和粤军一部陆续赶到，遂将龟缩在城内的敌人包围起来。

淡水是座距惠州仅三十多公里的小城，淡水城虽不大，但城垣坚厚，城壕宽深，而城外地势多平坦开阔，易守难攻。三千多守敌据城固守，等待外援解围。东征军远道而来，必须赶在敌方援军来到之前攻克城池。指挥部决定次日清早发起总攻，并限在当日破城。为了完成任务，团部连夜进行战斗动员，组织攻城敢死队。郑洞国身先士卒，带头报了名。

2月15日拂晓，时任右路军参谋长的蒋介石亲自站在洞井高地之炮兵阵地上指挥督战。霎间，敌人的几处城垣工事腾起浓烟烈焰，枪炮声连成一片。大约十分钟后，敢死队在猛烈炮火掩护下，分成几队，扛着六七架云梯向城垣迅速接近。敌人依城固守，疯狂地向外射击，一时弹如雨下，敌我双方都有死伤。打头扛着云梯的战士倒下了，鲜血顺着城墙根的坡地流到后续者的身边。面对如此大规模的恶战、如此密集的枪弹，带着敢死队冲锋在前，且仅有过一次实战经验的郑洞国不禁心中一悸，慌乱起来。但这仅仅是短暂的一瞬，他马上想到自己身为军官，绝不能临阵逃脱，更不可心慌意乱，在这开阔地势上，唯有迅速前进，万不可迟疑不决。故很快镇静下来，与其他奋勇队员一起，时而卧倒，时而跃起奔跑，不一会儿便接近了城垣。

郑洞国带领士兵刚刚冲下城壕，城墙上迎头射来一阵密集的子弹，两名肩扛云梯的战士不幸倒下。郑洞国眉头一拧，正欲纵身上前去扛云梯，几名就近的士兵早已跃起，敏捷地抬起云梯，飞快地运到城墙根下，谁知云梯刚一搭在城头上，即被敌人用铁叉推倒，以后反复几次都无法靠牢。

就这样，反复数次，双方在白热化的激战中僵持不下。这阵子，敢死队完全暴露在敌人的眼皮底下，迟滞一分一秒，都会有伤亡甚至全军覆灭的危险。在万分焦急关头，只听得身后有人大喊："快卧倒，打敌人火力点！"队员们立即从紧张昏热中清醒过来，纷纷卧倒，集中火力向城头射击。城脚的近距离射击与后方火力遥相呼应，终于将敌人的火力压下去了，扛云梯的士兵趁机将长梯牢牢地搭上了城墙。战士们争先恐后地一边呐喊一边踩着梯条直往上冲。可城头上的敌人困兽犹斗，又从垛堞后冒出头来疯狂反击。打头的士兵相继中弹从梯上栽倒下来，后续的士兵顿时愣住，伏在梯上不知所措。郑洞国见状一急，跺脚直吼："不要停下，快，快上！"随即紧跟其后，一手扶梯攀登，一手挥动驳壳枪连连回击敌人。战士们在郑洞国的鼓舞下猛然清醒，斗志陡涨，一面拼死拼活地往上冲，一面奋勇反击城头的火力。后面掩护部队也一齐用枪炮的怒吼和冲锋号的号声遥相呼应。

转眼间，敌军的火力与气焰被攻城的勇猛与士气压倒。趁着敌人火力稍减，敢死队成员相继跃上城墙，大呼："党军登城了！登城了！"凶猛地向城头上的敌人扑去。敌人有些慌乱，但继续顽抗，双方在城墙上混战起来。

这时后续部队也陆续攀上城头，会合敢死队，将附近的敌人肃清。并向两侧发展，以扩大战果。差不多与此同时，教导一团、教导二团官兵一批批拥上城墙，敌人顿时大乱，连滚带爬地向城内退去。粤军第七旅也乘机从城门攻入。这样革命军从东、南、西三面压迫敌人，与敌展开短促而激烈的巷战。片刻后，敌人不支作鸟兽散，大部分被歼灭，部分残敌则沿北门向城外逃遁。郑洞国率领一小队官兵穷追不舍，一直追出北门，并乘机占领了城门外的几处制高点，方才奉命停止追击。整个攻城行动，前后还不到两小时，郑洞国和其他敢死队员们一道，用血与火谱写了这部攻城交响乐的华彩段。

东征右翼军在淡水城整顿了四五天，部队继续向惠东（今平山）方向前进。行至一个叫作羊塘圩的地方时，与洪兆麟的大部队遭遇上了。在这次遭遇战中，郑洞国又一次展示了军事才能。

那天恰巧又是第四连做前卫，郑洞国一马当先，与敌人交上了火。敌人初时欺负四连人少，企图从左右两翼包抄。马连长和郑洞国指挥部队占据了一个长满树木的山坡地带顽强抵抗。不多时，革命军后续部队赶上来投入战斗，对敌人实施猛烈攻击。战斗持续一个多小时，敌军支持不住，全线动摇。

对于这次遭遇战，郑洞国在回忆录中曾这样描写：

　　第四连动作较快，一直跑在最前头。正追赶间，忽听"砰！砰！砰！"一阵排枪枪弹从我们头上掠过，我们未及卧倒，紧接着又是一阵弹雨袭击，有几名官兵当场伤止。我们隐蔽好一看，原来是一伙残敌盘踞在左前方一座陡峭的山头上阻击我军。马连长急切地对我说："现在追击要紧，不要同小股敌人纠缠。党代表，你带一排人对付这些家伙，我率两个排继续追击。""好，第一排跟我来！"我答应了一声，即率一排官兵隐蔽着向那伙敌人接近。山头上的敌人见我们人少势单，居然从山上反扑下来。我们伏在山脚下的树丛中，等他们冲到山腰，突然以排枪射击，一下就撂倒了十余个敌人，然后乘势冲上去与敌人肉搏。敌人慌了，胡乱招架一下，掉头就跑。我们咬住敌人的屁股不放，一口气追出十几里山地，沿途又先后消灭一批敌人，直到剩下的敌人逃得不见了踪迹，我们才掉头下山与大部队会合。

虽然，郑洞国在回忆录中，少有提到自己如何排兵布阵，如何因势隐蔽接近敌人，以及与敌人肉搏的惨烈状况。但这次战斗结束后，郑洞国被上级调任到教导二团担任第三营党代表。除因该营原任党代表蔡光举在参加敢死队攻打淡水城的战斗中不幸阵亡，郑洞国补其缺，更重要的还是因郑洞国在战斗中显示出来的军事素质和才能让上级刮目相看，战场中的调任也是对郑洞国能力的欣赏、信任和嘉奖。

其实，郑洞国在东征北伐中军事才能的突显，也与一路上的良师诤友的互帮互学互助分不开。之前，马连长给了郑洞国许多实战经验和教导，调到教导二团三营后，营长金佛庄更是成为郑洞国行军作战中的好兄长。时任三营营长的金佛庄，是中共派往黄埔军校从事创建工作的党员之一，在校期间曾任第三学生队队长，兼任军校国民党特别党部执行委员，在黄埔学生中颇有威望。他比郑洞国大六岁，在政治、军事等方面的经验和阅历十分丰富，又善于团结同志，一直像兄长般地帮助和支持郑洞国的工作。他们彼此互相尊重，亲如手足，从未因他是共产党员、郑洞国是国民党员而产生过任何隔阂，共事得非常好，两人一起率领第三营继续东征，相继参加了棉湖、兴宁诸战。

右翼军一路且战且行，进占惠东后，又向海丰挺进。尽管行军条件非常艰苦，但是部队上下却始终精神饱满、士气高涨。周恩来开展的政治工作给郑洞国留下了深刻的印象。时任政治部主任的周恩来经常在行军、作战空隙亲自召集各团、营、连党代表开会，了解部队情况，检查军队纪律，商讨和布置政治工作任务等。同时还组织许多政治宣传队，沿途进行宣传鼓动工作，对于部队官兵士气鼓舞很大。过去在黄埔军校时，同学们就十分尊敬周恩来同志，在这次东征战役中，由于工作关系，郑洞国直接同周恩来同志接触的机会多了起来，彼此也熟识了。周恩来主任那种待人恳切谦和、平易近人的态度，以及在工作中显示出的卓越才干，给郑洞国留下特别深的印象，郑洞国更加敬重他。也是基于这样的一份机缘，后来在郑洞国困守长春时，周恩来同志曾亲自给郑洞国书信一封，对郑晓之以大义，劝其率队投诚。

2月底，右翼军占领海丰。3月初，又占领揭阳，洪兆麟残部望风披靡。就在右翼军捷报频传、节节得胜之际，整个战场上的形势却如白云苍狗般变化着。担任左翼军中路军的滇军、桂军根本无意与陈炯明部队作战，一面按兵不动，消极避战，一面暗中与敌将林虎等人勾结，签订密约。不久，杨希闵的滇军便从河源、龙川撤兵，刘震寰的桂军也屯于惠州城下不动，佯作攻城之态，使林虎得以从容调集两万余精兵，由其老巢兴宁、五华等地分路急速南下，抄袭右翼军后路，企图一举将黄埔军歼灭于揭阳、潮汕地区。事态极为严重，敌将林虎，人如其名，是陈炯明手下的一员虎将，手握精兵两万，与仅三千之众的黄埔学生军相比，自是数倍于对手。黄埔军以寡敌众，一场血战自是难免。

黄埔右翼军指挥部侦知敌情后，决定以粤军第二师张民达部守潮汕，以学生总队守揭阳，蒋介石校长、周恩来主任亲率教导一团、教导二团和粤军第七旅许济部全力迎击敌人。双方在棉湖一带地区相遇。棉湖是潮州普宁县西侧的一个小镇，普宁以东多是平原，而棉湖以西以北，皆为崇山峻岭。潮汕一带，前临大海，后阻高山，进不宜攻，退不宜守，历来被视为用兵之险地。双方在此遭遇，一场空前惨烈的恶战不可避免，这便是著名的"棉湖战役"。

整个战役惨烈无比。郑洞国在回忆录中描写了整个战役的经过：

3月12日正午，党军及粤军第七旅开抵普宁城，我谍报人员报称，敌人已到达河婆，正分左右两路向我奔袭，前锋部队距棉湖仅数公里。蒋校长即命教导一团、教导二团抢占棉湖、池尾两地，以正面迎击敌军。另着粤军第七旅向棉湖以北敌之左翼迂回攻击。可是，由于敌情变化和联络困难，该旅在迂回运动中越走越远，竟未能与敌相遇，敌军遂于13日晨集中万余人直向棉湖我教导一团正面猛扑而来，我军亦迎面予以痛击，于是，棉湖大战的战幕正式拉开。

交战之初，敌人气焰嚣张得很，不断投入大批兵力潮水般地向我正面阵地涌来，扼守该处阵地的教导一团第一营拼死作战，反复冲杀。并数度与敌展开剧烈的白刃战，始将敌人击退，双方死伤累累。

敌人见正面难以得手，又转以强大兵力向我左翼第三营发动凶猛攻击。该营奉命迅速占领有利地形，与敌应对，何应钦团长从作为预备队的第二营中抽出一连兵力向前增援。敌人自恃兵多，乘我第一营、第三营结合部空虚，又有千余敌人突入教导一团团部驻地曾圹村，距团部仅百多米。第二营营长刘峙亲率步兵一连在炮火掩护下将敌人逐出该村。

在战况万分紧急之际，从广州匆匆赶来的廖党代表偕蒋介石校长、周恩来主任及苏俄顾问加伦将军等亲赴前线指挥督战，我军士气大振。

临近中午，敌人再度增兵反攻，目标指向曾圹村，我军亦将最后一连预备队投入。两军浴血厮杀，相持难下。这时我方已将预备队全部用尽，而敌攻势如故，情况确已到最后关头。当敌人突入至离团部仅二三十米远时，何应钦团长亲率特务连及团部全体勤杂人员投入战斗，以各种轻重武器向敌人猛扫，绝不后退半步。敌人虽竭尽全力反复冲锋，终未得逞。

从描述中可以看到，右翼军全部的兵力乃至全体勤杂人员投入战斗。尤其教导一团官兵在这场殊死战斗中表现得极为英勇，自团长以下官佐，均身先士卒，冲锋在前。广大士兵顽强无比，只要一人活着，就要血战到底，以致成班、成排地牺牲在阵地上。当时目睹这一惨烈战斗情景的苏俄顾问加伦将军也万分感慨地说："党军以区区千余之众，独挡敌两万余重兵进攻，打得如此英勇顽强，为战争史上所少见。党军不愧为天下第一流的陆军。"

这次战役中，郑洞国也有卓越的表现。正午时分，三营长金佛庄判断敌人亦有可能抢占左翼高地压制黄埔军，在同郑洞国商议后，即派第九连就近火速上山抢占阵地。第九连刚攀上高地，果然发现大批敌人也纷纷赶至，双方相距数十米。该连当即开火，将前面敌人击退，但后面敌人愈来愈多，仗着人多势众蜂拥而上，双方遂在高地两侧展开恶战。十几分钟后，金营长和郑洞国率后续部队赶至，马上投入战斗。

在山顶上，郑洞国往下一看，只见山坡上密密麻麻布满了敌人，像蚂蚁一样，正边打枪边号叫着向上冲。郑洞国见此情景，不由得后怕，之前要是没有判断正确，不抢先占领高地，倘若敌人先占据了高地，居高临下攻击，后果将不堪设想，心里不由得对金佛庄同志又生出几分敬意。

在酣战中，郑洞国和金佛庄往返于各阵地之间，指挥官兵用排枪向敌人射击。冲在前面的敌人被打得七零八落、死伤枕藉，可是后面的敌人在军官的驱赶下仍不顾死活地像蝗虫一样往上涌。第九连连长陈铁（黄埔军校一期毕业生）作战很勇敢，眼见敌人已冲上阵地前沿，挥枪大声叱呼，率先跃出与敌人肉搏。阵地上白刃闪闪、血光四溅，喊杀声、铁器撞击声混成一片。随后郑洞国及时率两排士兵从斜侧里切断敌人的进攻队形，配合第九连肃清了阵地上的敌人。自此以后，敌人进攻锐气顿挫，无论他们的指挥官如何吆喝、咒骂，只要进至阵地前三四十米处，便伏倒在地，不敢向前，看来敌人已被黄埔军的排枪和刺刀吓破了胆。战至黄昏，乘敌疲惫，右翼军突然发起凌厉反击，经过一阵短促的肉搏战，终将敌人彻底击溃，山坡上的敌人丢掉武器和伤兵，争先恐后地掉头逃命。

整整一天的浴血激战，敌军终于溃退了。战斗之惨烈、战士之英勇是难以言状的。道路上、田野里，到处丢弃着敌人的尸体、枪支和各种物资。

棉湖之战，黄埔军以寡敌众，一举将陈炯明最精锐的部队全部击溃，取得前所未有的大胜利，充分显示了革命军队所向无敌的英雄气概和广大官兵勇敢无畏的献身精神。此后，党军声威赫赫，使敌闻风丧胆。

棉湖大战后，来不及修整，郑洞国便随着军队即向林虎的老巢五华、兴宁挺进。整个行军的序列是教导一团在前，教导二团居中，粤军第一旅殿后。行至揭阳，部队奉命向北取小路，连夜强行军奔袭五华城。那一夜，郑洞国随着部队马不停蹄，疾走如飞，整整赶了五十余公里路，抵达五华城外时，刚晨曦微露。敌人未料到对手行动如此神速，竟毫无知觉。前头部队乔装成林虎部队，佯称回城搬运子弹，骗开城门，一拥而入，迅速将守军全部缴械。

袭破五华后，教导一团奉命留守，教导二团继续向距五华十几余公里的兴宁前进。这时林虎正亲自坐镇兴宁，收集残部以图固守。

教导二团抵达兴宁后，刚从广州开来的粤军吴铁成旅亦赶至，即开始攻城。敌人抵抗十分顽强，黄埔军于当天多次组织强攻均未奏效，伤亡不小。次日，改强攻为智取，利用该城西南角的有利地形，乘夜色潜伏城下，一举偷袭成功。第三营第九连和第二营第四连最先攻上城头，大军随即涌入，城内敌人大乱，惊呼："学生军进城了！"各自逃命。经少许战斗，守敌大部被歼，林虎率少数亲信仓皇出逃，窜往江西，兴宁即告克复。

与此同时，粤军第二师张民达部由潮汕沿韩江北进，连克黄冈、饶平、梅县、大埔、蕉岭等地，洪兆麟只身逃往上海，残部则溃入闽境，第一次东征战役胜利结束。

在第一次东征中，郑洞国无论是在教导一团还是二团，无论是在战役中排兵布阵，还是在行军途中组织和管理部队，都有卓越的表现，分明已表现出作为一个将才应具备的潜质。第一次东征无疑是他戎马生涯的一个光辉起点、一次将才的历练。

棉湖之战后不久，滇系军阀杨希闵与桂系军阀刘震寰发动叛乱。党军第一旅回师广州平叛，郑洞国随部参加了广州东郊的石滩车站、瘦狗岭以及市区的巷战。他与其他黄埔学生军的官兵一道，经受了一次次战斗的洗礼，在枪林弹雨中日渐成长、日益成熟……

回家省亲归来

数月前，杨希闵、刘震寰叛乱很快便被平定，杨、刘二贼相继逃进英沙面租界避难，党军第一旅驻扎在北校场休整。郑洞国见内乱已平，广州局势平定，想到自己离家已有两年多的时间，尤其考入黄埔军校后，由于一心投入革命洪流，连一封家信都没有写过，暂时的平静局面使郑洞国思乡之情油然而生。于是，1925 年 8 月中旬，郑洞国趁广州局势平静、部队正在整训的机会，向上级请假回乡省亲，很快就得到了批准。

郑洞国搭乘一艘苏俄的轮船先去上海，准备从那里经武汉到长沙。当时，上海和湘、鄂两省均在军阀统治下，为避免暴露身份，郑洞国和同行的几位伙伴都着便装，没有携带武器。

苏俄船十分考究，郑洞国等人又都住在头等舱，所以相当舒适。轮船在大海行驶几天，海面上风平浪静，气候非常好。每天凌晨，郑洞国和同行都特意早早起床，站在甲板上，迎着习习的海风，观赏红日从大海上冉冉升起时的瑰丽景色，想到自己当初的投笔从戎，而今革命归来，感慨之余，心情十分欢悦。

船到上海后，思家心切，未多停留，郑洞国即独自乘船去汉口，再由武昌乘火车去长沙。

到了长沙，郑洞国准备先去堂侄郑康侯家落脚，会会兄长郑潼国后再回石门家乡。此时，康侯正弃官闲居在长沙城里。说来真巧，郑洞国一到康侯家便和兄长不期而遇，原来他也辞了事情在康侯家

38

中小住。兄弟久别重逢，高兴的心情自不待言，郑潼国和康侯一家人万万没有想到几年不见音信的郑洞国会这样突然出现在他们面前。唏嘘一阵，兄长郑潼国连声道："总算把你盼回来了！"原来，自从郑洞国到广州后，便杳无音讯，家人焦虑万分，老父亲还为此将兄长痛责了一顿，郑洞国的妻子也在家中经常哭泣。此后兄长多次托人在广州打探郑洞国的下落，均无消息，都以为郑洞国不是死在兵荒马乱之中，便是随军队开往他处，终日为他担忧，现在总算盼了回来。

郑洞国在康侯家住了三四天，大部分时间都是和兄长、大哥（康侯的父亲）、康侯三人谈论时局。他们对广东的情形特别感兴趣，也颇有好感。郑洞国将自己在广州一年多的见闻经历及所了解的革命政权的各方面情况都一一做了介绍，他们听得津津有味。谈话中，郑洞国也了解到北洋军阀在湘、鄂等省的统治极度腐败，广大民众特别是知识分子对目前这种政治黑暗、战乱频繁的社会状况深恶痛绝。但是许多知识分子，包括郑洞国的兄长和堂侄，又苦于找不到出路，心情十分苦闷，所以他们不到四十岁的年纪，便都弃官赋闲了。郑洞国这次回长沙，给了他们不小的震动，他们开始从广东国民政府方面，看到国家未来的希望。

数日后，郑洞国告辞兄长和康侯一家人，动身返石门。由于交通不便，在路上耽搁了差不多一个星期才回到家中。家人见郑洞国平安归来，真是欢天喜地。连往日待子女一向威严的老父亲，也颤巍巍地抚着郑洞国的臂膀，口中喃喃地唤着郑洞国的乳名，仿佛怕有人再夺走他的儿子。这时郑洞国已有一儿一女，两年未见，均长大了许多，他们怯生生地躲在妈妈身后，不肯上前。想到自己当初不辞而别，投奔广州，把生活的重担和抚育儿女的责任统统推在妻子肩上，郑洞国心中油然升起歉疚之感，望着妻子含泪的双眼，竟一时不知说些什么好。

郑洞国探家的消息很快轰动了全村，乡邻们扶老携幼，一批批地赶来看望郑洞国，还有些儿时的伙伴，也特意来要求郑洞国带他们到广东去投军。父亲见郑洞国做了革命军军官，受到乡亲们如此尊敬，脸上也甚觉光彩，乃吩咐家人摆酒与众乡邻欢饮。

转眼过了中秋，郑洞国接到兄长由长沙托人捎来的一封急信。信中说，他从报纸上得知广东国民政府已再次兴师东征，讨伐陈炯明，目前两军正在激战中云云。闻此消息，郑洞国一刻也不能在家中待下去了，次日便辞别父亲、妻儿，心急如焚地踏上回广州的归程。这次随郑洞国同行的，还有覃正格、覃道敦等四位青年，后来他们分别考入黄埔军校第四、第五期。

在路上走了半个多月，郑洞国情切切、兴冲冲地回到广州，便听到一个惊人的噩耗：自己最敬爱的军校党代表廖仲恺先生于 8 月 20 日被暗藏在国民政府内部的反动分子刺杀了。郑洞国绝对没有想到竟有人对功高德隆、深孚众望的廖仲恺先生下如此毒手，心中悲愤不已，一连几天茶饭不思，只想早日上前线杀敌，以革命的实际行动来悼念自己所敬重的师长。可是，原部队早已随大军上了前线，加之当时通信并不发达，也不知道部队的准确位置。为了尽快能赶上部队，郑洞国大胆地去求见接任黄埔军校党代表的国民政府主席汪精卫。汪氏很快就接见了郑洞国，而且态度非常客气。郑洞国向他报到之后，即直截了当地提出了要上前线的请求。汪氏说，郑洞国在原部队的职务已由别人顶替，他希望郑洞国能留在广州任黄埔军校医院党代表。但郑洞国执意要上前线作战，不愿留在后方。汪氏见郑洞国态度坚决，想了想方说："你若一定要上前线也可以，不过要先在广州等一等，待我们的军队占领潮汕地区后，再自行设法前去寻找部队。若还愿意留在广州工作，可以随时再来找我。"郑洞国见汪氏极忙，不断有人来请示事情，只好起身告退了。

此后，郑洞国在广州足足焦急地等待了两个月的时间，一直没有找到去前线的机会。这期间，东征军队于 10 月中旬经猛烈战斗攻克军事重镇惠州，随即又迅速占领了蓝塘、紫金、河原、老隆及海陆丰等广大地区。到了 11 月底，东征军与敌悍将林虎部在华阳一带再度激战，终将其精锐部队全部击溃。随着前线的捷报一个又一个地传到广州，郑洞国急得终日坐卧不安，开始后悔当初真不该请假探亲，以致失掉了这次出征机会。

11月上旬，各路东征军队陆续向潮梅地区集中，郑洞国闻讯非常高兴，千方百计地搭乘到一艘火轮前往汕头。在船上，郑洞国巧遇军校一期同学蒋先云，彼此十分高兴。蒋先云是中国共产党早期党员，黄埔军校时期曾与陈赓、贺衷寒一起被称为"黄埔三杰"，是黄埔军校一期学员中最为突出的人物之一，也很受蒋介石的器重。蒋先云曾为了壮大军校革命声势，发起成立包括校内两党青年及驻守南粤各地的湘、粤、滇、桂军中的青年组织"青年军人联合会"，号召会员们实行"救国救民救自己"，发出"团结即是力量，联合即是幸福"的呼声，喊响"打倒封建军阀，打倒帝国主义"的口号，会员发展到两千余人。这个由两党成员组成的青军会，曾为军校开创和两次东征发挥了积极作用。

蒋先云的消息很灵通，从他口中郑洞国了解到一些有关第二次东征的详细情况。他特别向郑洞国介绍了黄埔军强攻惠州之役的艰难情形和第二师四团团长刘尧宸等同志在攻城战中英勇牺牲的经过。郑洞国既为革命军队所具有的压倒一切敌人的英雄气概所鼓舞，也为失去了许多优秀的同志和战友而痛惜。特别是蒋先云同志一番深沉的话语更是让郑洞国铭记在心，他说："国民革命的成功，需要用无数革命志士的生命去换取，为主义献身是光荣的。"两年以后，蒋先云也在北伐战争中英勇捐躯了，他用自己的鲜血和生命践行了他的诺言。

同船前往汕头的，还有东征军总政治部主任兼第一军政治部主任周恩来的夫人邓颖超女士，但当时郑洞国还不认识她，故未见面。

船到汕头刚一靠岸，郑洞国便急匆匆地登陆去找总政治部主任周恩来同志（东征军司令部当时设在汕头）。总政治部设在城内一所宽敞的院落里，郑洞国跨进周恩来同志的办公室时，他正伏在桌子上向几位干部布置工作。郑洞国未敢惊动他，便悄悄肃立在门旁等待。过了一会儿，周恩来交代完工作，抬头望见郑洞国，脸上立刻现出很高兴的样子："哦，是郑洞国，你回来了？"言毕，伸出双手，绕过桌子快步向郑洞国走来。郑洞国忙不迭地向他立正、敬礼。周恩来紧紧握住郑洞国的双手，热情地问道："路上辛苦了吧？欢迎你归队。"

郑洞国有些歉疚地说："周主任，我回来晚了，仗都打完了。"

周恩来爽朗地笑道："不，不晚，我们这里的工作多得很哪，正需要人手，你回来得还是时候。"

郑洞国心中暗喜，马上提出分配工作的请求。周恩来同身后的几位干部商议了一下，转过身对郑洞国说："潮州野战医院党代表的职位现在空着，你就去接任这项工作吧。"

郑洞国一听这话心里凉了半截，心想自己就是因不愿在医院里工作才从广州跑到前线来，早知如此，当初就不如留在广州了。周恩来大约看出郑洞国不很情愿的样子，笑着补充说："医院的工作也很重要嘛，你先去工作一个时期，以后我再设法替换你。"话都说到这份儿上了，何况是面对自己敬爱的师长兼首长，郑洞国不好再讨价还价，便将任务接受下来，辞别了周恩来同志，赶往潮州赴任去了。

谁知到了潮州野战医院，郑洞国才发现这里的情况很糟糕。首先是医院里的医疗条件和生活条件都很差，连手纸、肥皂都没有，再加上医院院长不负责任，使医院里的秩序乱七八糟，伤病官兵们牢骚满腹，几乎天天闹事。

郑洞国到任不到一星期，正碰上蒋介石先生到医院来视察，伤病员们纷纷向他诉苦、告状。蒋氏听了勃然大怒，马上把医院院长唤来，劈面就打了他几记耳光，又把他臭骂了一顿，当场撤了他的职。当时郑洞国也在场，见状心中颇为不安。但蒋氏知道郑洞国是黄埔学生，又刚到任不久，故对郑洞国非但没有责备，反而勉励了一番，并要郑洞国负责起医院今后的全部领导工作，郑洞国这才放下心来。

蒋介石走后，郑洞国立即着手整顿医院工作秩序，安抚伤病员；

同时加紧向上级请求增加医药、食品和其他物资供应。那时在医院中治疗的伤病军官们，许多是黄埔军校各期的同学，一来与郑洞国有同学之谊，二来见郑洞国肯为大家办事，因而都很支持郑洞国的工作，有事也愿找郑洞国商量。不久，医院里的医疗条件和生活条件开始有了很大改善，伤病员们由于得到较好的照料，情绪逐渐平静下来，再也无人闹事了。

很快就到了旧历春节，刚刚摆脱了军阀蹂躏和战乱之苦的潮汕地区的老百姓欢天喜地，共庆新春佳节。一连好多天，潮州城内人山人海，到处是踩高跷、舞狮子、耍龙灯的队伍，一片太平繁荣景象。更感人的是，当地许多民众，手捧对联，担着猪羊酒菜，敲锣打鼓、络绎不绝地前来劳军，与革命军官兵共同联欢，军民间真似鱼水一般。这是大革命时期郑洞国在广东度过的最热闹的一个春节。

这时，广东全省已基本平定，国民革命军在消灭军阀陈炯明势力的同时，还分兵击溃了盘踞在广东南部的军阀邓本殷部，从而完成了广东革命根据地的统一，为后来的北伐战争奠定了牢固的基础，在国共两党的共同努力和精诚合作下，轰轰烈烈的大革命迅速走向高潮。

1926年春，在潮州野战医院治疗的伤病员们陆续痊愈归队了，医院里的事情不多，郑洞国也不想在这里待下去了，盼望着早些回到作战部队，于是又跑到汕头去见周恩来。周恩来见到郑洞国就笑着问："是不是在野战医院待不住了？听说你在那里工作得还不错嘛！"郑洞国一听又急了，看来周恩来主任还不知道自己的来意，索性就把自己的想法照直说了。郑洞国这次来得很是时候，当时部队都在整训、扩编，军事干部很缺乏，所以周恩来同志很痛快地答应了郑洞国的请求，叫郑洞国先回潮州等待消息。不久，他亲自向蒋介石举荐，任命郑洞国为国民革命军第一军第三师第八团第一营营长。郑洞国将在潮州的工作交代完毕，便高高兴兴地去部队赴任了。

郑洞国省亲归来，为了上战场，一连向汪精卫、蒋介石、周恩来三位大人物请战，终如愿以偿。当时的汪精卫，虽非早年行刺清摄政王时的热血男儿，亦非日后的充当日伪南京政府傀儡主席的汉奸。身为国民革命政府主席的汪精卫，当时身上不无"革命"的光环，他愿意屈尊接见无名之辈郑洞国，也被年轻的郑洞国满腔革命抱负之情和将个人生死置之度外的气魄征服和打动，为其安排了不错的职位。在潮州野战医院，蒋介石将医院的领导职位交与郑洞国，足见他对郑洞国的信任。周恩来的几次推荐，也显示其慧眼识珠。确实年轻的郑洞国做事沉稳，有领导和管理能力，不愧是将来的将才之选，其杰出的军事才能，很快在北伐战争中又展现出来。

北伐战争

　　1925 年到 1926 年春，广东国民政府先后削平了广东省和广东革命政权内部的各个军阀势力，并实现了两广的统一，革命根据地日臻巩固。但此时，继北京政变后，先后取代直系军阀曹锟、吴佩孚集团，掌握了北京政府的皖系军阀段祺瑞和奉系军阀张作霖等反动势力，对外向帝国主义列强屈辱妥协，对内破坏国民会议运动，残酷镇压人民革命斗争。吴佩孚、张作霖军队还联合向冯玉祥部国民军进攻，迫其退往西北。这样，中国的大多数省份仍处于北洋军阀和其他军阀势力的控制之下。全国人民迫切希望广东国民政府迅速出师北伐，以结束自民国创立以来北洋军阀的黑暗统治和军阀割据局面。因此，兴师北伐，用革命战争推翻列强和封建军阀在中国的统治，在全国范围完成国民革命，已成为广东国民政府面临的迫切任务。

　　1926 年 6 月 9 日，国民革命军在广州誓师，伟大的北伐战争开始了！

　　参加北伐的国民革命军共八个军，约十万人。蒋介石先生为总司令，李济深将军为总参谋长，邓演达将军为总政治部主任。以下第一军至第八军的军长分别是：何应钦、谭延闿（由副军长鲁涤平代）、朱培德、李济深（兼）、李福林、程潜、李宗仁、唐生智。共产党人李富春、朱克靖、廖乾吾、林伯渠等亦分任第二、三、四军党代表兼政治部主任。当时，除第八军唐生智部和第一军叶挺独立团先已在湖南同直系军阀吴佩孚军队作战，其余北伐军队先后分西、中、东三路出师北伐，西路军取道湖南，中路军取道江西，郑洞国所在的部队属东路军，则是取道福建。

北伐军所面对的主要敌人是：占据两湖、河南各省和直隶南部的吴佩孚军队，兵力约二十万人；盘踞江苏、浙江、福建、安徽、江西的五省联军孙传芳部，兵力亦有二十万人；以东北为基地并据有山东、热河、察哈尔和直隶大部的奉系张作霖军队，兵力在三十五万人以上。敌人在军队数量上大大超过北伐军，且占有中国广大区域。但是，北洋军阀的残暴、腐朽统治早已激起全国人民的强烈反对，失尽人心。同时，三大派系军阀势力之间钩心斗角，称雄割据，互不相谋，无法协同作战，这些均为北伐军取得战争的胜利提供了有利条件。

北伐战争初期的主要战场在两湖地区。两湖地处由广东向北发展革命势力的要冲，而统治该地区的直系吴佩孚军队又是各派军阀中最凶恶的一支反动力量。故北伐军以主力西路军（包括第四军、第七军、第一军二师，以及原在湖南作战的第八军和第四军叶挺独立团共五万人）首先指向两湖战场。为了防止敌人从侧背袭击北伐军，威胁后方根据地，北伐军另以两支军队分别警戒江西、福建的敌人，准备在两湖战场打垮吴佩孚部主力后，再集中兵力进攻东南各省，击败孙传芳部队，最后进兵长江以北地区，消灭奉系张作霖军队。

开战之初，盘踞于浙、闽、苏、皖、赣等地并自称五省联军总司令的直系军阀孙传芳，先是坐视观望，企图待吴佩孚部和北伐军两败俱伤时，再坐收渔翁之利。不过，北伐军由于广大将士英勇善战，再加上各界民众的支持，战争形势发展很快，西路军一路势如破竹，7月11日即进占湖南省会长沙。8月，西路军攻入湖北，在鄂南之汀泗桥、贺胜桥两役中，将吴佩孚在两湖地区的主力完全击溃，随即乘胜追击，兵临武汉三镇，相继占领汉口、汉阳，吴佩孚本人仓皇逃往郑州。

八九月间，孙氏见北伐军连战连捷，所向披靡，乃慌忙调集重兵入江西，准备向北伐军发动进攻。北伐军先发制人，于9月上旬乘孙部尚未集结完毕，派遣北伐中路军（包括第二军、第三军、第六军、第一军教导师及第五军一部）攻入江西，很快占领江西二十余县和赣南重镇赣州。9月中旬，第六军程潜部曾一度攻入省会南昌，但不久即被迫退出。稍后，第一军教导师亦在南昌城下遭到严重挫折。北伐军总司令部急调第七军李宗仁部、第四军李济深部先后入赣，各军协力猛攻，终于在11月上旬攻克九江、南昌，歼灭了孙传芳部主力。孙氏犹如丧家之犬，惊慌失措地登上兵舰逃回南京。北伐军军威大振，浩浩荡荡地顺长江东下，由安庆、芜湖直捣南京。

大约在9月下旬，孙传芳因江西吃紧，遂命其第四方面军司令兼福建督办周荫人，集结大批军队准备进攻广东，意在牵制北伐军后方，遏制北伐军的中路攻势。东路军的作战意图是：先切断周荫人部主力的退路，与驻守松口、三河的部队前后夹击，将敌人聚歼于闽、粤两省交界地区，然后进攻闽浙两省，牵制并歼灭孙传芳驻闽、浙一带的军队，以配合我军在鄂、赣战场方面的作战，最后与北伐军主力会师于上海、南京。

作战命令下达后，东路军即分左右两个纵队，分别由三河、潮州等地经大埔星夜向福建挺进。郑洞国所在的第三师主力在右路，而其所率的八团一营，则又担任右路的先锋。

部队进入闽境后，便在永定县城打了一场恶战。原来，周荫人的指挥部就设在城内，城里城外都有重兵布防，周荫人亲自坐镇指挥，敌手如此强大，加上又有高城厚墙庇护，攻城之难可想而知。然而，倘不迅速攻克永定县城，歼灭面前这股敌人，北伐军非但不能完成断敌退路的任务，还将使敌人乘虚深入广东，给北伐后方根据地造成严重威胁。

为此，东路军指挥部果断地决定于次日拂晓实施攻城，限期破城，并将主攻任务交给了第三师第八团。

晚上，团长带领郑洞国等几个营长一起乘着月色观察了永定周围的地形。永定城是一个四面环山的小城，城东南方向的山势尤为险峻，且距城较近。山脚下有条小河由南向东北方向缓缓流过，过了河再有百十米距离便是城墙，其间参差坐落着一些民房。周荫人的部队已抢先在城东的几个重要制高点上构筑了防御工事，不时向北伐军阵地鸣放冷枪，白天的战斗也是在这里发生的。永定城南则是一片较平坦的开阔地，距山地远些，敌人在那里也修筑了工事，驻有重兵防守。城西北方向山势相对平缓些，是敌人的后方通道。

回到团部，众人通过商议，一致做了战斗部署：郑洞国率第一营担任主攻（配属团机枪连），任务是攻取城东各高地；第二营由城南佯攻，牵制敌人；第三营为团预备队。

翌日，晨曦微露，战斗打响，郑洞国指挥部队迅速运动至城东南各指定的攻击地带上。敌人马上发觉了，惊慌地向山下发射密集的枪弹。经过一番激战，敌人城东屏障已失，头顶弹如雨下，军心动摇，再也无法抵挡凌厉进攻，城内守敌便纷纷由北门向外逃窜。正午时分，郑洞国率部完全控制了永定城，将革命军胜利的战旗插上了永定城头。

这次战役，守敌大部分被歼灭，周荫人仅带少数亲随仓皇出逃，其遗落的一件军大衣为士兵缴获，呈至郑洞国手上时，衣内尚有那位司令兼督办大人的余温，让人不难想象司令兼督办大人周荫人出逃之际的狼狈。更为可喜的是：仅三百余人的第一营，却抓到了四五百名俘虏。那件尚留余温的大衣、那一队队瑟瑟发抖的战俘，让郑洞国在领略胜利喜悦的同时，不能不另有所思：周荫人仓皇出逃时所抖落的难道仅仅是一件大衣，难道不也将军威、士气、斗志一并抖落下来？难道不也是将如此众多的部下抖落在对手的包围圈里？从这里，郑洞国又悟出了一丝带兵的道理。

永定战役是郑洞国北伐出征以来的第一次战斗洗礼，郑洞国带领的第一营在这次战斗中表现出色，受到上级嘉奖，全营官兵一片喜气洋洋。

永定战斗结束后，东路军除由何应钦将军率独立团留驻该城担负警戒外，主力未及休整，即在前敌总指挥兼第一师师长洪轶佩将军指挥下火速回师广东松口，以迅雷不及掩耳之势奔袭进犯该线之敌。东路军日夜兼程向松口疾进，赶至松口附近时，正是拂晓，双方展开了一场恶战。在这场血战中，郑洞国带领一营投入正面攻击。攻击令刚一下达，各连就像猛虎一样迅猛地向敌人扑去，打得敌人步步后退。又经两三个小时的恶战，敌人终于全线崩溃，四散逃命。黄昏前，战斗全部结束。松口一役打得相当漂亮，不仅彻底解除了敌人对广东根据地的威胁，而且将周荫人的大部主力消灭掉了，为后来东路军顺利进军闽、浙创造了有利的条件。

郑洞国带领的第一营在松口一役中又建战功，俘获敌人和枪支逾千，再次受到上级嘉奖。

收复松口后，部队就地休整了一个星期。郑洞国带领营部驻在镇边一所小学校内，校园中到处是敌军士兵遗下的便溺，臭气熏天，费了好大劲才清扫干净。郑洞国惊奇地发现在臭气熏天的学校图书室里，许多书籍居然保存得完好无损，这使郑洞国如获至宝。于是，每日除了处理军务，便埋头读书。在这作战的间歇，能补充知识粮食，郑洞国觉得是一件十分美好的事情。

10月中旬，东路军主力由松口出发，再次进入福建。

在向漳州进发的途中，憨厚的郑洞国却因不胜酒力出了一次"洋相"。那日黄昏，郑洞国带营刚刚在一个小村落里宿营，团部一名传令兵匆匆跑来交给他一张纸条。打开一看，是徐团长的一张亲笔便条，上面仅寥寥一行字："郑营长，晚上请到团部便餐，因有红烧牛肉故也。此致。徐庭瑶即日。"郑洞国急忙带了一名传令兵策马驰往团部，到了团部，发现其他营长都没有被叫到，正诧异间，徐团长笑呵呵地迎上来，招呼郑洞国和几名团部军官入席，郑洞国坐定一看，满桌菜肴中果然有热气腾腾的红烧牛肉。徐团长先道："今

48

天没有公事，各位要开怀畅饮，郑营长更要多吃几杯。"说完便与众人干起杯来。席间的气氛十分活跃，自北伐出征以来，东路军连战连捷，八团也屡建战功，大家的心情都格外畅快，再加上有些丰盛的酒菜，愈发助兴。郑洞国本来酒量不大，禁不住众人频频相劝，不觉吃得大醉，以致席是如何散的也不晓得了。夜里醒来，才发现睡在副团长的房间里，床上、地下都吐得一塌糊涂，真是狼狈至极。

后来，每当郑洞国忆起此次醉酒，想到自己的失态，都不由得发笑。实际上这次酒宴是为欢送徐团长升为旅长和郑洞国升任团长预备的，但是徐团长并没有告诉郑洞国，只是和团部的军官在席间一个劲儿地劝他多吃多喝，做人实在的郑洞国也就吃多了喝多了。直到第二天早饭后，徐团长才郑重地通知他：奉上级指示，徐团长将调升他职，由郑洞国接任第八团团长。自此，这个还不满二十三岁的青年，就肩负起指挥一个团队的重任。

两年多，郑洞国连升三级，亦可谓福星高照，仕途一帆风顺，可是有谁知道，这位被实践证明能打仗善打仗的年轻团长，却在这一职位中蹲了近六个年头！而这六年，正是蒋介石在宁汉对峙、蒋桂大战、蒋冯大战、蒋唐大战、中原大战中屡屡玩弄权术、极尽笼络之能事的六年。其间，黄埔系春风得意，"天子门生"纷纷青云直上。郑洞国无疑是蒋氏的"天子门生"，却长期得不到提拔，岂不是咄咄怪事？个中缘由不难从郑洞国的回忆录中得到答案：

　　我在军队中的许多朋友、熟人不久便陆续失踪了。后来方知他们当中有的遭到逮捕，有的被杀害，有的则设法跑掉了。军队内部一时人心惶惶，谁也不晓得什么时候会厄运临头。至于我们这些平时被认为思想"左"倾，与共产党人往来较密切的军官，都做好了被撤职或遭捕杀的准备，以后我本人虽然未遭杀头之祸，亦未被撤职，但却在军队中长时期得不到升迁。数年后，当时担任黄埔军校同学会负责人的一期同学黄雍告诉我，在该会秘密掌握的黑

49

名单上，我早已被列为共产党嫌疑分子，经他发现后，始
将我的名字从中抹去了。

郑洞国在 1927 年的"清党"中大难不死，得益于同窗黄雍的手
下留情，方未被冤作共产党嫌疑分子清而诛之。可他思想"左"倾，
同情共产党人，与许多共产党人关系密切，却是其自己也承认的
事实。

郑洞国与共产党人的接触，最早始于黄埔军校时期。由于老乡
的关系，他经常与王尔琢、黄鳌、贺声洋在一起。这三人都是共产
党人。王尔琢在黄埔军校学习期间便加入了中国共产党，毕业后历
任黄埔军校学生队分队长与国民革命军连、营、团党代表等职，后
任第四军第二十五师七十四团参谋长，1927 年 8 月参加南昌起义，
并在朱德为师长、陈毅为党代表的工农革命军第一师任参谋长。上
井冈山后，又担任工农革命军第四军参谋长兼二十八团团长，时为
日后红极一时的"林副主席"的顶头上司，与毛泽东、朱德、陈毅
等人同为红四军的主要领导人之一，是红军初创时期的卓越军事将
领。贺声洋也是在黄埔军校加入共产党的，后曾任红军党代表。而
黄鳌则是黄埔军校中最早的一批共产党人，亦是军校中激进组织
"中国青年军人联合会"的发起人之一，毕业后留任军校政治部秘书
股主任，协助时任政治部主任的周恩来在教职员与学生中开展政治
工作，后任国民革命军第二军政治部秘书。大革命失败后，曾参加
领导过鄂西秋收暴动，出任中共湖南省委军委书记、工农革命军第
四军参谋长（军长为贺龙）。尽管这三人以后都因种种原因而英年早
逝，但都在其短暂的人生中留下了可书可传的篇章。

黄埔军校时期，他们在上课与训练的空隙，经常相聚于黄埔岛
临江的树丛中纵论天下，畅谈理想。尽管当时国共合作尚未破裂，
但由于两党的宗旨并非一致，身为国民党人的郑洞国与其他三位共
产党人，不可能在政见上完全一致。时常有争执，有时还争得面红
耳赤，但这并不影响他们之间的同乡谊、同窗情。随着时间的推移，

国共两党的裂痕渐渐加大，当1926年"中山舰事件"发生后，郑洞国既震惊又惶然，对海军局局长兼中山舰舰长李之龙搞暴动劫持蒋介石之说，亦半信半疑。事后不久，周恩来等一大批共产党员在国民党右派"整理党务"的叫嚣声中被迫退出第一军，他更是倍感震惊、困惑与不安，对同室操戈大为不解，对他所敬重的周恩来及其他共产党员的被迫退出深为依恋与痛惜，对国共合作的前途亦感到忧心忡忡。待到1927年蒋介石于南京实行"清党"时，他虽依然震惊，但更多的则是迷惘和苦闷，对"清党"之举不无反感，对共产党人遭受的厄运不无同情，这种思想情感免不了溢于言表。在某些人看来，郑洞国思想上同情共产党，且自黄埔军校开始与共产党人交往密切，更何况与他一道投考黄埔的王尔琢、黄鳌、贺声洋等三同乡都是共产党的骨干分子，因此他很有"共产党嫌疑"，便将他打入另册。将郑洞国疑为共产党，并非空穴来风，他既有亲共的瓜葛，又有正直、上进、大无畏的秉性，其做派分明与共产党人相似。说他是共产党嫌疑，似乎未曾冤枉他，以致若干年后，在由中国人民解放军总参谋干部编著的《黄埔军校三百名将传》中，也将他误认为是早期共产党员。

当时，那位心存恻隐的同窗将郑洞国的名字从黑名单上悄悄抹去，使他化险为夷，可在某些人心目中，那顶"共产党嫌疑"的帽子却未摘去。这顶政治大帽压在他头上，让他在团长的位置上一蹲就是五年多。

好在郑洞国心中始终不忘黄埔军校大门上的那副对联——"升官发财请往他处"。心想，自己既然不是为升官发财而投考黄埔军校的，又何必计较团长旅长、宦海沉浮？由于有了这样的信念，他始终堂堂正正做人，老老实实带兵，认认真真打仗。

第四章　十年征战两茫茫

第二次北伐战争，郑洞国身染沉疴，做了参议也不离战场，病情拖到最后不得不到苏州更生医院就医。此后十年间，讨桂、讨冯、讨唐、讨阎……他万里征程马蹄疾，南征北战疲于奔命。突然，惊闻发妻病逝的噩耗，七尺男儿当场晕厥。日寇侵华步步逼近，中央军"剿匪"也步步逼近。在矛盾的心理支配下，郑洞国参加"剿共"连连"走麦城"，还差点儿做了红军的俘虏。

身染沉疴也恋战

1927 年 9 月下旬，苏州更生医院，郑洞国躺在病床上身体虚弱到了极点，连续多日的高烧、呕吐不止，使得他瘦得皮包骨，连医院的钟声和人在地板上走路的声音都使他的心脏承受不了，医生诊断是瘟症。左右隔壁病房里的病人，几乎隔两三天就有人死掉，郑洞国料定自己也很难从这里活着出去了。身体虽然虚弱，可是头脑却始终保持着清醒，想到即将撇下家中的父兄和妻小，以及所熟悉、喜爱的军旅生活，独自漂流到另一个世界去，郑洞国的心头难免掠上一股遗憾和眷恋之情……

郑洞国是在第二期北伐开始不久突然患病，周身发热无力，精神倦怠，并时有晕厥，然而因留恋战场和战事，他并没有立刻离开部队就医。

第二期北伐战争开始于 1927 年 4 月。那时在中国长江流域，形成了两个互相对立的国民党政权：一为当时尚在中共和国民党左派影响下的武汉国民政府；一为由国民党右派掌权的南京国民政府。宁汉双方势如水火，剑拔弩张，大有一触即发之势。而就在宁汉双方对峙之际，败退至苏北的孙传芳残部和盘踞在山东的直鲁联军主力于 4 月中旬乘机大举向革命军反扑。鉴于大敌当前，宁汉双方暂时罢兵息争，分头北伐。

北伐军分西、中、东三路进攻，西路军以李宗仁为总指挥，渡江西进，直趋合肥，由皖北攻截津浦路；中路军以蒋介石为总指挥（白崇禧代），渡江北上，以攻略徐州为第一期作战目标。以上两路，为南京方面北伐之主力军。东路军以何应钦将军为总指挥沿长江下游陈兵于镇江至常熟之间，候西、中两路军进攻得手后，再渡江北上，清剿苏北之敌。郑洞国所在部队属中路军，5 月，由南京西南的马鞍山附近渡江北上。此时敌人主力多集中在津浦线上及合肥周围，因此中路军正面仅发生小规模战斗，在将士们英勇的作战气势下，很快将敌人击溃。郑洞国随部队一路经全椒、滁州、盱眙向北挺进，进展神速，于 5 月 20 日左右即接近陇海铁路附近。于此前后，西路军亦大败直鲁联军精锐马济部，乘胜攻克津浦线上的重镇蚌埠，西、中、东三路大军遂遥遥相呼应，齐向陇海线推进。6 月 2 日，北伐大军攻占陇海、津浦两路枢纽重镇徐州，各路军队胜利会师于陇海路。

在北伐战争取得节节胜利的过程中，国民党的"清共"举措也越来越明显。1927 年 6 月 10 日，武汉国民政府首脑汪精卫、谭延闿、孙科等赴郑州会晤冯玉祥将军，史称"郑州会议"。会后，武汉方面将已占领的河南地盘交给冯氏的国民军，把北伐军队全部撤回武汉地区。一面积极筹划在内部"清共"，一面准备进攻南京。这也就是汪精卫后来鼓吹的"在夹攻中奋斗"。6 月 19 日，冯玉祥将军在徐州与南京国民政府首脑胡汉民、蒋介石、李宗仁等会晤，史称"徐州会议"。会议除决定蒋、冯共同对奉作战，另一个主题便是促汪反共，实现"宁汉合流"。

在此期间，南京方面的北伐战事仍在继续进行。6月中旬以后，郑洞国又随着中路军在白崇禧将军指挥下向鲁南临沂攻击前进。在郯城以南地区，曾与孙传芳残部遭遇，展开一场相当激烈的战斗，遂使敌人全线崩溃。此后，敌人再也无力组织有效抵抗，革命军长驱直入，直扑至临沂城下。临沂城防相当坚固，且有敌人重兵防守，攻城战役打得十分艰苦。战斗第一日，从晨至晚发动十余次攻击，均未奏效，部队伤亡较大。第二日，革命军从东、南、西三面同时攻城，枪炮之声震耳欲聋。激战中，敌人突然出动白俄铁甲车，以炽烈的炮火向革命军攻击部队射击，革命军伤亡惨重。后革命军加强反击，集中炮火轰击敌铁甲车，迫使其狼狈缩回城内。战至午后，敌人力渐不支，而革命军攻势则愈加猛烈。然而，正当临沂城即将攻下之际，上级忽然传下命令，让各攻城部队星夜解围后撤。部队攻城正攻得兴起，突然听说要把部队撤下来，官兵心中很不情愿。原来，武汉国民政府已命精锐的第二方面军张发奎部集中于江西九江，准备顺江而下，东征讨蒋，宁汉局势骤然紧张，南京方面乃被迫将徐海前线主力迅速撤回，以抵御武汉方面的军队。这样，第一军三师自前线撤下后，经江苏淮阴、扬州，一路开至上海。

当时郑洞国及其他官兵心中好生奇怪，心想：既然宁汉武力对峙，为何不开往南京，却偏要开到上海来呢？事后才知，在南京国民政府内部，蒋桂之间亦矛盾重重，蒋介石此时已暗中酝酿下野之事，故将其视为嫡系的第一军部队置于远离前线的后方，作为今后东山再起的资本。当时，这种内幕郑洞国自然是无从知晓。

部队在上海驻扎的半个月期间，郑洞国病倒了，主持军务力不从心，实在没办法，便向上级呈报了请调报告。不久，何应钦将军调他到南京做了参议。于是，随后在挽救南京危局的战役中，郑洞国一直跟随总指挥何应钦将军左右，时常奉命到前线了解情况、传达命令，虽未亲身参加战斗，却也目睹了战役的残酷景象。尤其是龙潭战役，其战斗之惨烈、规模之宏大，为北伐以来所罕见。一次，郑洞国去前线一个独立团传达何总指挥的作战命令，途中发现在一大片水田里密密麻麻布满了敌我双方士兵的尸体，有五六百具。有的尸首已经泡肿发臭，血把田里的水都染成了红色。龙潭激战持续了近两昼夜，敌军力渐不支，虽数度做困兽之斗，发起一次次凶猛反扑，但均被粉碎，全部人马被包围在江岸附近，最后除孙传芳率少数亲随登舟仓皇逃到长江北岸，其渡江部队悉数被缴械。

这次战役毙敌万余人，俘敌四五万人，缴获枪炮不计其数。孙传芳苦心经营多年的本钱几乎彻底赔光了，从此便一蹶不振。

龙潭战役期间，郑洞国拖着病体，冒着酷暑和炮火终日往来奔走于前线与总指挥部之间，病情愈加恶化，时常高烧，呕吐不止，只因战况紧急而勉强支持下来，战役结束后，郑洞国不得不向何应钦将军请假去治病。

打听到苏州有一家更生医院，医生都是外国人，医疗技术很好，于是郑洞国决定到那里去。这样，郑洞国便于9月下旬躺在更生医院的病房。一入院，郑洞国的病情就开始恶化，一连一个多月，高烧一直未退，这让郑洞国认定自己不久将离开人世。正当他为病情心情暗淡之时，一位蓄着浓密大胡子的外国医生在几位护士的簇拥下来到病房，先查看了一下他的病情，随后示意其中一位护士询问他家中都有些什么人，如何与家人通信，等等，这使郑洞国更加确定自己已病入膏肓，无法医治之想法，遂坦然向那位洋医生问道："大夫，怎么样，是不是我要完蛋了？"

医生却摇摇头，用生硬的中国话说："你不要紧，没关系。"

郑洞国接着说："请大夫告诉我实情吧，我是军人，对生死是无所谓的。"

医生仍旧说没关系，叫他好好养病，然后率众人走了出去。

又过了些天，郑洞国的高烧居然慢慢退下去了，人也有了些精神。医院里的护士都是中国人，知道郑洞国是国民革命军军官，都对他加意照料。以后医生用一种紫光灯在暗室里进行照射治疗（双眼用布蒙上），经过几个疗程，郑洞国周身脱了一层皮，身体却好转起来。医院里的一些人，包括医生、护士和一些熟识的伤病员，原都以为他这次必死无疑，未料他却从死亡线上熬了过来，纷纷向他祝贺。

这样，郑洞国在更生医院前后住了三个多月，直到 12 月下旬才病愈出院。郑洞国又开始期待早日回南京，踏上新的军旅征程。

就在郑洞国住院期间，国民党各派系之间的明争暗斗十分激烈。先是自蒋介石下野及龙潭战役后，国民党内宁、汉、沪（西山会议派）三派一致决定成立特别委员会（简称特委会），代行中央委员会职权，进而实现了"宁汉合流"，国民党形式上实现统一。但好景不长，原想趁蒋介石下野而独坐江山的汪精卫，因不满桂系和西山会议派把持特委会大权，愤而重返武汉，另组武汉政治分会，企图依恃唐生智武力反对桂系，宁汉再度对立。与此同时，张发奎亦率第二方面军由江西开向广州，提出"拥汪护党"的口号，反对特委会。不久，汪氏又赶到广州，积极从事倒桂活动等。

回南京后，郑洞国对国民党内的这些派系之争虽有所闻，但限于当时地位，也难知究竟。况且身为军人，他一向对政治上的这些争权夺利不感兴趣，一心只想上前线带兵打仗，早日完成北伐大业。这时，何应钦将军正率北伐军在津浦路上与直鲁联军激战，并已重占徐州。因此，他向总指挥部提出要去前线，很快获准，随即便上路了。此时的郑洞国大病初愈，但为了尽快赶到前线，他通过关系搭上一列向前线运送军需物资的铁皮闷罐货车。同他一样搭车去前线的军人不少，大家都紧紧地挤在几节黑洞洞、气味难闻的车厢里，动都不能动一下。货车开得很慢，走走停停，用了差不多两三天时间才到达蚌埠，此后便不再前行了。郑洞国只好在蚌埠住了下来。两天后，他又设法搭上往徐州运送军粮的敞篷卡车，继续赶路。此时正值严冬，寒风凛冽，大病初愈的郑洞国，身体尚很虚弱，更是格外怕冷。由于车上装满粮食包，坐在上面毫无遮掩，车子行驶起来，寒风扑面而来，刮在身上犹如刀割一般，冻得他瑟瑟发抖，苦不堪言，好不容易才熬到徐州。

而此时前线战事已暂时沉寂下来，敌我双方都在加紧调整部署，准备下一步的决战，郑洞国报到后，上级即委派他担任徐州警备司令部参谋长。没多久，蒋介石亲到徐州视察。赶上第九军军长顾祝同将军正拟成立新兵教导团，顾祝同是郑洞国的老上级，对郑洞国十分了解，尤其欣赏郑的军事才能，当面向蒋氏请求调郑洞国担任教导团团长，蒋氏当即允准。郑洞国对这项新的任命十分高兴，欣然接受，此后便专心在徐州以北的九里山地区训练新兵。功夫不负有心人，经过几个月的强化训练，这支新兵队伍被郑洞国操练得十分出色。一次蒋介石在九里山地区检阅军队，发现第九军教导团动作迅速、队伍严整，不禁大为赞许，特别对郑洞国进行一番口头嘉奖。

1928 年 4 月初，国民政府命令所属四个集团分路进攻奉系军队、张宗昌的直鲁联军及孙传芳残部，以期一举完成北伐。经过一番血战，这些军阀缴械投降，这些在中国近代史上风光一时的反动军阀，终于被一一消灭掉了。至此，国民政府已在形式上统一了除东北外的全国所有地区（东北张学良将军此时也派代表入关与国民政府磋商东北易帜问题），6 月 15 日正式宣布北伐成功，"统一告成"。

郑洞国因奉命留在后方训练新兵教导团，未参加北伐战争的最后一役，当北伐成功的喜讯传来时，大家无不欢呼雀跃，兴奋万分。

然而，随着形势的发展，令郑洞国感到失望的是，北伐成功并未使中国从此走上和平、富强的道路，相反，无数北伐将士的生命和鲜血，换来的仅是政权的更替，中国的现状依旧是换汤不换药。国民党离孙中山先生最初宗旨渐行渐远。此后，由于新的统治阶层内部的矛盾和争斗的加剧，带给人民的是更加深重而频繁的战祸和灾难。当时的郑洞国尽管思想非常迷惘、苦闷，却也只是一个思想比较单纯、幼稚的青年军人，虽然有着朴素的爱国思想，但对中国革命的性质、道路却缺乏全面、深刻的认识，对于中国社会的各种矛盾以及阶级斗争的尖锐、复杂性还没有足够的体察，始终认为蒋介石继续的是孙中山先生的衣钵，是正统的国民党领导人。

忽东忽西军旅苦

北伐战争结束后，国民党于 1928 年 8 月上旬召开二届五中全会。这次全会除了推选蒋介石、谭延闿分任国民政府主席和行政院长外，另外一项重大措施就是决定成立编遣委员会，以便裁减全国军队。这次会议开过不久，军队开始进行整编，郑洞国的教导团很快就被裁减掉了。名为裁减的行动，实际上是把队伍打散，将士兵补充到其他各个部队中去。这种所谓"裁军"，不过是仅仅削减部队番号而已，完全是掩人耳目的手法。

这年年冬，郑洞国接到任命，回到原来所在的第三师第八团继续担任团长原职，只不过现在这个团改为第二师第五旅第十团。就在郑洞国重新回到自己北伐旧部的第二年，即 1929 年，国民党内部干戈四起，战火不断。开始是蒋桂大战，随即蒋冯（玉祥）之战、蒋唐（生智）之战又起烽烟。第二师是中央军的主力之一，而第十团是自北伐始的老牌团，是蒋介石的嫡系部队，郑洞国团自然要随着第二师马不停蹄地参加讨桂、讨冯、讨唐之战以及稍后的中原大战。毫无疑问，这是属于国民党统治集团内部争权夺利的战争，可谓是新一轮的军阀混战。毛泽东就曾以诗词的形式形象地评点了北伐之后国民党内的大混战："风云突变，军阀重开战，洒向人间都是怨，一枕黄粱再现。"而当时只是一名中央军普通团长的郑洞国，是无法从历史的高度认清这种不义战的，在他心目中，仍认为蒋介石是已故孙中山总理的正统继承人，是国民党当然的政治领袖与军事统帅，背叛他即是对"党国"的不忠。正是基于这一点，他在讨桂、讨冯、讨唐以及中原大战中，总是以"服从命令为天职"，以为党国效忠的信念奔波于战场上。

这一时期，东北张学良将军已正式宣布易帜，服从中央，国内局势表面上一度比较平静。但实际上，围绕着军队"编遣"问题，国民党内各派军事力量之间的矛盾和冲突却愈演愈烈。蒋介石以中央政府的名义，要求其他各集团军"奉还大政""归属中央"，力图巩固和加强自己的地位。冯玉祥、李宗仁等则千方百计地予以抵制，致使 1929 年元月召开的军队编遣会议不欢而散，未能解决任何问题。

随着矛盾的不断尖锐，蒋桂战争终于爆发。

蒋介石与桂系首领李宗仁、白崇禧等的芥蒂由来已久，他对 1927 年 8 月受桂系排挤而被迫下野一事，尤耿耿于怀。这一时期，李宗仁任武汉政治分会主席，桂系另一首领黄绍竑留守广西。一向与桂系关系密切的李济深（李氏亦是广西人）为广州政治分会主席，白崇禧将军则以第四集团军前敌总指挥的名义屯兵唐山。桂系势力的迅速扩张，使其力量和影响超过阎锡山、冯玉祥、张学良等，成为蒋介石的唯一劲敌，故而蒋必欲先去之而后安。

为了制桂，蒋介石曾暗中运送军火接济湖南省主席鲁涤平所率第二军，意在借此牵制桂系，并在将来蒋桂间战事发生时，使鲁部切断武汉与两广间的联系。桂系亦早有牢固控制湖南，使两湖与两广连成一片的企图，故获悉此事后，即于 1929 年 2 月，以武汉政治分会名义，越权免去鲁涤平的湖南省主席职务，另委倾向桂系的何键为省主席，并出兵进攻长沙。

湖南问题发生后，蒋一面加紧准备讨桂战争，一面假借请李济深从中调处名义，将其诱至南京，软禁于汤山。同时秘密派早已下野的唐生智去唐山策动其被桂系西征时改编的旧部驱逐白崇禧，迫使白只身辗转逃回广西。

等这些措施完成后，南京国民政府即于 3 月 25 日正式下令讨桂，蒋亲自乘兵舰指挥大军沿长江两岸浩浩荡荡向武汉进击。足见蒋介石为酝酿这场战斗，事先做了大量的功课。

郑洞国所在的第二师和第一师等部队在刘峙指挥下（实际负责指挥的是顾祝同），继由蚌埠等地出发，沿长江北岸向西经太湖、宿松、蕲春直捣武汉；在长江南岸的中央军则由南京出发，经芜湖进入江西境内。

当江北部队进至薪春时，忽闻桂军师长李明瑞、杨腾辉先后率部临阵倒戈，驻守武汉的桂军高级将领夏威、胡宗铎、陶钧等人被迫仓皇放弃武汉，率军向荆州、沙市、宜昌一带退却。就这样，蒋介石在这次战斗中，兵不血刃地进占武汉三镇，并继续追击，包围逃往鄂西的桂军，迫使其全部缴械。至 6 月初，桂系首领李宗仁、白崇禧、黄绍竑通电下野，蒋桂战争最终以桂系的迅速落败而告终。

蒋桂战争的硝烟尚未散尽，蒋冯战争又迫在眉睫。

冯玉祥所率领的第二集团军，当时占有山东、河南、陕西、甘肃、宁夏、青海等省，区域虽然广大，但多为贫瘠地区。一向认为在对奉作战中出力最大的冯氏对此已不满足，北伐战争结束后，国民政府又将河北及平津两市划归第三集团军总司令阎锡山治理，这就更引起了他的极度不满。在 1929 年的军队编遣会议上，蒋冯二人针锋相对，其矛盾已不可调和。所以，桂系失败后，冯玉祥积极调动军队，并令部下通电讨蒋，战争一触即发。

蒋仍然采用以内部瓦解对手的老办法，暗中收买冯氏手下大将韩复榘、石友三等。1929 年 5 月，正当冯玉祥整军备战之际，韩、石二人突然宣布叛冯，服从"中央"。此二人均手握重兵，他们的叛变给冯氏打击沉重，无奈只好含恨下野。

这一年 10 月，冯玉祥在阎锡山支持下重树反蒋旗号，命其部下将领宋哲元等通电反蒋，随即兵出潼关，攻入河南。南京方面亦急调大军应战，蒋冯战争终于爆发。

第三师接到作战命令后，星夜由蚌埠陆续开抵郑州西南之登封地区时，第二师已移驻蚌埠，师部设在登封以东约四十公里的密县，郑洞国率第十团也接到命令：作为师预备队亦驻扎密县，同时担负师部警戒任务。

行军过程中，郑洞国率团急驰河南开封东，驻防密县，不久又增援临汝，以超常规的速度将同行的友军远远抛在后面，令第三师工兵营营长邱清泉不得不竖起大拇指连连称道。这位黄埔二期毕业的小营长，虽说资历比郑浅，职位比郑低，却曾当过蒋介石的侍卫副官，且又是蒋的同乡，一向颇为自负，从不甘居人后，当年在黄埔军校时照过一张戎装佩剑相，在相片上自题两句诗："壮士手中三尺剑，雄图胸中十万兵。"可见其狂傲不是一般，此人以后则成了国民党军队中有名的傲将军，眼下却能对郑洞国跷大拇指，委实不易。"兵贵神速"，郑洞国率部赶到临汝城下，未及喘上一口气，便投入战斗。双方激战了数日，郑洞国偕全团官兵愈战愈勇，迫使守城的西北军最终弃城而走。讨冯战争乃告结束。

过了一个多月，又传来唐生智在郑州举兵反蒋的消息。唐生智是湘军元老，1927年宁汉对峙时是东征讨蒋的主帅，战败后被迫下野，东渡扶桑，次年归国后公开表示服从蒋介石的领导，故在蒋桂之战中被蒋介石委以"讨逆军第五路军总指挥"的重任。殊不知唐生智早蓄异志，作战时趁机从白崇禧手中收编了原湘军旧部，而后又在对冯玉祥的作战中扩充了一些兵马。冯玉祥讨蒋失败后，唐生智又被蒋介石任命为国民政府委员，只是其新官上任还没几天，便于12月15日在郑州通电反蒋。

郑洞国遂又奉命乘火车经平汉路开入河南作战。此时连日天降大雪，铁路交通时断时通，部队只好走走停停，行动甚慢。待官兵到达河南信阳时，前线各路中央军已在驻马店、漯河一线将唐军击溃。只好中途折返平汉路南段的广水、花园一带驻扎，临近元旦时再移驻武汉。岂知部队还没落下脚，石友三又在安徽发动反蒋战争。这个石友三原是冯玉祥手下的一员大将，在历史上有"倒戈将军"之称。蒋冯大战时他坐山观虎斗，此刻眼见群虎俱伤便突然跳了出来，一直进逼到浦口，南京震动。郑洞国奉命随着部队紧急调往南京，而到达南京时，石部又已被击退，于是只好又循津浦路展开追击，一直到蚌埠才停下来。

在讨唐战争和击退石友三部的同时，于蒋桂战争中被蒋重新起用为师长的张发奎与驻广西的桂军联合，打着"护党救国军"的旗号，进攻驻广东的陈铭枢、陈济棠等部粤军。南京国民政府派何应钦率军援粤，郑洞国跟随何将军在广州附近花县一带大败张桂联军。这是第二次蒋桂战争（亦称粤桂战争）。

1929 年初至年底，国内政局动荡，战乱迭起，相继发生了蒋桂战争、蒋冯战争、蒋唐战争和粤桂战争。"以服从命令为天职"的军人郑洞国只得四处奔波，八面作战，几乎终日马不停蹄，备尝军旅之艰辛。中央军虽然分别在上述战争中迭获胜利，但国民党内和各派军事势力之间的尖锐矛盾并未因此而稍减。相反，一场新的更大规模的战争——中原大战正在迅速酝酿爆发。

中原大战为哪般

在 1929 年发生的国民党内各军事集团间的多次混战中，桂系、西北军（冯玉祥军队长期驻扎西北，故亦称西北军）、唐生智部或元气大受损伤，或全军覆没，相继失败。一向在南京"中央"与桂系、冯玉祥等之间纵横的阎锡山，实力和地盘却一天天地扩张，一时成为各派反蒋势力所瞩目的人物。老奸巨猾的阎锡山看到桂系和西北军等势力均被分化、击败，自知他必定是南京方面下一个将要打击的主要目标，乃一改以往骑墙观望、鼠首两端的圆滑态度，俨然以反蒋势力的总首领自居，联合冯玉祥等反蒋势力共同倒蒋。

为此，阎锡山一面释放了曾为其软禁的冯玉祥将军，表示愿与冯氏真诚合作，坚决反蒋，并与聚居于广西一隅的桂系军队及川、黔、湘、豫等省的各派军阀暗中联络，以作呼应；一面积极拉拢政治上失意的汪精卫和穷途潦倒的西山会议派、改组派等政治力量，一时结成了一个颇具声势的军事上政治上的反蒋大联盟。

1930 年 3 月中旬，冯、阎、桂三个军事集团的五十余名将领，由鹿钟麟领衔发出反蒋通电。4 月 1 日，阎锡山在太原宣誓就任"中华民国陆海空军总司令"，揭露蒋将国民党变为"一人之化身，专制独裁，为所欲为"，致使"党不党，政不政，国不国，民不聊生"，要他"以党政还之国人"。冯玉祥、李宗仁、张学良分任副总司令（张氏实际上并未就职），阎、冯分别在石家庄、潼关设立总副司令部，积极筹划军事。

阎、冯等人此次举兵起事，志在一举推翻蒋介石在国民党中央和南京国民政府中的统治地位，故均不惜动员各自的全部兵力，拼出所有资本来准备投入战争。南京方面为了应付反蒋联军的联合挑战，也迅速进行了全面的作战动员和部署，整个中原地区一时战云密布，一场规模空前的大战爆发在即。

反蒋联军总的作战方略和军队序列是：以攻略徐州、武汉为第一期作战目标，分由津浦、陇海、平汉三路进攻，总兵力达六七十万。

中央军方面总兵力亦在六十万人上下。

5月11日，南京国民政府下达总攻击令，中原大战正式拉开序幕。

战争持续了七个多月。在这两百多个凝聚着士兵血肉与百姓血泪的日子里，郑洞国只能与全团官兵一道，随着军令而动，随着战局的变化而变化，时而进攻，时而防守，时而阻截，时而撤退，凭着"两军相遇勇者胜"的常规，一次次地绝处逢生，一次次地化险为夷。

7月骄阳似火，炙烤着大地。郑洞国团与晋军某部相持于陇海线以北的大、小毛姑寨，彼此的指挥部相距不到千米，时有流弹飞来，一些官兵常常遭到对方的冷枪袭击。他的贴身卫兵就在其受遣传达命令之时，刚一出门即被敌人枪弹击伤。郑洞国几次主动出击，欲将敌击退，但敌人工事相当强固，还有炮兵的火力支援，使部队进攻接连受挫。激战不到两日，第一营营长钟文璋（黄埔二期毕业生）、第三营营长何章（黄埔三期毕业生）相继阵亡，官兵损失了百余人。郑洞国见攻击一时难以奏效，只好将部队撤了下来。双方对垒了一个星期之久，依然相持不下。上级见该团伤亡较大，便驻防换防，换下来的十团则移驻距大毛姑寨东南仅半里外的堤头村。

在堤头村，又与敌人对峙了很久，这期间双方虽互有攻守，但一时谁也难以占上风，整个陇海路方面的战事，都处在胶着状态中。

不几天，敌军于凌晨两三时偷袭堤头村，郑洞国从睡梦中惊醒，顾不及穿上外衣便提枪直往外闯，差点儿与团部特务排排长撞个满怀。郑洞国定睛一看，见部下均是慌慌张张的样子，眉头一皱，大声吼道："别慌张！都跟我来！"说罢遂领着一干人迎着枪声最密集的方向扑去。前行不远，正遇着自己的大部队潮水般地溃退下来，第二营营长李大成也跌跌撞撞地混迹于溃逃的队伍中。郑洞国怒不可遏，劈头拦住他大声喝问："李营长，你怎么也往后跑了？赶快给我把队伍带回去！"猛喝犹如当头棒，顿令对方清醒。他见顶头上司威如铁塔般地立在面前，不得不收住脚步，转而硬着头皮召集部下。众士兵也被团长的镇定与威严震慑了，纷纷掉转头来向后反击。

时值暑夏，郑洞国穿着汗衫与短裤，近乎是赤膊上阵，遂使士气大振，部队很快就稳住了阵脚。郑洞国率特务排抢占了前方一处高地。这时，大批敌军冲杀过来，左右两翼友军阵地上也响起了密集的枪声。郑洞国心中一凛，立即意识到这是敌军的全线夜袭，如果此时自己的阵地一旦崩溃，必将危及全局，后果不堪设想。情形不容多想，他牙关一咬，顾不得迎面飞矢如雨，挺身立在阵地最高处，指挥部队猛烈射击飞蝗般涌来的敌人。士兵们见他夜间身着白衬衫，且全身都暴露在敌人的火力面前，心都快吊到嗓子眼了，纷纷疾呼："团长，太危险！快卧倒！"有的还扑过来要将他拖下去，可郑洞国却推开劝阻者，岿然不动地站在最前沿。无声的命令、无言的行动，还有什么比这大无畏精神值得让人敬仰的？周围的官兵深受感动，纷纷勇往直前，在郑洞国左右筑起了一道喷火吐焰的人墙。经过几个回合，官兵奋力拼杀，终于打退了敌人的正面进攻。

郑洞国刚欲喘一口气，侧翼又涌来一队人马。他起初还以为是敌军，不禁一惊，可定睛细看，发现是驻扎在大毛姑寨的十一团，方转惊为怒，急令特务排士兵排成一字长蛇阵，将潮水般涌来的溃兵死命堵住。不一会儿，第十一团团长王仲廉衣冠不整、满头大汗地赶来了。郑洞国不形喜怒地说："王团长，你的队伍都在这儿，快带回去吧！"四两拨千斤，郑洞国一句话，遂令对方感到了无形的威力与分量。王仲廉二话没说，仅仅苦笑着向同僚挥了挥手，随即带领队伍向回反攻。在全体官兵奋力反击下，终于让大毛姑寨的阵地失而复得。翌晨，第二师师长顾祝同因昨晚十团的电话中断，以为阵地丢失，忙派作战参谋询问情况，郑洞国仅将战况简述了一番，既没言己之勇，也没有揭他人之过。该参谋见阵地寸土未失，遂放心而去。

虽说历史上将这场中原大战定性为国民党内部争权夺利的不义战，但当时在郑洞国及其他官兵心目中，他们是为保卫国民政府而战，是正义之战。因此，他们在战斗中十分勇猛。

不久，蒋介石为了打破陇海路方面两军长期胶着不动的局面，特抽调精锐的第十一师陈诚部由陇海路南侧疾进，突击晋军右侧背，给敌人造成很大威胁。阎、冯见情形不妙，一面命令孙良诚部就近抵抗，一面急派吉鸿昌部从杞县方面加入攻击。陈诚部寡不敌众，几度为敌人包围，经十余日血战，才突围而出，节节后退。陇海路方面敌军乘势进攻，中央军全线为之动摇，被迫撤至定陶、曹县、民权、河阳集一线。

在撤退途中，郑洞国团在一个叫作野鸡岗的地方，又遭到敌人的一次夜袭。黎明时分，官兵们都在熟睡中，忽被密集的枪声和喊杀声惊醒。大家不约而同地一跃而起，迅速拿起武器迎敌。这时敌人已穿过紧靠着郑洞国团宿营地的黄河故道堤坝，正密密麻麻地向郑洞国团扑来，压迫警戒部队节节后退。由于有了上次的经验，官兵们都比较镇静，没有再出现惊慌混乱的情况。郑洞国一面集中轻重机枪和迫击炮，抢占有利地形，以炽盛的火力压制敌人；一面指挥各营向敌人实施逆袭。不到一个钟头光景，就将敌人全部击退，并俘获了一批敌人仓皇撤退时遗下的伤兵和枪支弹药。

随后中央军和反蒋联军在陇海线、平汉线、津浦线双方反复进行拉锯战。

直到 9 月 18 日，在东北静观风向半年之久的张学良将军终于发出拥蒋通电，并派东北军主力分路入关。10 月中央军攻下陕西潼关等地，重兵包围山西残军败将，张学良趁势大举接收冀东、河北地区，并呼吁停战。11 月 4 日，阎锡山、冯玉祥通电下野。阎出走天津，西北军则被张学良收编接管。张学良带三十万东北军入主华北，势力大增。至此中原大战以南京国民政府取得完全胜利而告终。

中原大战是北伐统一全中国之后国民党内进行的最大的内战，战事蔓延河南、河北、山东、湖南、湖北，各方投入兵力超过一百三十万，造成官兵伤亡在三十万以上。交战双方互相用包括以职位、金钱收买对手部下，拉拢一派打击另一派的做法，更加恶化了中国各派别军阀间的团结。中华民国为了应付战事，经费接近破产。从更高层面看，战事反映了国民党表面上的北伐统一，背后却有重大的隐患危机：国民党无法以政治方法去解决中央与地方军阀军事冲突而要诉诸武力。中原大战的结果虽然以代表中央的蒋介石胜出，但是他被东北军强制止战后，并没有彻底消灭地方军阀的势力。东北军入关以后，更造成东北边防防务空虚，这也间接成了日后东北四省在"九一八事变"沦陷于日本的原因之一。

妻亡父丧心凄凉

战争结束后，第二师在郑州附近驻扎了几天，正待向潼关开拔休整。这时，郑洞国突然收到堂侄郑康侯派人送来的一封急信。郑康侯虽系晚辈，年岁却比他还大十岁，多年宦游在外，早些年曾资助过在石门中学读书的郑洞国，眼下正在许昌任县长。信中告知：他的兄长郑潼国已从武昌赶到许昌，要他前往许昌一晤，说有要事相告。

早在 1928 年冬天，教导团编散后，郑洞国以为北伐已胜利，军阀被打倒。想到自投考黄埔军校以来，仅第一次东征战役结束后曾

66

回乡探亲一次，一直与家人疏于联系，不免思亲心切：老父亲是否身体安好？自己的一双儿女应该又长高许多，妻子在家操理是否一切顺心？空闲之余思念如潮水。于是趁在蚌埠赋闲之机，郑洞国派人将在湖南家乡的老父和妻儿接到蚌埠团聚。一家人久别重逢，十分欢快。家人也就安顿在蚌埠。

谁知，新军阀们的大混战又开始了，且烽火连天，经年不断。郑洞国自己随部四处奔波，自然不便携妇挈雏，只得将家小安顿在武昌。中原大战开战以来他与家人音信隔绝已逾半年，不知家中究竟怎样了，"烽火连三月，家书抵万金"，接到郑康侯的这封信后，他匆匆安顿好手头的军务，乘火车慌忙赶往许昌郑康侯家与兄长相会。

兄弟见面寒暄数语，郑洞国便迫不及待地问起家中的情形。哪知兄长只是埋头吸烟，久久不语。被逼问急了，支支吾吾地回答他的问题，一副心事重重的样子。郑洞国见状心中颇生疑窦，一再追问不已，兄长无奈，只得叹口气说："么弟，我此来有一事说与你，你务要挺得住呀。"

郑洞国预感到家中出了什么不幸的事情，有些紧张地说："哥哥，你有话直说无妨。"

"么弟，为兄对不住你，我没有照顾好家里。"兄长突然掩面大哭，"弟……弟妹已在8月份患伤寒症故去了！"

对妻子的死，郑洞国精神上毫无准备，兄长的话犹如惊雷击顶，他眼前一黑，顿时昏厥在地。不知过了多久，才渐渐清醒过来，发现自己躺在床上，兄长和康侯一家人正围在床边哭泣。

中原大战硝烟刚刚散去，在战场上未被长枪大炮击倒的郑洞国，却被爱妻覃氏病逝的消息击倒了，心中悲痛万分。回想起与覃氏结婚十余载，聚少离多，点点滴滴化作万般心碎。

郑洞国与发妻覃腊娥的结合，没有青梅竹马的友爱，也没有山盟海誓的婚约；没有花前月下的柔情，也没有鱼雁传书的蜜意，如同当时的大多数同胞一样，系"父母之命、媒妁之言"的包办婚姻。

然而这位没有读过一天书的普通农家女人，却有着天生的质朴和谦和，端庄贤淑，深明事理，深得郑洞国的喜欢和敬爱。婚后，郑洞国一直在外读书，只有寒暑假才回家，尤其入伍之后，把家庭的重负与山乡的孤苦冷寂留给了妻子。在情感上郑洞国觉得自己欠妻子太多太多，便于两年前特意把父亲和妻子儿女接了出来，实指望尽尽为人之子、之夫、之父的责任与义务，弥补对父亲、对妻子、对子女的感情欠债。有谁知，国事蜩螗，烽火连天，身为军人的他，忠孝不能两全，情义难得兼顾，他只得带着愧疚与不安作别贤妻与老父。入伍之后，多少次行军途中，思念妻儿时，心中总是暗暗对自己说，等到革命成功，时局安定，定要好好陪着老父、妻儿，尤其是为自己养育儿女、孝敬父亲的妻子。

如今，刚刚结束的中原大战又算哪门子革命呢？山河破碎又是谁之过呢？这忽东忽西的征战似乎又远离当初的革命梦想，郑洞国内心本已惆怅不已，原打算待战事稍歇后去与家人团聚，谁想到竟是永远地与妻子阴阳两相隔了。

一个在战场上只会流血不会流泪的七尺男儿，眼下闻听结发妻子病逝的消息，竟然当场昏厥，不能不说郑洞国对妻子用情颇深。其实在那个年头，男人纳妾娶小或抛弃发妻另寻新欢是很寻常的事，也是被世俗社会视为天经地义的事，尤其是那些当了官、发了财的男人，人一阔脸就变，身一贵心就花，何况"英雄难过美人关"。对于当时国民党新贵再娶新妇的事，似乎还是一种社会新潮与时髦。诚然，当时的郑洞国并非显贵，但在"大炮一响，黄金万两"的时代，一个中央军的团长，想要发财易于反掌，想要停妇再娶也是小菜一碟，可是郑洞国却没有那样做，而是把比他大八岁的小脚文盲妻子接进都市，并给予她一个团长夫人所能拥有的富贵。足已见其心地之纯善，其人品之高尚，其对爱妻之敬爱。正是因为有了这份至诚至真的情义，当他惊闻妻子逝去的消息，才会昏厥在地。

此后一连多日，郑洞国的心情都异常难过，随即向上级请假，与兄长一起回到武昌家中，看视了先妻的灵柩，并安顿了家中诸事，一个多月后方赶回部队。

岂知祸不单行。郑洞国归队不久，又有噩耗传来：父兄送覃氏灵柩走水路回石门，准备在家乡安葬。船至湘西津市停泊，船主趁兄长下船会友，勾结土匪前来劫掠，以为船上必有大量财宝，殊不知却落了空。匪徒们恼羞成怒，竟惨无人道地将留守在船上的老父亲杀死。

郑洞国在短短数月间失去了两位至亲，不胜悲哀。沉痛之余，与父亲相处的一幕一幕，随着哀思浮上心头。在郑洞国的记忆中，父亲郑定琼是位很重视传统礼教的人，他为人严峻刚正，性情倔强，嫉恶如仇，最痛恨嫖赌等坏习气，如发现族内有这种事便要出头干预。父亲曾上过两年私塾，较之一字不识的庄稼汉，算得上是位文化人。因此，他能将目光越过农家的篱笆，在喂养两儿三女五张嘴的重荷下，靠勤耕苦种、节衣缩食来供养儿子读书。长子郑潼国从乡间私塾读到湖南省会"留学预备科"专科学校，然后官费留学东洋；幼子郑洞国则由乡下读到县城、省城，最后又南下广州考黄埔。毋庸置疑，兄弟两人读书的前期费用都是他汗珠摔八瓣辛辛苦苦挣来的。

父亲总是那么严厉，而正是这种严厉才使郑洞国养成了执着坚毅的品格。而作为父亲老来期盼得来的幺儿，父亲对他教育是严厉中又多透着诸多慈爱。记得小时父亲在得知新式学堂误人子弟，气得大骂教员，不顾家里经济的拮据，马上将郑洞国转入私塾读书，只是为让自己的幺儿受到良好教育，这是多么深厚的舐犊之情。

在郑洞国的记忆中，父亲还有一句话可谓刻骨铭心，那就是除夕吃年夜饭前，他以一家之长的身份年年都要说的一句祝词："有朝一日时运转，朝朝暮暮像过年。"这是在当地一句很流行的话，也是农家人的一种带有几分夸张的愿望。当地另有句俗语："餐餐白米饭，天天像过年。"无非是想有碗不掺糠菜杂粮的大米饭吃吃而已，也算不得是什么奢望。如今，当团长的儿子完全能满足父亲的这一愿望了，没想到他却撒手而去。

不待郑洞国抚平心灵的创伤，战事又起，石友三又反水了！

中原大战期间，西北军全军覆没，晋军大部被消灭，唯石友三部未受损失。当战争进行到最后紧要关头时，这个以"倒戈将军"著称的军阀，见形势对反蒋联军方面日趋不利，遂又故伎重演，暗中与中央军接洽，率部队由开封以东的贯台渡口北渡黄河，退到新乡、彰德、顺德之线，脱离了战场。大战之后，石友三占有河南省南部和河北省北部三十余县地盘，招兵买马，就地筹饷，雄踞一方。他自恃手握重兵，不甘久处顺德等一隅之地，企图北上进取平津，称王华北。为此，这位"倒戈将军"勾结以盗掘清东陵而名噪中外的孙殿英与刘桂堂，举十万大军，大张旗鼓地进攻平津。1931年7月，郑洞国只得奉命而行，率团风尘仆仆沿平汉路北进，参加第二次讨石之战。

石友三起事后，非但韩复榘不肯响应，就连有约在先的孙殿英和晋军孙楚部也龟缩不出。石氏一支孤军在中央军、东北军优势兵力合围下，四面楚歌，势难再战，不得不放弃原来作战计划，决定将全军撤至滹沱河，向山东德州突围。是时连日暴雨，滹沱河水深丈余，石部官兵争相渡河，秩序大乱，所有重武器和汽车辎重均被遗弃，人马亦淹死很多，几乎溃不成军。中央军和先后尾敌而至的东北军紧紧将敌主力包围在滹沱河以南、深泽所属地区，未经激烈战斗即将其余部缴械。石友三仅率残众数千人逃赴山东，依附韩复榘去了。

真是因果循环，石友三这个反复无常的"倒戈"小人，在战场上也亲尝了他人无信之果。

此次讨伐石友三之役，前后尚不及半月，即全歼石部六万余人，战果可谓大矣。

讨伐石友三的战斗刚刚结束，部队尚未来得及休整，忽闻广东实力派陈济棠联合桂军准备进攻湖南，郑洞国率部随第二师星夜驰车南下，转战湖南。此次宁粤对立起因于胡汉民被软禁一事。中原战争结束后，国民政府主席蒋介石和立法院院长胡汉民在召开国民会议、制定训政时期约法等问题上发生尖锐意见冲突。蒋介石为排除党内反对意见，竟于 1931 年 2 月 28 日将胡氏幽禁于南京汤山，随即强行在南京召开国民会议，并通过了《训政时期约法》。

胡汉民是国民党元老，又是已故总理孙中山先生生前的亲近助手，素有声望。他被软禁后，举国哗然，国民党内部的矛盾冲突也愈加激化起来。一向在政治上较接近胡汉民，且又有个人野心的广东实力派人物陈济棠，以为有机可乘，毅然公开打出反蒋旗号。于是南京反蒋人士纷纷南下广州，联合桂系李宗仁及汪精卫的改组派，组成了第二次反蒋联盟，国民党由此陷入了新的分裂之中。5 月 8日，反蒋派在广州另立中央，成立了以汪精卫为首的国民政府，并策动两广军队分三路进攻衡阳，与在湖南的中央军形成武力对峙状态。

正当国民党内各派系忙于内争之际，日本帝国主义悍然于 1931年 9 月 18 日发动事变，以武力侵占了我东北三省。在全国人民"停止内战、一致抗日"的强烈呼声下，宁粤双方不得不放弃武力手段，同意以和平谈判解决争端。

但这一切还是阻断不住内战连连。宁粤息兵后，第二师奉命经平汉运赴河南信阳经东地区"剿共"。

妻逝！父丧！内乱频起！外患突生！1930 年秋至 1931 年秋，郑洞国的心境可真是悲凉至极！

进攻苏区差点儿成俘虏

"九一八事变"后，日寇侵占了东北三省，并进而威胁华北。国难日深，民众"停止内战，团结御侮"的呼声日高，可蒋介石却依然顽固地坚持"攘外必先安内"的方针，对日采取不抵抗主义，幻想通过国联来调处中日冲突，同时却调集重兵进攻共产党领导下的红色根据地，发动了一次又一次的"围剿"。处于湖北、河南、安徽三省边境的鄂豫皖苏区，则是"围剿"的重点目标之一。

自 1930 年冬至 1931 年夏，驻鄂豫皖三省的国民党地方军队曾两次"围剿"当地红军，但都失败了，且损失惨重。1931 年 9 月，蒋介石亲自坐镇武汉，指挥包括第二师在内的十五个优势兵力，对活动于豫皖苏区的红四方面军进行第三次"围剿"。"围剿"沿袭中央军分进合击的战术，分由东、南、西三方面进攻，企图将红军一举聚歼。面对国民党军队的几面"围剿"，红军采用了独特的打法：瞅准南线国民党军队番号虽多，但多为杂牌部队，号令不统一，战力较弱的弱点，趁"剿共"大军尚未云集、合围之际，仅留少量兵力在豫东南和皖西地区游击，主力则大胆跳到外线，突然包围了南线国民党军队最突出的重要据点黄安，采取"围点打援"之策，先后歼灭了前来增援的第三十师一部、第三十三师大部，将龟缩于黄安县城第六十九师全歼，并俘获师长赵冠英。

红四方面军在南线得手之后，很快将主力转到北线，并调活动于皖西的红军一部西进，会攻商城，意在使其鄂豫边和皖西根据地连为一体。北线告急，第二师奉命增援，郑洞国正是在这关头抱病从南京回到第二师出任该师独立旅旅长的。

先前宁粤息兵之后，第二师奉命经平汉路运赴河南信阳以东地区"剿共"，楼景越接任第二师师长。此公待人刻薄，与部属关系紧张，郑洞国不喜其为人，又加上当时已患严重的肠胃病，骨瘦如柴，不堪再受征战之苦，便以治病为由离开第二师。实际上，此时的郑洞国不仅仅是身病，恐怕更多的还是心病。从当时的情形来看，日军入侵中国的"九一八事变"发生后，全国人民震怒，郑洞国同样也感到震惊愤怒，内心迫切希望停止内战，枪口一致对外。而蒋介石却置国人呼声不顾，继续"剿共"。郑洞国不仅不能将枪口对准日本人，反而要将枪口对准中国工农红军，这绝非他内心所愿。在对垒阵营中的共产党人，有许多是他所熟悉的、敬重的，是他不愿与其为敌的。而从亲朋口中，他已得知昔日有情于己的朋友王尔琢、有恩于己的学长黄鳌都已辞世。身为红四军参谋长兼二十八团团长的王尔琢，死于部属叛变的枪弹之下；亦为工农革命军第四军参谋长的黄鳌，牺牲在国共两军的血战中。另一方面，蒋介石是自己从不敢违抗的昔日的校长、今日的统帅。可想而知郑洞国当时的心情是十分矛盾而痛苦的。

郑洞国带着身病和无法言说的心病离开第二师，到南京后，遇上了刚刚升为首都警卫军军长的老上司顾祝同。顾氏见到他十分高兴，立即委他为警卫军一师二旅四团团长之职，未及二月，楼景越调离第二师，汤恩伯继任，顾祝同便以第二师老师长的身份保举他出任第二师独立旅旅长。顾氏不仅是郑洞国的老长官，还是其黄埔军校时的老师。尽管郑洞国依然不愿打内战，可碍于情面，"恭敬不如从命"，况且这是时隔五年多的难得的一次提升。于是，他不待身体完全康复，抱病回到第二师。

到任伊始，郑洞国面临的情形是：红军已控制了商演公路，并切断了固始与商城之间的联系，固守商城的第五十八师连连告急。

大约在1932年1月下旬，第二师奉命由潢川沿商黄公路出击，以解商城之围。时天降大雪，部队行军困难，前进至豆腐店地区即遭到红军顽强阻击，激战一日，没有进展。当日黄昏，部队正准备在阵地上宿营，师部忽然传下命令，要各旅调换阵地，郑洞国心里有些奇怪，担心天黑以后，部队在阵前频繁调动，很容易发生混乱，特别是红军擅长夜战，万一发动突袭，后果更难料想。无奈军令难违，只能遵令执行。果然不出所料，红军趁他们调动间，乘机发动有力攻击，部队立足不稳，相互又联络不上，一时大乱，很快全线崩溃，大部仓皇退回潢川。红军穷追不舍，一直追击到潢川。翌日，在第十二师配合下重新反攻，才击退红军的强劲攻势。而防守商城的第五十八师见增援无望，早已丢下所有辎重和武器，弃城而逃。

这一仗因第二师师长汤恩伯指挥失度，使北线国民党军队遭到严重挫折，连号称中央军精锐的第二师也损兵折将，几乎溃不成军。南京中枢闻讯十分震惊，下令将汤氏改调他职，由黄杰将军接任第二师师长，同时命将第二师重新整顿，独立旅被编散，郑洞国改任第五旅旅长。

3月下旬，红军乘战胜余威，主力东出皖西。于苏家埠、韩摆渡一带又接连歼灭国民党军队三万余人，活捉皖西"剿共"总指挥厉式鼎。就这样，国民党的第三次"围剿"遂在中央军损兵折将的惨败中草草收兵。

蒋介石当然不会善罢甘休。1932年5月，蒋介石在庐山召开"剿匪"军事会议，积极策划新的、更大规模的"剿共"战争。6月，蒋氏亲任鄂豫皖三省"剿匪"总司令，指挥四十余万大军分左、中、右三路进攻苏区，对苏区进行第四次大规模的"围剿"。基本战略是：利用中共各根据地彼此隔绝、联络不易、配合较差的弱点，逐次转移进攻重点，以实现各个击破的军事目的。首先集中兵力"进剿"湘鄂西、鄂豫皖两个苏区，对中央苏区暂取守势，使其孤立再最后图之。同时，贯彻蒋介石提出的"三分军事，七分政治"的方针，强化地方政权，整顿民团，编组保甲，企图以政治手段瓦解苏区。

这次对鄂豫皖苏区的"围剿"吸取了上次分兵"进剿"，互不协调而被各个击破的教训，转而采取"纵深配备，并列推进，步步为营，边进边剿"的新战术，一面进攻，一面巩固，力求以优势兵力合围红军主力，将其击破后再并进直追，四面堵截。国民党军队的作战计划大致是：由东西北三面进攻，占领鄂豫皖苏区中心区域黄安、七里坪、新集、商城等地，使红军无法立足，迫使其由东南方向退往长江北岸而歼灭之。

然而蒋氏愿望是美好的，现实却是残酷的。国民党军队在"围剿"战场上的局势并不占上风。战事没到两个月，郑洞国所在的第二师又受重挫。在进攻红军悟仙山阵地时，郑洞国旅担任主攻，战况非常激烈，双方在悟仙山东侧展开了一次次激烈的冲击与反冲击。红军虽然装备低劣，但打得极为顽强，寸土必争。即使国民党的攻击部队已接近山顶，但很快被红军以肉搏战反击下来，彼此伤亡甚重。郑洞国旅第九团团长刘启雄负伤，两团的营连长阵亡多人，就

74

连他平日里十分器重的一个迫击炮连连长也被打死了。激战至午后，郑洞国已将手中掌握的预备队全部投入攻击，但战斗仍处于胶着状态。下午4时许，红军集中五个主力师突向郑洞国旅发起强大反击。红军大部队漫山遍野向攻击部队两翼冲杀过来，喊杀声震天动地。而郑洞国旅的官兵经半日激战，已经精疲力竭，伤亡惨重，实在无法抵御红军强大兵力的冲击，只好且战且退。在郑的紧急请求下，师长黄杰命令增援。但红军攻势凶猛如故，根本无法遏制，下午5时许，官兵们斗志已经动摇，不少官兵溃退到倒水河边。郑洞国见情况危急，即命刚刚增援上来的第八团团长杨少初率部迅速投入战斗，命令下达后，却半晌不见部队行动，也不见杨团长踪迹。原来杨氏刚到任不久，与该团一些军官不和，故在紧要关头部下不服从指挥，擅自撤退，杨氏见情况不妙，竟也跟着逃命去了。这让郑洞国十分震惊，他虽征战多年，这种情况却是初次遇到，简直气昏了。这时前面部队已经完全瓦解了，在红军追击下乱糟糟地溃退下来。起初郑还竭力组织溃散官兵就地抵抗，无奈兵败如山倒，溃兵们只顾逃命，根本无法掌握。不多久，红军就逼近了旅部，几名传令兵见大势已去，不由分说地挟住郑洞国上马，与旅部人员一起随着部队向后溃逃。他们刚一离开，红军就冲进了旅部驻地，高喊"缴枪，缴枪"，倘再迟一步，郑洞国就成了红军的俘虏了。

这次战役过后，郑洞国所率之旅的番号又被撤销了，改为第四旅，而那位见死不救、临阵脱逃的杨团长则"被宣布枪毙"（传闻其后被偷偷释放了），其团亦因作战不力而被编散。

郑洞国自出任旅长以来，前后不到一年的时间便两度惨败，两次被改编番号，这不能不说是其军旅人生中的灰暗时光，是其戎马生涯中的"走麦城"。这十年间战场的奔命、对手的变化，是为革命还是为主义？是为国还是为家？郑洞国真的十分迷惘。然而郑洞国所信奉的"诚信"之安身立命、为人之道，派生出来的忠与义不容许他对最高统帅蒋介石质疑，不管是置身于其麾下二十四年的戎马生涯，还是脱离其后长达四十多年的漫长岁月，郑洞国都从未曾公开指责、讥讽、贬损过他。诚然，这是愚忠，但却也是难以改变的事实。就是在这种愚忠思想的支配下，这十年的征战虽然让郑洞国矛盾迷茫，但作为军人，天生为战，他仍然渴望上战场，渴望在战场上实现人生的价值。

第五章　日寇入侵匹夫有责

古北口南天门之战，郑洞国率部前后血战了近十个昼夜，长城抗战归来，他又喜结连理。丧权辱国的《何梅协定》签订后，他随同中央军忍痛撤出北平。西安事变发生后，他企盼和平解决。

星夜兼程北上抗日

1931 年"九一八事变"之后，日本逐步占领了东北三省，由于国民党政府的不抵抗政策，张学良的东北军尽数撤进关内。日军一路跟进，整个东北在四个月零十八天里丢失殆尽，三千万东北人民成了亡国奴。1933 年元旦之前，日本的战车已经开到山海关下。山海关是长城最东边的一个关隘，有"万里长城第一关"之称，在当时的热河省境内，是东北通向华北的咽喉要道，自古以来为军事要塞。日军对华北觊觎已久，但是必须打通山海关这一关。

1933 年元旦午夜，日军步炮联合部队三千余人占领榆关车站至二里店之线，日军守备队向南门发起猛攻。何柱国旅长赶到南门，对守军第六二六团官兵们进行动员，要他们做到人在城在，要与山海关共存亡。除下令抵抗，何柱国向全军发布《告士兵书》：

"愿与我忠勇将士，共洒此最后一滴血，于渤海湾头，长城窟里，为人类张正义，为民族争生存，为国家雪奇耻，为军人树人格，上以慰我炎黄祖宗在天之灵，下以救我东北民众沦亡之惨。"并提出战斗口号："以最后一滴血，为民族争生存；以最后一滴血，为国家争独立；以最后一滴血，为军人争人格!"慷慨激昂的动员令，激励着全军将士的抗敌决心。历史上著名的长城抗战序幕由此拉开。

此前，日本关东军几乎兵不血刃地占领东三省后，又把早已被废弃的清朝末代皇帝溥仪扶上伪满洲国"执政"的宝座，激起全国民众更大的义愤。何柱国打响长城抗战的第一枪，亦是民心所向、众望所归之举。由于武力装备上悬殊太大，山海关守军经过浴血奋战，终未能以中世纪的高墙厚垣阻挡侵略者的凌厉进攻。"天下第一关"山海关于1月3日迫近黄昏之际沦陷敌手。

而此时的蒋介石正在南方"剿共"前线，他调集数十万大军，准备对红军发动第五次大"围剿"。因南京政府不予支援，山海关千余守城官兵在弹尽援绝的情况下，与日军浴血拼杀三昼夜。据统计，当时抗日的第六二六团以伤亡一千余人的代价击毙日军五百余人。

山海关的失陷，在全国各地引起很大震动，各团体各组织和报刊发表评论，责蒋、赞何，就是指责蒋介石南京政府的不抵抗主义，赞扬何柱国有骨气。从当时的《新北平报》文章足见当时群众情绪。

1月17日报纸文章：

> 国不保，饭碗焉能保……山海关为中国东北门户。第一天险，实即中华民族生命最后的决斗地，日本注意了一年有余，若是中央早有点儿办法，何至于让何柱国孤军独挡日本整个之师！现在全国人民的喉咙都快喊破了，不见中央的空军和海军来帮忙！

1月18日的报纸文章：

> 中国的海军、空军哪里去了？前天在前线，何柱国亲自对老百姓说："榆关之失，是日本先用坦克冲进南门，而当时安德馨一营活活以肉体去拼命，试想以血肉之躯挡无

78

畏的炮车，哪能不牺牲如此之多，可歌可泣，只此证明中华民族精神不死。"

······

雄关虽失，但何柱国抗击倭寇的壮志未灭，他率领余部转战山海关外围的九门口、石门寨等地，继续顽强地抗击敌寇。日寇鉴于在山海关一带遭到顽强抵抗，不得不将进攻重点转向热河。这时，军民的抗日巨浪与慰劳何柱国部的热潮一并高涨。南京政府迫于民众与舆论的压力，不得不将打响长城抗战第一枪的何柱国晋升为第五十七军军长。

3月5日，日军在空军的配合下开始分兵进犯长城各隘口。

面对高涨的抗日热潮，血性男儿郑洞国早已按捺不住了。第二师由于在第三、第四次"围剿"鄂豫皖苏区中连受重创，损失惨重，遂于红四方面军主力突围后，开往潼关、洛阳一带休整，数月来基本无战事。眼下，长城烽烟大举，国人齐呼抗日，他怎能不向往并直欲仿效何柱国将军？何柱国虽系东北军将领，却非东北人，而是广西容县人，十四岁便投笔从戎，在黄埔军校的前身——黄埔陆军小学读过书，可以算作郑洞国的老学长了。在打响长城抗战第一枪时，他系东北军独立第九旅旅长。比照起来，郑洞国与何柱国可谓三同：同为南方人，同为黄埔生，同为旅长。而何柱国旅长在民族大义前，愤然操戈抗击倭寇，得到全国人民的拥护和称赞，这让随着中央军"剿共"的郑洞国不得不心生惭愧之情。

然而，对于南京中枢来说，只是迫于日本帝国主义的步步紧逼和全国舆论的压力，乃在对日问题上采取一面抵抗、一面交涉的方针，仅派中央军第十七军（辖第二师、第二十五师，以后又增派第八十三师）匆匆增援华北前线。郑洞国所在的第二师于2月下旬接到命令：第二师开赴华北，限3月8日前抵达通县待令。

在全国民众掀起的抗日救亡热潮鼓舞下，北上抗日部队士气高昂，官兵们摩拳擦掌，纷纷准备与敌人决一死战。那几年间部队几乎天天忙于打内战，同胞间彼此残杀，官兵们都有一种厌倦心理。现在总算有了一个机会，可以为国家效命疆场，尽军人的守土之责，大家的心情不由得为之振奋。郑洞国就更不用说了。连他的老长官徐庭瑶将军，本已奉命到江西上饶执行赣东北"剿共"指挥任务，这时也主动向南京中枢请求北上抗日，可见那时在国民党军队内部，要求抗日的呼声已经愈来愈强烈了。

第二师如期赶到北平近郊通县，补充弹药粮秣后，即奉命向古北口开拔。郑洞国旅为前锋，冒着北国早春的料峭寒风直往前赶。部队进入顺义县，即听到炮声隆隆，在通往密云的道路上，还不时遇到稀稀拉拉撤下来的东北军溃兵。郑洞国从他们口中了解到前线吃紧的一些情形，心中更急，求战心更切，命令部队一再加快行军速度直赴战火纷飞的长城。

快到密云时，郑洞国正巧碰到黄埔军校第一期同学、时任北平军事委员会分会代理委员长何应钦将军高参的严武。严武刚从前线下来，并不像他的名字那样庄严威武，而是徒有其名，一见面就向郑洞国说起前线的情况如何如何坏，劝其不必急着往前赶，静观战事变化而后行。郑洞国率部千里迢迢为抗日而来，岂能闻炮声而却步？他亦素闻这位同窗胆小，缺乏实际作战经验，遂一笑置之，带领部队继续日夜兼程。

3月12日子夜，郑洞国率部风忙火急赶到古北口南约十几公里的军部驻地石匣，顾不上喘一口气，立即前往军部领受任务。郑洞国一进军部，只见身材瘦长、头顶已秃的老长官徐庭瑶正与几位幕僚借着微弱的灯光察看地图，即使在昏暗中也难掩一脸的倦容。乍见郑洞国，便走过来与他紧紧地握了握手，别无虚言，立即将他引至军用地图前，用沉重的语调开门见山地说："现在前线的情况很紧张，第二十五师已经打残了，有情报说日军正源源向古北口增兵，估计不久日本人的进攻将更为猛烈。现在命令你部即刻出发，务于天亮前接防第二十五师阵地。"

郑洞国与军长徐庭瑶已多年未见面了，这次久别重逢，理应寒

80

暄几句，可由于军情紧急，无暇客套。徐庭瑶是国民党军队中有名的儒将，后来亦是装甲部队的创始人，曾有过"装甲兵之父"的美誉。当年北伐之途，郑洞国由于松口之战有功，由营长升为团长，徐庭瑶是他的老团长。

郑洞国从老长官凝重的表情上意识到前方形势的严峻，二话未说，立马赶回部队，召集全体官兵，做了一个简短的动员，即令以强行军的速度向第二十五师阵地南天门疾进。虽然部队经过整日行军相当疲劳，但士气非常高昂，没有一人叫苦，也没有一人掉队。一路上安静极了，只听见沙沙的脚步声和轻微的武器碰撞声。部队排着整齐的纵队，犹如一条长龙，在夜色中沿着蜿蜒起伏的山地，悄悄地但又飞快地向前跃进。

凌晨 4 时前，郑洞国率部赶到了南天门。一到阵地，郑洞国便与此前率部死守在这里的第二十五师代师长杜聿明接上了头。北方 3 月夜，十分清冷，夜空星稀月淡，夜色下郑洞国依稀见到杜师长疲惫的面容和布满血丝的眼睛，杜氏也是黄埔一期生，此前两人从未打过交道。从他口中郑洞国得知：第二十五师已在这里与敌血战了三日三夜，仅以四个步兵团独当日军一个师团与一个骑兵旅团的优势之敌，毙伤敌寇两千多人，自己亦死伤四千余官兵。

战争的惨烈，超出了郑洞国的预料。不难想象，二比一的伤亡，四千将士的血肉之躯堆垒于长城内外的阵地上，可真是血肉长城！

杜聿明向郑洞国简单介绍了本师的战况与日军的动向后，即带着他巡视并交接了阵地，直到凌晨 5 时，方才依依惜别，杜氏率部撤退到后方休整去了。目送杜聿明走后，郑洞国立即指挥部下进入阵地。这时，天渐亮了，古长城渐以清晰雄伟的轮廓呈现在他眼前。此前，郑洞国仅从书本上读到长城，从图片中看到长城，从国人的议论间听到长城，然而今天自己竟以这种作战的姿态站在长城之上，前古北口长城关口已陷入敌手，这历来有着中华民族象征意义的长城已经被日本鬼子践踏了！而眼下的南天门，则是古北口之战的第二战场，长城置身于阵地下的，也仅仅是左翼八道楼子的一段了，且城墙上落满了敌机轰炸过的弹坑与炮火轰击的弹痕。目睹遍体鳞伤的长城，郑洞国心头在滴血，迎着呼呼的北风，他发誓要与长城共存亡。

抗日英雄喜结连理

南天门地处瓦山东麓，北距古北口十几公里，曾是清朝皇帝自京去承德避暑山庄的辇道，也是由古北口进京的必经之路。当年康熙帝派人在此修建了一座气势雄阔的大门，手书了"南天门"匾额，并命人立碑记曰："前拱神京，后临古北，崇山罗列，峻岭迢遥，地虽无雁门之险，景亦有剑阁之形。"从文中不难看出其地势之险、地理位置之重要。

第二师接防南天门之际，战场上倒沉寂下来。不过，这是黎明前的沉寂，是激战前的沉寂，一场更大的、更为残酷惨烈的战斗正在这沉寂中孕育着。原来，日军在喜峰口与古北口受到顽强抵抗后，为了左右国民党南京中枢的战略，进而实现控制整个华北的阴谋，决计首先集中兵力打击蒋介石的嫡系部队第十七军，除原来主攻古北口的第八师团，又从滦东方面调集第六师团主力以及满蒙伪军与满韩联合军第三十三旅，并配以空军、炮兵、坦克部队，向十七军驻守的南天门阵地发起强大的攻势。

南天门阵地右自潮河岸的黄土梁起，左至长城上的八道楼子止，正面宽约五公里的中段以四二一高地为据点。郑洞国旅为全军前锋，防守在以四二一高地为中心的一线阵地上，自然是首当其冲。好在第二师接防之后，吸取第二十五师古北口之役的教训，加强了阵地防御工事的构筑，并挖掘了阵地内的交通道，还在南天门阵地后方构筑了六条纵深配备式的预备阵地，官兵们众志成城，严阵以待，以其心身筑起了一道新的长城。

4月16日至18日，日军出动飞机相继轰炸了第二师师部驻地石匣镇和第十七军军部驻地密云县城。郑洞国判断这可能是敌人发动大规模进攻的前兆，遂命令部队日夜加强戒备，准备迎接即将到来的一场血战。

不料千虑一疏：南天门左翼险要制高点八道楼子却在首战中便失守了。八道楼子因有八座古时的石垒砖砌的碉堡楼而得名。其地势高且险峻，为南天门阵地左翼的重要支撑点，且因八道楼子高出群峰，可凭楼俯瞰长城外的古北口镇，谁占据此处，谁即可以火力控制古北口全镇，为兵家必争之地。军部原命令第二师派一营兵力防守八道楼子，但黄杰师长一时大意，认为日本兵穿皮靴，无论如何是爬不上这几座碉楼的，所以只决定派第六旅第十一团的一个连防守。而这个连的官兵也以为地势险要，放松了警戒。4 月 20 日夜，日军一个大队的兵力由古北口一个姓李的汉奸带路偷袭过来，仅一夜之间，占领了八座碉楼。黄杰闻讯大惊，急将八道楼子失守的情况向徐庭瑶将军报告，徐军长极为震怒，在电话中怒吼："你们怎样失守，你们就负责怎样收复。"黄杰乃下令第六旅组织反攻，但均无效。次日，只得又命令郑洞国率本旅第八团并指挥六旅十一团继续反攻。

由于八道楼子东面五百米开外全是荒山秃岭，无地形掩护，又无炮火支援，只能靠七尺男儿五尺枪，一次次地向险地高堡仰攻。无奈对方凭借地势之险，用轻重火力织成死亡之网，致使冲锋勇士一队队地倒下。郑洞国眼见生龙活虎的部下转瞬僵卧在冰冷的地上，五内俱焚。为了避免更大的牺牲，最后他只得请示上峰，放弃收复八道楼子的方案，于 22 日夜间将防线退至田庄小桃园一线。

4 月 23 日晨，日军利用八道楼子瞰射之利，以陆空军联合向南天门重要据点四二一高地发动大规模猛攻。敌人的飞机、大炮、战车一齐出动，以密集的炮火裹盖阵地，接着以步兵群一波接一波地轮番进攻。日军此次进攻，占有八道楼子的地利优势，似乎可以速战速决，然而这仅仅是日本侵略者的一厢情愿，以郑洞国旅为前卫的第二师，与敌血战了五昼夜，阵地虽无一寸完好之地，却也未曾丢失一寸焦土。这片焦土，既是炮火烧成，也是鲜血染成的。古老的石砖砌的长城虽失，但血肉筑成的长城仍在。

第二师与日军血战五昼夜，伤亡甚大，疲劳不堪，遂奉命于4月25日夜间撤出阵地休整，由第八十三师接替南天门阵地的防守任务。

次日拂晓，第八十三师接防完毕，敌人便集中炮火向四二一高地猛轰，防御工事全被击毁；继以步兵猛扑，将士们顽强抵抗，激战至下午，因伤亡太大，终于放弃了这一重要据点。

4月28日晨，日军集中火力又向南天门附近的三七二高地及四二五高地射击，并兵分三纵队向阵地猛冲，同时以战车掩护骑兵威胁。第八十三师终因伤亡惨重，阵地工事完全被敌毁坏，于是晚变换阵地，占领南天门以南六百米的预备阵地。

自4月20日至28日，中日军队在南天门一线血战了八昼夜。我中国军队以劣势装备和兵力顽强抗击几倍于我的装备精良的日本军队，给敌以重大杀伤，粉碎了日军"一星期内攻下南天门华军阵地"的预言，使战线仍胶着在南天门附近，实为"九一八"以来所少有，殊出敌预期之外，但守土将士自己也付出了沉重的代价，又有两千名将士血染沙场。

第二师原本奉命开往后方整理补充，5月10日夜间行至密云，突接上峰十万火急命令，说前方军情紧急，命其立即回师增援。郑洞国受命后，顾不上多想，急命部队回师掉头，向南天门前线跑步疾进。急行军的脚步很快踏完近百里崎岖山路。次日刚刚过午，郑洞国率部最先赶到前沿阵地，火线上场接替了第八十三师的防务。官兵们喘息未定，日军即出动四五千兵力，在飞机大炮的掩护下疯狂扑向阵地，并出动十余辆战车，截击后方交通。当时后续部队尚未上来，而郑洞国旅兵力尚不足两千，且连夜行军，几乎到了疲劳的极限，面对数倍于自己的强敌，只能拼死一战了。身为一旅之长的郑洞国清醒地意识到已到了生死关头，遂将外衣一摔，身着白衬衫，手提驳壳枪，带着身边仅有的一个特务排，亲自上火线督阵，哪里最危险，哪里告急，就往哪里冲。不畏死的长官带出了不畏死的士兵，经过一天血战，总算守住了阵地，为后续部队增援赢得了宝贵时间。

5月11日、12日、13日……

血战、血战、没日没夜的血战……

血流成河，将士的尸首成堆……

山河为之哭泣，大地为之震撼。

第十七军（辖第二师、第二十五师、第八十三师）在古北口、南天门一带，前后与日本侵略军血战达两个多月，击毙击伤日寇五千余人，自己也伤亡了近万人，这是当时长城抗战作战时间最长、战事最为激烈的战役。战争虽因敌我力量悬殊而告败，并付出了近乎二比一伤亡的代价，但还是使敌人认识到中国军队是不容易对付的，中国人民是不好征服的！

5月31日，国民政府同日本签订了丧权辱国的《塘沽停战协定》，这个协定实际上承认了日本帝国主义占有我国东北三省及热河，并划绥东、察北、冀东为日军自由出入区，这样就进一步使我国面临着更加深刻的民族危机。而长城抗战，无数官兵牺牲所付出的代价也就为一纸《塘沽停战协定》所断送。

长城抗战虽然失败了，但抗战将士们虽败犹荣！他们在长城抗战中，用长枪、用血肉在中国老百姓心目中筑起了一道新的长城。敌人对顽强抵抗的第十七军也是既惧又恨，签署《塘沽停战协定》时，要求撤销第十七军军长徐庭瑶之职。事隔两年后，在与何应钦签署《何梅协定》时，还要求第二师与第二十五师撤出华北，并撤销管辖这两个师的第十七军的番号。这些无疑说明了侵略者对十七军惊天地泣鬼神之精神的畏惧。

虽败犹荣的抗战将士回到北平，受到各界人士的热烈欢迎。郑洞国率部驻扎在北平城外黄寺。不久，他出差南京时，由石门老乡、时任国民党中央候补执委的肖忠贞做介绍，与寄居于他们家的肖夫人的堂妹陈碧莲相识。一个是丧偶三年的国军旅长、抗日英雄，一个是年方十七、聪慧秀美的妙龄少女，两人几乎是一见钟情，很快坠入爱河。这年秋天，两人结为连理。婚后的日子自是温馨而宁静的，但身为军人的郑洞国，即使在蜜月中也做好了吟唱《新婚别》的心理准备，随时听从召唤，重返战场御侮杀敌。

忍痛撤离北平

1933 年秋，南京，树树秋声，山山寒色。郑洞国告别新婚不久的妻子，奉命进入南京中央军校高等教育班第一期学习。这一期学员不少是国民党军队中师旅级将领。在高教班里，郑洞国有幸与杜聿明再度重逢，此时杜已任第二十五师副师长。由于彼此都是黄埔军校一期同学，在古北口前线又有一面之缘，所以很快就熟识了。杜氏为人热情豪爽，肯于钻研，且处事果敢，是一位优秀的军人，和郑洞国脾性相投，从此以后，他们成了无话不谈的挚友。

虽说是高教班，但开设的课程却多是中下级军官必须掌握的，诸如营连排指挥以及军事战术等项。过去郑洞国在黄埔军官学校前后只匆匆学习了七个月。经过几年军事实践，现在再回过头来重新学习这些军事理论，感受很是不同：实际作战与理论是不能完全等同的，但实践也不能完全脱离理论指导。

郑洞国在高教班受训前后有三四个月时间。这时，国民党军队正对苏区发动空前规模的第五次"围剿"。1934 年春天，一纸电文通知郑洞国即刻返回部队，率第四旅与第二十五师七十五旅一道去江西参加"剿共"战争。于是，郑提前结业，匆匆回到北平，不久便率领这两旅官兵抵达军委会委员长行营所在地——江西省会南昌。蒋介石对这两支部队进行了检阅，只见队伍严整、军容甚盛。的确，这两支部队经过长城抗战的洗礼，再加上近一年的整理补充，战力得到恢复和加强，是不错的两支精兵。蒋观后大为高兴，连声称好，还向官兵们训了话，内容大多是什么"攘外必先安内""剿共关系到革命军和国家成败生死"等。

老实说,对于蒋的训话以及"剿共"战争,郑洞国以及不少官兵是有些看法的。"九一八事变"后,中国丢掉了东三省,现在又丢掉了热河,日寇正进一步蚕食我中华民族,其狼子野心国人皆知。按常理,应该举国一致,共同对付日本人才是上策,倘无休止地打内战,骨肉残杀,岂不是亲痛仇快、自毁长城吗?尤其使人难以理解的是,长城抗战期间,南京方面仅派出区区三师中央军,而打共产党却不惜动用百万大军,难道共产党比日本人更可怕吗?不过,这些想法只能朋友间私下说说,作为党国军人,服从命令是天职。尽管心中有想法,但无人敢公开讲,免得招惹麻烦。

南京方面对这次"剿共"战争几乎下了全部赌注,蒋介石亲任"剿共"总司令,先后调集了一百万兵力、二百架飞机,仅对江西中央苏区就投入了五十万军队。这在当时可谓是倾尽了国民党政权的全部军事力量。为了彻底击败并消灭红军,国民党军队吸取以往"剿共"屡屡失利的教训,在军事上转而采取"战略攻势,战术守势""步步为营,节节推进"的战略,即在中央苏区四周修筑碉堡,一面修,一面慢慢向前推进,企图依托堡垒逐步前移,压缩中共根据地,先消耗红军力量,然后设法与红军主力决战。同时,为了困死红军,国民党军队对苏区实行了严格的经济封锁,禁止食盐、火油、药材、电器等物资输入苏区。当时中共党内正是王明"左"倾路线统治时期,面对国民党军队以强大兵力的四面"进剿",中共"左"倾领导人放弃了红军以往行之有效的"诱敌深入,各个击破敌人"的机动灵活战术,坚持"御敌于国门之外"的错误方针,死顶硬拼,因而陷入十分被动的地步。

郑洞国在南昌驻扎了很短一段时间,便奉命开往前线,并编入顾祝同指挥的北路军作战序列,在吉水、吉安一带负责守备第二线碉堡。战争打得激烈而残酷,枪炮声从早至晚终日不绝,为了争夺某一阵地,双方常常投入大批兵力往复厮杀,彼此伤亡惨重,每天都有大量伤员源源不断从前线运下来。

五六月间，江西的气候炎热，战场上到处都是阵亡者的尸体，没有掩埋或者掩埋得不深，腐烂尸体气味让人无法忍受。军中卫生条件十分差，医药匮乏，疫病流行。郑洞国带领的两个旅虽未直接参战，但不少士兵是新从北方补充的，水土不服，许多人发烧、腹泻、打摆子。起初以为是一般的疟疾，还不大注意，不久就有人死去了，而且病倒的人愈来愈多，疫情蔓延得很快。短短几个月，仅第四旅官兵竟有数百人染病不起，就连从北方带来的一些拖炮、驮军用物资的骡马，也都死得干干净净。郑洞国的身体虚弱下来，每天服用奎宁，才算挺住。

1934 年秋天，红军经过整整一年的艰苦作战，损失惨重，无法打破国民党军队的"围剿"。主力被迫撤出江西苏区，向湖南、贵州方向突围转移，开始了闻名世界的两万五千里长征。

红军主力突围后，郑洞国奉命追击，此时部队减员较大，官兵体力甚弱，士气下降，大家都无精打采。在瑟瑟的秋风秋雨中，呈现在郑洞国眼前的是这样一幅图景：连绵的秋雨，道路泥泞不堪，一路人马走走停停，一路都有掉队的人，个别连队前面仅是一个掌旗兵，后面稀稀拉拉跟着几十人，行军序列乱糟糟的，与其说是追击，不如说是游荡。而第七十五旅的情况更糟。看到好端端的队伍，在"剿共"战争中被拖成这副模样，郑洞国心里感到既窝囊又难过，终日郁郁寡欢。就这样，部队从江西出发，几乎横贯湖南全省，连红军的影子也未见到，一路"护送"红军走到芷江，经反复电请，上峰始准许返回北平，归还建制。命令传下来，大家普遍有一种被解脱的感觉。

回到北平，郑洞国旅驻扎南苑，这时中日关系很紧张，日军屡屡寻衅，借机在华北挑起事端，官兵们都意识到中日之间随时有爆发冲突的危险，不敢有半点儿松懈，抓紧补充、训练部队。

1935 年 6 月，国民政府竟屈从日方压力，与日本再次签订了丧权辱国的《何梅协定》，根据协定，中央军各部队必须撤出北平（因日本人痛恨第十七军，连该军的番号也被迫取消了）。撤军命令下达后，大家心头都仿佛笼罩着厚厚的阴云。对于一直都积极主张力战日寇的郑洞国来说，这种不战而退，真是让他难以接受：身为军人，守土有责啊，拱手退出这座历史名城，实在愧对华北和全国父老！

撤离北平的前几天，黄杰师长请各旅、团部队长到他的住处吃饭。席间，他举杯沉痛地说："今天请各位来吃杯告别酒，此番离开北平，尚不知何时才得故地重游啊！"话还没说完，眼中涌出热泪，再也说不下去了。大家的心情同样伤感，彼此相对无语，默坐了半日方散去。撤军的那天，官兵们在操场上抱头痛哭，这痛哭既有战友间的离别之情，更有军人不能守土为国的屈辱无奈之情，最后仍是恋恋不舍地离开了北平。

西安事变

1936 年底，国内突然发生了一件震惊中外的大事件。

东北军统帅张学良和第十七路军总指挥杨虎城于 12 月 12 日凌晨在西安发动兵谏，扣留了正在那里部署"剿共"方案的军事委员会委员蒋介石，并通电全国提出八项政治主张，要求停止内战，一致抗日。这就是著名的"西安事变"。

事变发生后，国内反响强烈，也引起了世界各国的普遍关注。由于南京中枢严密封锁新闻，人们无从全面了解事变的真相，一时各种议论纷起，情况极为混乱。各方面的政治势力和一些政客们，出于不同的政治动机，都在四处活动。南京政府乱作一团，内部出现了以军政部长何应钦为首的主张立即讨伐张学良和杨虎城的主战派和以宋美龄、宋子文为首的主张和平营救蒋介石的主和派。这从侧面反映出他们所代表的日本和英美的利益。日本方面乘机兴风作浪，对国民政府威逼利诱，施加压力，企图挑拨中国内战，从中渔利。亲日派的何应钦占了优势，操纵国民党中央常务会议和国民政府。然而作为蒋介石坚实后盾的宋美龄、宋子文以及孔祥熙等人，坚持和平解决西安事变以营救蒋介石回南京。

郑洞国还清楚地记得，当时国民党军队进攻西安的军事部署：

东路：刘峙将军任"讨逆军东路集团军"总司令，指挥第七十三师、三十六师、五十七师、七十九师的部分兵力，桂永清的教导总队及炮兵第一、第五团和工兵一团，沿陇海铁路西侧进攻西安；另以第十师、八十三师部分部队由潼关进攻洛南、蓝田，威胁西安侧翼安全；郑洞国的第二师和第二十三师李必蕃部为东路集团军总预备队，集结于潼关附近。

西路：顾祝同将军任"讨逆军西路集团军"总司令，指挥第一军胡宗南部由甘肃天水向宝鸡、凤翔进攻；驻宁夏吴忠堡的第二十五师关麟征部亦向固原、平凉地区挺进，另以驻汉中的第五十一师王耀武部经子午谷，进出于西安以南地区。

12月中旬，郑洞国率第二师到达潼关，这时中央军各部已基本完成了对西安的包围态势，一场新的内战迫在眉睫。

张、杨扣蒋兵谏的行动，此时的郑洞国并不理解。虽然也明白蒋氏顽固坚持"攘外必先安内"的方针有失人心，加上他一贯对非嫡系部队采取歧视和排斥的态度，利用他们做内战工具，导致了事变发生。但是在郑洞国的心里对蒋氏迷信很深，认定他是唯一能领导全国的政治领袖。郑出于封建正统观念，认为张、杨的做法是一种"犯上作乱"的行为，是作为部下所不应取的，蒋氏的被扣是国家的一大"不幸"。不过，对于军事讨伐西安的行动，郑洞国的态度倒是有所保留的，恐因此而危及蒋的生命安全，也担心引发新的内战，使日本人有隙可乘。有这种想法的人在黄埔系将领中远不止郑洞国一人，故讨伐令下达后，许多将领并未真正准备大战一场，只

90

不过希望以大军压境的态势，给对方造成压力，迫使张、杨释蒋。

当中央军与张、杨所部在西安外围剑拔弩张、紧张对峙之际，南京的宋美龄、孔祥熙、宋子文等，也正在为营救蒋介石，和平解决"西安事变"而积极奔走。他们一面在国民党中央和国民政府内力陈和议，一面派澳籍顾问端纳先生飞赴西安调解。

在这关键的历史时刻，中国共产党为谋求"西安事变"的和平解决，发挥了极为重要的作用。事变发生后仅数日，由周恩来、博古、叶剑英、李克农等同志组成的中共代表团，即应张、杨二将军之邀飞抵西安。他们从抗日救国的大局出发，积极宣传中共停止内战、团结抗日的主张，在张、杨与蒋先生及宋美龄、宋子文等之间大力斡旋，做了许多卓有成效的工作，最后终于说服蒋介石基本接受了西安方面提出的八项政治主张，并使他承诺停止"剿共"政策，联合红军一致抗日。不久，"西安事变"得到和平解决，蒋介石回到南京。

"西安事变"是中国历史的重大转折点，事变的和平解决是各种力量相互作用的结果。

首先，张、杨两将军发动事变是为了逼蒋抗日。张学良第一次见到周恩来时就建议："根据我两年来的观察，蒋可能抗日，他错在先安内后攘外，你们在外面逼，我在里面劝，内外夹攻，定能扭转过来。"当张、杨起事时明确表示："捉了（蒋）之后，只要他答应抗战，我们还拥护他做领袖。"但是东北军、十七路军内部对如何处置蒋介石议论纷纷，统一内部思想是一个艰巨的任务。

其次，中共中央坚持和平解决。中共中央得知"西安事变"的消息后，感到又突然又欣喜，接连召开会议研究。在统一思想后，派周恩来等领导人前往西安谈判，一直坚持和平解决争端。

最后，"西安事变"也教训了蒋介石。蒋介石看到如内战再起，他难免不死于南京的狂轰滥炸。因而于17日下令何应钦停止对西安的讨伐。事变的成功发动使他认识到人心向背，抗日的怒潮非几十万大军所能阻挡，不得不正视历史发展趋势，择善而从，答应停止内战、联共抗日。因而派宋氏兄妹同张学良、杨虎城、周恩来谈判，并当面向周恩来表示：由宋子文、宋美龄、张学良全权代表他与周恩来解决一切。他回南京后，周恩来可直接去谈判。

离开西安后，蒋介石虽然违背诺言，扣押张学良将军，陈兵潼关，但并不敢冒天下之大不韪发动内战，而是以军事为后盾进行政治分化。随后，蒋介石在西安、杭州、庐山、南京和周恩来多次谈判，终于于1937年9月建立了第二次国共合作。这一切变化都与"西安事变"密不可分。中共中央对"西安事变"一直评价很高，认为是挽救国家民族一大危机，"成为当时停止内战、发动抗战的一个历史上的转变关键"。

"西安事变"和平解决以后，国民党中央军各部奉命撤回原防，郑洞国率第二师离开潼关，重新回到徐州。撤离潼关前，郑洞国专门置备了几桌酒席，与部属痛饮，庆贺蒋氏安然回到南京，当时他既为蒋氏平安脱险而庆幸，也为消除了这场内战而高兴，但对于"西安事变"和平解决的伟大意义，却还是认识不足。

第六章　抗日军兴烽火连天

　　"卢沟桥事变"发生后，抗日战争全面爆发，郑洞国积极投身于抗战洪流中，在保定战役中，他神奇地率部突出重围；在台儿庄外围激战中，一块银圆救了他的性命；在国民党将领排斥异己中，始终是忠诚侠义，不夺上司军长之位；不为名利，只为做事，毅然辞掉新任军长之职，低就荣誉师师长之位；与杜聿明肝胆相照，携手血战二十天，取辉煌战绩。虽然在宜昌之战中受到了军旅生涯中的唯一一次处分，但坚持率部苦练年余，终于以出色的战绩让陈诚取消了对他的军纪处分。

神奇的突围

　　丧权辱国的《塘沽停战协定》《何梅协定》相继签订后，我冀、察两省实际上已在日本帝国主义的控制下，华北局势日益险恶。日本方面并不满足于国民政府的不断妥协退让，反而加紧策划对华北的分离阴谋，企图使华北脱离国民政府，建立一个由日本直接控制、与伪满洲国有密切联系的特殊区域。1935 年 10 月，日本策动汉奸进行所谓"华北五省自治运动"，随后又策动成立"内蒙自治政府"。国民政府屈从日方压力，12 月，在北平成立了以宋哲元为首的"冀察政务委员会"，进一步满足了日本关于"华北政权特殊化"的无理要求。日本帝国主义在对华问题上屡屡得逞，更助长了其侵华野心。

1937 年 7 月 7 日晚，驻北平西南丰台的日军在卢沟桥附近举行所谓军事演习。是夜，日军诡称一名士兵失踪，蛮横要求进入宛平城搜查，遭到中国守军严词拒绝。日军遂先向宛平城开枪开炮，守军在忍无可忍的情况下奋起抵抗，予以痛击，伟大的抗日战争由此全面爆发。

"卢沟桥事变"发生后，在全国上下引起了极大的震动。平津危急，华北危急，全中国都在危急之中，中华民族到了最危险的时候。为了拯救国家和民族，全国人民迅速掀起了更加声势浩大的抗日救亡运动，南京政府也进一步坚定了实行全面抗战的决心，1937 年 7 月 17 日，蒋介石发表了著名的庐山演说，表示抗日"只有牺牲到底，无丝毫侥幸求免之理。如果战端一开，那就是地无分南北，年无分老幼，无论何人，皆有守土抗战之责任，皆应抱定牺牲一切之决心"。国民政府军事当局同时也做了各种紧急应付战争的准备，迅速在国内进行战争动员和部署。

当时，郑洞国正在庐山军官训练团受训，亲耳聆听最高统帅的演讲，备受鼓舞。此时的郑洞国已是第二师师长。一年前，原师长黄杰调任税警总团团长，就由郑洞国接任了师长之位。抗战全面爆发，郑洞国奉命匆匆返回第二师，率部开往平汉线北段满城、保定、新安镇一线赶筑防线。由于时间仓促，只能在行军途中对官兵进行抗日宣传鼓动工作。第二师参加过长城抗战，对日作战有一定经验，加上受全国抗日救亡热潮的影响，官兵均对日寇怀有仇恨心理，士气很是高涨。

但由于事起仓促，兵力相殊，北平、天津相继失陷。气焰嚣张的日军调集重兵从北平、天津分三路发动攻势：一路沿平绥线西出南口，进犯山西、绥远；一路沿平汉线南下，攻打涿州、保定、石家庄；一路沿津浦线南窜，攻打沧县、德州，图谋山东。与此同时，日军还南犯淞沪，企图南北夹击，速战速决，叫嚷"三个月内灭亡中国"，气焰嚣张，不可一世。

郑洞国所在的第五十二军（即原十七军）为中路第二线的防御部队，归第二集团军总司令刘峙指挥，拱卫保定城。保定时为河北省会，自是防守重镇。刘峙的总司令部就设在保定城里。

9月14日，日本华北方面军第一军主力避开涿州正面中国军队的猛烈抵抗，分由固安、永清强渡永定河，侧击涿州，但遭到守军坚强阻击。在日军的强大攻势下，守军与敌激战半日，被迫突围撤退。

9月18日，涿州陷落。

涿州一失，保定失去屏障，日军遂长驱直入，沿平汉路两侧向保定扑来，保定的防御岌岌可危。前线友军在日军压迫下纷纷溃退，已经无法节制。刘峙将军非常焦急，急电南京请求火速增援，但中国军队大部主力此时正在淞沪战场与日军鏖战，无法北调，南京中枢只得指示刘峙"应就现有兵力，努力支撑，与敌持久"，并要求第二集团军"在保定附近与敌决战"。

这时，防守保定的中国军队只有第五十二军（辖第二师、第二十五师）和刚刚增援上来的陕军冯钦哉部的第十七师。以后云南部队第三军曾万钟部奉命增援保定，但该部未开至前线，即借口与刘失去联络，匆匆退往安国。而敌方则是人员武器均占压倒优势的第六、第十四、第二十师团共三个师团的兵力。敌我兵力对比悬殊。

尽管兵力如此单薄，第二集团军还是决定坚守保定。兵力布防上是：郑洞国所在的第二师居中担任保定城防及平汉路正面防御；第二十五师在左翼，防守满城至保定一线阵地；陕军第十七师在右翼，防守保定至高阳一线阵地。

郑洞国在心底里早已做好了与敌决一死战的准备，命令下属第四旅守卫保定城垣，第六旅在保定以北沿漕河南岸占领阵地，并命该旅派出一营兵力向徐水方向警戒，指挥部则设在城南关外。恶战在即，郑洞国遂率部加修工事，严阵以待。

9月22日晨，日军在飞机大炮的掩护下，向满城、漕河一线阵地发动猛攻，保定战役的序幕正式拉开。

日军倚仗着强大的炮火优势和雄厚的兵力，发动一次次的凶猛进攻。战斗极为激烈。第五十二军以仅有的两师兵力，沿漕河南岸，右依湖沼地带，左倚满城高地，防守着长约二十公里的广大正面，兵力颇为单薄，且漕河水浅，随处可以徒涉，不成障碍，形势极为不利。所幸的是官兵士气旺盛，官兵用命拼死击退了敌人的多次进攻。

战至午后，日军后续部队像蝗虫一样源源而至，攻势愈加凶猛。日军飞机不断低空俯冲，扫射轰炸，敌重炮群也隔河齐射，将守军漕河南岸阵地几乎全部击毁。防守漕河的第六旅虽在敌机敌炮的狂轰滥炸之下伤亡惨重，可依然不肯后退一步，一个个纷纷从血泊中、从焦土堆里挣扎起来，与冲上来的日寇展开肉搏。有的饮弹倒下，有的与敌人同归于尽，有的被战车碾成肉酱……敌我腹背纠缠在一起，尸身交错在一起，鲜血交融在一起，唯独阵地依然在我军手中！

这一日，从清晨战至午后、黄昏，直至通宵彻夜。

血战过去，敌寇那血腥的太阳旗也在第二十五师防守满城阵地上招摇开来。郑洞国闻讯后，急命第六旅抽出第十一团前去增援友军。第十一团刚刚出击，即陷敌军包围之中，经一番苦战方才脱险，无奈这时左翼高地已失，漕河阵地亦被敌军突破，郑洞国见状，只得忍痛下命，让第六旅放弃沿河阵地，退守城里。

日军如疯狗般地紧追不放，直扑北门，在战车的掩护下很快又突破城墙外的护城壕。战斗随即在北门内外与附近的城垣上展开了。一时间，枪炮声渐隐，取代的是枪刺的撞击声、刺杀的怒吼声与白刃贯胸的惨叫声。满脑子武士道精神且训练有素的敌人不惮肉搏拼刺刀，短兵相接的残酷自是可想而知。白刃在秋阳下的古城垣上闪烁得刺眼，碧血在秋阳下的古城垣上飞溅得淋漓。

中国兵与日本兵捉对厮杀，如果不是飞机大炮尚在呼啸，还真恍若中世纪的一场战斗。郑洞国见情形万分危急，一面将自己贴身的师部直属部队调上城头增援，一面命其他部队由两翼组织反冲击，截断攻城的日军。

增援部队上去了，城头上的守军稳住了阵脚，两翼反击成功了。围歼敌手，白刃拼搏直至中午。凭着勇猛与对敌的无比仇恨，守城部队终于将窜入城内的百余名日军全部歼灭，并将其他近城之敌逐出城沿工事。之后，日军又发起几次进攻，均被初获小胜士气高涨的守军击退。

　　日军见正面进攻受挫，遂一面派军继续攻城，一面分兵迂回袭击侧面的于家庄与方顺桥车站。战斗依然异常激烈地进行着。正在这时，自攻城战打响后一直没有音讯的军长关麟征突然打来电话，用急促的音调询问战况。正在指挥部队与敌激战的郑洞国只得将战况向上峰做了简短的汇报。

　　关氏听罢，连声道好，然后说："保定一定要守得时间长一些，愈长愈好。"

　　郑洞国听了对方的话后，很是摸不着头脑，"愈长愈好"啥意思？军语命令可不是这么下啊！这怎么把握？他正欲发问，对方却喋喋不休地说开了，说现在第二十五师压力很大，有的部队已经垮下去了，他准备将第二十五师布置到保定以南地区，并告知裴昌会的第四十七师正在向保定靠拢，刘峙总指挥已命令该师协同第二师守城。末了又说有什么情况可随时与他联系云云。郑洞国听至此，越发不得要领，便忍不住插话问刘峙总指挥现在何处，关氏回答说他前几天已经撤到后方去了。话未说完，电话戛然而断。

　　郑洞国对着话筒"喂、喂"地叫了两声，却没有回音，倒是室外的枪炮声更加激烈起来。他原本有许多话要问，想知道刘峙的总指挥部究竟撤到何处，第二十五师究竟布置在保定以南的什么地区，离城有多远，更想知道上峰是否放弃"在保定附近与敌决战"的战略意图，保定城是否只是先守而后弃之，守则欲守多久……无奈电话中断，关氏方才所说的"随时可问"转瞬便无法兑现了。时间不允许他多思，也无法为他释疑。他只得怅然若失地放下话筒，转而投身于激战中。

　　天色渐暗，枪炮声渐渐稀疏下来。与日有过作战经验的郑洞国知道对手绝不会放弃进攻，而是在准备新的攻势，遂抓紧时间调整部署，决心与敌背城一战。郑洞国的判断没错，敌人确实在酝酿着新的进攻阴谋，只不过进攻的方向不是正面，而是背面。原来日军的一支骑兵利用二十五师撤退后的空当，偷偷从左翼包抄过来，袭击了驻扎于城南关外的第二师后方机关，将医务队和电台等一并冲散，形成了对保定城内守军的包围之势。

一夜之间保定成了座孤城，与后方、与友军的联络统统中断。郑洞国派人连夜寻找军部与友军，均是无功而返。军部不见踪影，第二十五师亦未在保定以南地区布阵设防，连停留的痕迹都没有，右翼的第十七师也不知去向。

这一夜，困守孤城的郑洞国陷入痛苦的沉思中：这关军长太不讲情义、太不负责任了。他们都是黄埔一期同学，共事也有很长时间了，彼此总该有些关照，但作战时关氏却将郑洞国这一师摆在最危险的地方，撤退时连个招呼都不打，任凭他们去牺牲。但是在没有接到上峰的撤退命令之前，作为忠于职守的军人，郑洞国决定还是先坚守下去，待第四十七师裴师长来后再作商议。

24 日天刚亮，日军就对保定城发动了全面总攻，敌人的飞机和多架战机发着凄厉的尖叫声，在保定城上空往复俯冲、轰炸。士兵们伏在工事里，几乎可以看清楚敌飞行员的面目。不多时，城内便硝烟弥漫，多处燃起大火。紧接着，日军集中几门大炮猛烈轰击城垣工事，长达一小时之久。日军一排排炮弹铺天盖地袭来，炮火之猛烈达到空前程度。据守在墙垣工事里的官兵们，被炸得血肉横飞，惨不忍睹，城墙也被打塌了多处，形成了几道很宽的缺口。敌军蝗虫般地涌入，与守军展开了异常激烈的巷战。街头上、废墟上、房屋上，到处摆开了短兵相接的战场。

守军虽愈战愈勇，却是愈战愈少，而敌军却源源不断地涌入，情形愈加危急。正在紧要当头，裴昌会所率的第四十七师赶来，方使局势有所缓和。

如今裴昌会部是友军，可十年前却是战场上的敌手。他原系孙传芳部下的一员战将，久历戎行，亦曾与北伐革命军敌对抗争过。而眼下，在郑洞国部被昔日老师同窗遗弃、各路友军皆不受命令约束竞相逃命之际，昔之敌手竟不避风险，依令而来，赶赴危城！此情此举，不能不令郑洞国感激而敬重。

彼此见面别无虚言，简短地交流了战况后，便眉头紧锁，咬唇沉默下来，大家心里都明白：此刻保定城已是无望保住，只能与城共存亡了。

激战近午，日军已占领了大半个保定城，并对守军实施分割包围。第四旅被迫突围，向保定东南的张登镇方向转移。城内一片混乱，除师部直属部队，其他部队皆无法联络指挥。面对此情，师参谋长舒适存忍不住开口了："长官，依目前情况，我们很难支持多久，现在或是战死殉城，或是趁机自动撤退，以全实力，请两位师长速做决断，否则就来不及了！"

舒适存也是湖南人，刚从陆军大学毕业，保定战役前夕才来第二师，资历虽浅，但足智多谋，系郑洞国听友人介绍后点名要来的，虽居郑洞国麾下不久，却颇受郑的器重。他此番话语自是经过深思熟虑的，不能不使两位师长深思之。

年长而老成的裴昌会并未言语，只是以探询的目光看了看郑洞国。郑洞国知道时间不容许他们拖延，必须速断速决，上峰既无死守之令，官兵亦有突围之机，保全数千将士以图再战方是上策。郑洞国咬了咬嘴唇，沉稳地说道："我们并未奉死守到底的命令，况且现在已抵抗两昼夜，孤军难支，应撤出保定以保全部队，将来若有问题由我承担，不知裴师长意见如何？"

不知是日军只以占领保定为目的，还是惮"穷寇勿追"的兵家之忌，并未死堵穷追突围之敌，第二师与第四十七师遂以较少伤亡的代价突出重围，这倒有点儿出乎郑洞国的意料之外。更加令他惊异的是：原以为关麟征会在保定城南百余里的唐河南岸布阵以迎，待两师会合后再作他图。谁知到了唐河畔，唯见清波粼粼，却不见一兵一卒，一打听才知道他们径直向南撤退了。而总指挥刘峙本来是以主力固守涿州，以孙连仲军守平汉路上的良乡，以万福麟军守固安，以孙殿英军守门头沟，布成三道防线，自己坐镇保定指挥。可是由于涿州失陷，日军直插保定，刘峙竟惊慌失措，率总部沿平汉线南逃，一口气逃到石家庄，将兵权移交商震、黄绍竑。时人送他一个外号"长跑将军"。

郑洞国率部脱险归来后，才知道就在第二师孤军困守保定时，由于信息断绝，外界以为他们全军覆灭，有的报纸还发表称他已壮烈牺牲。"保定决战"因"长跑将军"刘峙的怯阵逃亡，而前线失利。各部为保存实力，置大局不顾，争相撤退，把华北的大地拱手让给日寇。但郑洞国所率第二师血战两日的战绩，不失为保定战役灰暗之页上闪光的一笔，其"壮烈殉国"的报道虽说失真，但第二师困守孤城的战史，却也是照耀史册的事实。

一块银圆救性命

1938年初，国内的抗战局势是相当严峻的。在华北方面，中国军队节节溃败，失地千里。继天津沦陷后，不到半年的时间里，保定、沧州、石家庄、张家口、太原、德州等重镇先后失守，国民党军被压迫至黄河南岸；在华东方面，七十万中国精锐部队在淞沪战场与日军浴血鏖战近三个月，虽予敌很大杀伤，粉碎了日本帝国主义"在三个月内灭亡中国"的狂妄预言，但终因日军在杭州湾登陆，使国民党军腹背受敌，遂导致全线溃退，连首都南京也于1937年12月13日被日军攻陷，国民政府被迫迁往重庆。日军在南战场得手后，紧接着将下一个进攻目标指向徐州。

徐州，地处津浦与陇海铁路交叉点，扼苏、鲁、皖、豫四省要冲，是中原和武汉的重要屏障，自古为兵家必争之地，战略地位极为重要。日军的战略企图是，调集重兵分别由津浦路南段、北段进攻，迅速打通津浦线，夺取徐州，再循陇海路西进，取道郑州南下，占领我国当时的军事、政治、经济中心——武汉。

为了稳定战局，最高军事统帅部指示负责这一区域作战指挥的第五战区长官部，利用黄河淮河天险，遏制日军攻势，力求保住军事上的大动脉——陇海铁路，确保郑州和平汉路南段侧背，使武汉后方有充裕的时间进行战略部署，做好持久抗战的准备。于是，中日两国军队以攻守徐州为目标，在津浦路南北两段展开了一次大规模的会战，这就是著名的徐州会战。

徐州会战初期，日军以津浦路南段为主攻，北段为助攻，分由南北两个方面向徐州推进。在津浦路南段，日军近卫师所、第十三师团、第一〇六师团等共八万余人在畑俊六大将指挥下，从镇江、南京、芜湖渡江北上。日军一部主力在攻陷滁州后，循津浦路正面北进至盱眙、张八岭一线；日军另一部主力在攻陷裕溪口后，亦循淮南铁路北进至巢县、全椒一线。在这一方面的中国守军第十一集团军李品仙部、第五十一军于学忠部，以及后来增援上来的第二十一集团军廖磊部、第五十九军张自忠部，则利用池河、淮河、淝河、浍河等地形障碍，节节抗击日军北犯。中日军队在淮河流域激战近两个月，双方都有较大伤亡。日军虽一度打过淮河北岸，但在我军有力反击下，又被迫于1938年2月下旬退回南岸，与我军隔河对峙，此后战事便胶着于淮河一线。

日军在津浦路南段进攻受挫后，鉴于其"南北夹击"的计划无法实现，乃不得不改取"南守北攻"的战略，以板垣征四郎带领的精锐第五师团和矶谷廉介的第十师团共五六万兵力，在津浦路北段迅速向南推进，会攻徐州。

日军第十师团及本川旅团，于1937年12月23日夜率先渡过黄河，负责这一线防务的第五战区副司令长官是韩复榘，他也是第三集团军总司令。韩是河北霸县人，1910年，因家境困难，辍学投军，入冯玉祥部。此后随冯之升迁而不断得到提拔。1929年5月叛冯投蒋，1930年9月被蒋介石任为山东省政府主席，统治山东近八年。此人为人刁猾，善应变，与蒋介石矛盾重重。抗战全面展开后，韩佯装抗日，实则观望，一心保存实力。此时，在日军的大举进攻面前，为图保存个人实力，竟置国家、民族的利益于不顾，独自放弃黄河天险，率八万大军望风而逃，使日军沿津浦路长驱南下一二百公里，如入无人之境，在不到二十天的时间里，连陷济南、泰安、兖州、曲阜、济宁、邹县等城，致津浦路正面大门洞开，徐州危殆。后来韩复榘在武汉被国民政府军委会组织军事法庭审判处决，这是中日开战以来第一个被军法处死的国民党高级将领，给当时各怀异心的国民党高级将领们以很大的震慑。

第五战区司令长官李宗仁将军急调川军第二十二集团军孙震部开赴临城以北，正面堵截沿津浦路北段南下的日军第十师团，并命退守鲁西地区的第三集团军孙桐萱部（原该集团军总司令韩复榘已被逮捕枪决）侧击津浦路附近南下之敌，方使战局稍有稳定，双方对峙在邹县附近。

在日军第十师团于鲁南大举进攻之际，日军第五师团亦由保定开到青岛。1938 年 2 月中旬，该敌见敌我双方在津浦路南段淮河流域相持不下，遂全师沿胶济路西进，至潍县后，再循台潍公路南下，企图夺取鲁南军事重镇临沂，与津浦路北段正面的日军第十师团相呼应，从东路包抄徐州。

从日军在津浦路北段的部署和行动来看，日军是相当骄狂的。他们根本未把中国军队放在眼里，以为只要挟其胜利余威南下，分进合击，即可一举击破津浦路北段的中国军队，迅速攻占徐州。未等中国军队布置完成，板垣征四郎的第五师团主力已扑至临沂城下，与中方第三军团庞炳勋部发生激战。

第三军团原系西北军旧部，不久前在津浦路北段的姚官屯、沧县之役中受到很大损失，未及补充，虽名为军团，实际只有五团兵力，实力尚不足一个军。但庞部官兵同仇敌忾，据城死守，与敌血战几十天，使日军不能前进一步。

第五师团是日军中最为精锐的"王牌"部队之一，号称"钢军"，此番竟受绊于一支装备低劣的中国"杂牌部队"，使敌首板垣颜面大失，加急督战，拼力攻城，第三军团经连日苦战，伤亡奇重，在敌重兵猛烈攻击下渐感不支，频频向徐州告急。第五战区司令长官李宗仁将军闻报急调第五十九军。

第五十九军接到命令后，军长张自忠亲自率部出征，一昼夜强行军一百八十公里，主动出击，以攻为守，以解临沂之围。张在庞、张两部高级军事人员会议上说："在一般情况下，五十九军以急行军到此，非常疲劳，似宜稍作休息，再与敌人作战。但兵贵神速和出敌不意，且以我劣势装备，对现代化之强敌，必须利用夜战、近战，方可奏效。应打破常规，提前开始行动。"14日凌晨，张自忠指挥全军暗渡沂水，向日寇的精锐"钢军"第五师团右侧背发起攻击，在亭子头、大太平、申家太平、徐家太平、沙岭子等处突破敌防线。敌初不及料，损失惨重，一夜之间，歼敌逾千。日本第五师团被迫放弃正面攻城，转对五十九军作战。双方展开混战，五十九军与日军短兵相接，在沂河两岸反复冲杀，战线犬牙交错，形成逐村、逐屋争夺之拉锯战。双方冲杀不下数十次，几度形成白刃战，五十九军两师连、排长几乎全部易人，营长也伤亡近半。战至16日，战区认为五十九军伤亡过重，建议撤退。但张自忠坚持再打一天一夜。他说："我军伤亡很大，敌人伤亡也大。敌我双方都在苦撑，战争的胜利，决定于谁能坚持最后五分钟。既然同敌人干上了，我们就要用精神和血肉拼命干一场，不打败敌人誓不罢休！"16日夜10时，五十九军向敌发起空前猛烈的攻击，雷霆万钧，大地震颤。拼杀至17日凌晨4时，五十九军胜利攻克日军全部主阵地。同日，庞炳勋抓住有利战机，率部猛袭日军侧背，有力地配合了五十九军的正面攻击。18日，张、庞两军从东南西三面夹击日军，经过三昼夜血战，日寇"钢军"精锐第五师团终被击溃，残敌大部窜逃。在此战役中，张、庞两军共歼敌四千余人，其中包括第十一联队长野裕一郎大佐、牟田九次中佐和一名大队长。

临沂战役成为抗战史上有名的"临沂大捷"。蒋介石亲自致电嘉勉，李宗仁通电全国告捷。报纸舆论盛赞："是役亦当增我抗战中之光荣一页。"有资料说："日军以载重汽车运回莒县尸体约一百余车。敌在汤头、葛沟屡次焚化尸体，来不及运回者，就地掩埋达七八百具。"此战不停行军九十公里，奔赴临沂，沿途幸亏百姓送水送饭，军队全部以敢死队形式与日军血战，张自忠军长冲在最前面。此战役关系到徐州战役成败，战役之惨烈程度罕见。张自忠面对成建制的战死兄弟，心情沉重地说："多年患难的弟兄们为国家牺牲了，这心里的难过，真比油煎还狠！但我相信，我领导他们走的是一条光明大道，虽死犹荣！军人报国，此其时也！说不定哪天我张自忠也会牺牲在抗日战场上，这是一个军人在国家危难时应尽的责任。"后来张果然牺牲在抗日战场上。

临沂一战，虽斩断了日军由津浦线南下的左翼，但并未能扼制其右翼的攻势。3月中旬，敌第十师团趁我第五十九军东移之机，大举南犯，濑谷支队五千余人进取滕县，向守军第一二二师王铭章部猛烈进攻。经过两日的血战，滕县失陷，守军两千余官兵壮烈牺牲。郑洞国部第二师便是在这个时候正式参加徐州会战的。

自保定之战以来，郑洞国率部先后在邢台、林县以及漳河一带与敌周旋，亦曾恶战过几场。3月中旬，该师奉命自河南舞阳经周口、亳州、归德风雨兼程，疾速赶来，拟开往运河以北之临城附近迎敌。谁知战场风云变幻莫测：攻占滕县的敌濑谷支队并未停顿，即派第六十三联队由滕县以东向枣庄南下，与我第八十五军先头部队发生激战。其他日军也在拼命南犯，临城亦已于17日晚失陷。原本奉命于运河以北的临城一线迎敌的第二师，顿失命令中到达的阵地，也只能以变应变了。显然，拒敌于运河之北的计划难以实施，纵使先敌一步到也会陷入险境。鉴于此情，师参谋长舒适存向郑洞国建议：师主力迅速开抵运河南岸抢占阵地，掩护友军集中，以确保徐州。郑洞国觉得其想法不失为应急良策，然此举分明与"运河以北迎敌"的军令相违，不能不三思而行。正当沉吟之际，关麟征偕军部赶到，他们当即向其请示。关亦赞同，并表示由他向负责徐州战事的第五战区司令部禀报。常言道："兵贵神速。"郑洞国不待上峰明确回复，便决计将兵力后退集中，连夜让部队乘火车赶到运河以南的利国驿，随即星驰韩庄附近，沿运河南岸占领阵地，同时用无线电指示本师担任前卫的第六旅迅速与枣庄、临城间的第八十五军联络，相机由津浦路东侧向韩庄以东地区集中。郑洞国此举，自是要担风险的。如奉军令于运河北岸拒敌，胜则是幸事，败则只是战败之过，亦无抗命之罪。至于南岸拒敌，倘若胜了还好说话，若是败了，则罪责难逃，虽说是事先请示了的，但终究没有明确回示，一笔糊涂账，责任还是你背。

随后发生的事实证明他们的临机应变是正确的。那天，当郑洞国率师部与第四旅赶到利国驿站时，敌军已占领了韩庄，并出动千余人在十多辆战车的掩护下向二师六旅阵地猛烈攻击，企图强渡运河。直面敌人强渡运河的军事行动，郑洞国早有准备，即命第四旅冒着敌人密集的炮火跑步沿运河南岸布防，与日军隔河激战，遏制了日军一鼓作气的凌厉攻势。不一会儿，日军后续部队源源涌来，利用火力与人员优势排成队形再次强渡。适值配属第二师的一个炮兵营刚刚赶来，郑洞国急令炮营将全营新配备的十二门重榴弹炮沿河放列，向敌列队射击。大炮随即怒吼起来，一排排炮弹呼啸而去，准确地落在敌阵中，打得鬼子鬼哭狼嚎，进攻的队形亦七零八落。

此前，第二师一直在敌军的炮火压制下作战，这回则是以其人之道还治其人之身，自然兴奋异常，一个个愈战愈勇，用愤怒的子弹配合着怒吼的炮弹，将狂妄的敌人制伏在彼岸难以动弹。

日军见中方炮火猛烈，不敢再贸然渡河了，只得以炮还击。双方隔河炮击，直至天黑方才偃旗息鼓。此后日军因南岸第二师严阵以待，乃以主力东移，沿枣台支线进攻台儿庄。

运河南岸利国驿一役，一直都是郑洞国引以为豪的一战，当时要不是他根据实际情况灵活处置，或者动作稍有迟缓，使日军冲过运河，则徐州势所难保，而在运河以北枣庄、峄县间的友军各部亦将陷入困境，这样整个战局将面目皆非，也不会有后来的台儿庄之捷了。战局如棋局，有些布局战法实在不是纸上谈兵得来的，它是个人实践得来的智慧，这也是郑洞国总是要到一线带兵打仗的重要原因之一，军人只有在血与火的战场上锤炼才能成为良将。

当天晚上，汤恩伯到第二师师部视察，对第二师的战绩甚为满意，随即又传达了第五战区长官部新的作战意图，命第二师将运河南岸防务移交第一一〇师，然后会同第二十军团其他部队循运河南岸经台儿庄、兰陵镇开往向城集结迂回。

次日，第二师殿后，尾随第二十五师隐蔽向枣庄之东的鸹鸧窝、郭里集一带挺进，准备按计划会同第八十五军从东、北两方进攻枣庄。

殊不知日军也在秘密调动，以致我第二十五师的七十五旅与日军一支先头部队同晚到达郭里集，并且同宿一村。翌晨，彼此方才发现，遂腹背纠缠，短兵相接地战斗开来。下午4时左右，日军大部被歼灭，只有十余人突围逃跑。

3月23日下午，由台枣支线南下的敌濑谷支队主力逼近台儿庄及运河一线，与台儿庄守军发生前哨战。次日，日军在飞机大炮掩护下，正式向台儿庄发起猛烈进攻，驻守城寨内的第二集团军第三十一师池峰城部奋起迎战，拉开了台儿庄大战的序幕。

台儿庄位于津浦路台枣支线及台潍公路交叉点，扼运河的咽喉，是徐州的门户，具有重要的军事地位。日军在利国驿一战受挫后，即掉头东进，企图利用枣庄、峄县至台儿庄一带的平坦地势，发挥其机械化部队的优势，一举攻占台儿庄，将运河南北的中国军队截为两段，以便各个击破。因此，台儿庄之得失，已经成为敌我双方夺取这次会战主动权的关键。

日军在此投入的三个步兵联队外加骑兵、炮兵、工兵各一联队的强大兵力，自"卢沟桥事变"以来亦是罕见的。我第五战区司令部自然不敢掉以轻心，亦相应投入了大量兵力。遗憾的是，作为会战前期中央军唯一参战的第二十军团却未能及时投入此役，置身其中且身不由己的郑洞国也只是抱憾而已。其实，第二十集团军没有投入这场战役而是进攻对战局并无根本影响的枣庄，汤恩伯是有私心的。有一次他曾私下对第二十五师参谋长覃异之表示，"敌人正在猛攻台儿庄，看来台儿庄是守不住了，敌人可能比我们先过运河南下"。他的担心是，一旦日军突破台儿庄防线，越过运河，那么远在敌后并与敌胶着在一起的第二十军团就有遭日军围歼的危险。所以不愿南下，而宁愿攻打对战局根本没什么影响的枣庄。

郑洞国奉命攻打枣庄，虽说心中存憾，可还是率部全力以赴，经过两日两夜的奋战，将守敌歼灭近半，并一度占领了大部分市区。后因临城千余名日军前来增援，而奉命配合作战的友军第八十五军却始终不见动静而功亏一篑。

这时，台儿庄方面的战事已处于白热化。日军凭借火力优势，占据了全庄三分之二以上的阵地。第二集团军伤亡惨重，被迫退守西南一隅。总司令孙连仲连连向汤恩伯求援。可汤恩伯仍无派主力南下全力救援之意，仅决定由第五十二军与第八十五军各抽出一团，配备部分炮、骑兵组成个混成旅，向峄县敌之侧背运动，以应付台儿庄之战。后因李宗仁严令催促，加之蒋介石亲自给他打了电话，汤恩伯才被迫率主力南下。

援军逐步逼近台儿庄，与日军发生激战，其中以郑洞国所部第二师在北大窑附近与敌战最为惨烈，战后清理战场时，不少阵亡官兵与敌之尸体相枕相抱，有的甚至还保持着口咬手掐同归于尽的决然之态，根本无法分开。

激战两日，台儿庄日军在第二集团军与第二十军团的内外夹击下损失惨重，被迫撤出台儿庄，退至台枣支线附近。第二十军团遂全线逼近，对敌形成包围之势，并一度切断了台儿庄至峄县的通道。随后，第二师奉命攻打位于台枣支线上的重镇峄县。

30日上午，郑洞国亲自到前线指挥部队攻城，激战中，由于身边一名参谋手中的望远镜不慎在阳光下反光，立即招致日军炮火猛击。一发炮弹呼啸而来，就近炸开。郑洞国猝然无防，只觉得左胸被重重一击，几乎跌倒，幸亏两名卫兵将其扑倒，并以身相护，才没有使纷飞的弹片将其击中，郑洞国满以为身上挂了彩，炮击之后

107

方发现左胸衣袋上仅划了一道破口，除袋内的一枚银圆被弹片击弯，自己居然毫发无损。真没想到这枚偶然放在衣袋内的银币竟救了他。横飞的弹片仅擦衣而过，让他与死神擦肩而过，不能不谓万幸！

正当郑洞国率部猛攻峄城，并与友军可望形成合围歼敌之际，日军第五师团为解危，派出坂本支队四千余人绕过临沂，从侧背向第二十军团猛扑过来。第二十军团只得调整兵力，以主力迎击援敌。城内守敌趁机反扑，第二师被迫转攻为守。经过几番血与火的较量，第二师终于顶回了峄县出击之敌，并会同其他友军，大败坂本支队主力，从根本上解除侧背威胁，随即全力向台枣支线之敌逼近，与据守台儿庄的第二集团军形成了对日濑谷支队的内外夹攻之势。狂妄的濑谷支队终于胆怯了，丢下尸横遍野的阵亡官兵与大量武器装备，于深夜悄然开了溜，前来援救的坂本支队见状也仓皇北撤。至此，中国军队在台儿庄及其外围血战了十五日，歼敌一万余人，写下了抗战史上的"台儿庄大捷"。

这次台儿庄战役，日军精锐师团的主力部却在中国军队的包围攻击下，仓皇败退。这是日军一次战役进攻中的败退，这在日军侵华战争以来尚属首次。对日军来说，这不仅是在兵力数量上的损失，更重要的是精神上的挫折。"大日本皇军不可战胜"的神话破灭了。

无疑，台儿庄大捷是抗日将士用鲜血与生命换来的。如果说台儿庄大捷是一朵鲜血染成的大红花，那么台儿庄外围的战斗则就是这朵大红花下的绿叶。郑洞国所部第二师，也在这绿叶丛中。

台儿庄之战后，全国军民振奋。时任最高军事统帅的蒋介石亦兴奋起来，从他著名的"抗战三日即亡国"论一下变成了速胜论。他匆忙把二十多万中央军调到了徐州战场，计划借台儿庄大捷等胜利的余威，和日军在徐州决战。对于中国军队在徐州地区的大量集结，日军认为这正好是消灭中国军队主力的好机会。5月初，日军迅速集结十多个师团三十多万人向徐州地区夹击。日本天皇御批了"围歼徐州地区中国军队"命令，企图一举包围、歼灭徐州战场上的中国军队。双方遂在辽阔的淮海平原展开了规模更大的激战。

台儿庄大捷后，随着战局的发展，郑洞国所部在淮海大地上留下了这样一道道战斗轨迹：

4月10日，郑洞国部奉命从左路进攻峄县附近的制高点九山，经过一日一夜的激战，一举攻下九山，会同友军歼灭大部分守敌；

4月17日，第二师奉命向邢县以北之艾山、连防山、燕子河一带转移，防御正面攻击之敌；

5月1日，郑洞国率部与敌激战于大刘庄阵地，将有"钢军"之称的第五师团坂本旅团击退；

5月13日，由于第二师连续作战，伤亡较大，奉命开往归德整补……

然而，敌之援军纷至沓来，渐渐形成了包围之势，并极逞机械化装备之威，中国大军面临全军覆灭的危险。鉴于敌强我弱的形态，中方不得不放弃徐州。

早前，第二师由峄县转到邢县以北地区防御作战之初，参谋长舒适存向郑洞国提道："我军阵地后方有运河之队，仅靠铁道桥交通，不单人马通行不便，一旦被敌机轰炸，危险更大，应及早采取相应措施。"根据他的建议，郑洞国命令师属工兵连星夜疾驰，架设浮桥，以能通过人马及载重汽车为度。该连以一昼夜的时间，就地征集民船木材，使用木船联结，上铺垫粗厚树条及木板，加固泥土，使车马通行无阻。没有想到，徐州会战末期，国民党军队在运河东北地区的主力部队，有十余个师赖此桥而得以撤出徐州战场。每每追忆此事，郑洞国常感叹："大兵团作战，战地交通至为重要！"亦感念舒氏之功不可没矣。

虽郑洞国不贪舒氏之功，时光亦不应贪郑氏之功。当年郑洞国纳言建桥，为十万大军撤退留下一条安全通道，其功亦不可没，功莫大焉！

从1937年底至1938年5月，中国军队在津浦路南北两段与几十万骄横不可一世的日军精锐部队整整周旋了五个多月，并取得了台儿庄战役的胜利，极大地鼓舞了中国军队的抗战士气，也为大后方部署对敌持久抗战赢得了宝贵时间。

忠诚侠义不夺位

1936年5月底，日军土肥原贤二率第十四师团约两万人强渡黄河，他的目的是阻止第一战区的援军增援徐州。这样第十四师团在陇海线附近就形成了孤军深入之势。蒋介石匆匆飞往郑州程潜第一战区指挥部，决定亲自指挥豫东战役。此时豫东中国军队有六个军共十二万人包围土肥原一个师团两万人，程潜积极进行作战部署，称"就是吃也能把土肥原吃掉"。

1938年5月23日，土肥原开始突围，并把进攻的重点放在了兰封。镇守兰封的是蒋介石的爱将桂永清。桂手下的蒋嫡系第二十七军，装备精良，甚至有一个德式战车营的支援，这是连日军的师团也未必有的，但桂永清军只守了不到一天，兰封就失守了。日军步兵还没有冲锋，桂永清所部就开始全线溃退，往兰封以西的地方逃去。

土肥原跳出包围圈后，程潜不得不再次调兵布阵，围攻土肥原。战斗正激烈地进行，据程潜预计，再有两三天的时间，就有全歼土肥原的可能，不料正在这千钧一发的时候，守商丘的第八军黄杰所部又不战而逃了。守军还未与日军先头部队交火，就一枪未放地放弃了商丘，让位于商丘和兰封一带的中国军队又处于被日军东西夹击的危险境地。黄杰逃跑的"理由"是电台被炸，无法与第一战区联系。

蒋介石的两支嫡系部队不听指挥，临阵脱逃，彻底打乱了程潜的战略部署，歼灭土肥原的宝贵战机被葬送。因蒋介石嫡系部队将领临阵脱逃，中国军队前后共投入十五万多人，没能消灭土肥原。郑州岌岌可危。这么快被土肥原逼到城下，这是蒋介石根本没料到的。为阻敌前进，蒋介石竟决定以水代兵，下令掘开花园口黄河大堤，造成洪水泛滥。这个行动虽然暂时遏制了日军西进平汉线的势头，却使豫、皖、苏三省的广大地区尽成泽国，数百万人民丧失家园，流离失所，饱受灾难之苦。应该说，这是对人民的犯罪。

花园口决口，豫东日军被迫后撤后，部队获得短暂的喘息机会。6月10日前后，郑洞国的第二师又奉命与第二十五师会合，经河南南阳、湖北随县与安陆向鄂东地区转移。

然而正是在这行军途中，郑洞国却被顶头上司关麟征夺去师长的实权，安排个副军长的虚职。郑洞国在徐州会战中，前有利国驿战役之功，后有建浮桥之劳，论功行赏，本应提升，虽然郑洞国打仗并非为了升官，而此时关麟征玩弄权术剥去郑的实权，明升暗降，实在是无聊的伎俩。

关麟征这时已升任第三十二军团军团长，由他荐举，让第二十五师师长张耀明接替其原任的第五十二军军长之职，并提议郑洞国任副军长，但不得兼任第二师师长。关氏此举别有用心，既让自己的亲信与同乡张耀明接管第五十二军，保持其老班底，又趁机削掉郑洞国的兵权，让他当个徒有其名的副军长，以达到排除异己的目的。

其实，关氏与郑洞国同为黄埔一期生，是曾经共同战斗的同窗。可是关麟征偏偏心胸狭窄，容不得人。半年前在保定一战中，他将自己属下的第二师丢弃在保定孤城，独率其老班底第二十五师溜之大吉。此举理应受到谴责，关氏亦应反躬自省。郑洞国对此有所微词，自是正当的。大约有些风言传至关氏耳中，使其心存芥蒂。徐州会战后期，为了收复大刘庄东边的一个对战局并无多大影响的无名小村庄，关氏竟不顾第二师伤亡惨重，严令其强攻。如依地形布阵，大刘庄地区应划归第二十五师的作战范围，可由于该师是关氏的老部队，他暗运心计，让第二师防守大刘庄来对付强敌坂本旅团。在大刘庄东面那无名小村庄丢失后，他又不顾实际情况强令第二师反攻。郑洞国本着保护有生力量、减少无谓牺牲的目的，向关氏据理力争。关氏非但不听，反而在电话中恶语伤人。郑洞国向来就看不惯对方的蛮横作风与自私心计，此时更是忍无可忍了。后来，他干脆不去接关氏的电话，让参谋长舒适存与之打交道。这样遂令关氏愈加怀恨在心。常言道："君子报仇，十年不晚。"而关氏不等百日，便借自己升迁之机，于国难当头、正需用人之际，玩弄权术，排斥异己，把屡立战功的郑洞国给架空了！其实，作为当时的黄埔将才，关麟征也是有他自己的过人之处，只是他脾气太大，气量却太小，连郑洞国这样并非争权夺利只争战场胜利的人都容不下。

无可奈何，"三十六计走为上"，郑洞国只得对副军长之职坚辞不受，并向军令部请令离开了自北伐以来几乎一直效力其间的第二师，怀着凄凉与苦涩回到了长沙。

第二师中不少军官亦对关氏为人反感，郑洞国离开第二师时，不少人含泪相随，后来郑洞国在第五军任荣誉第一师师长时，又有一批军官离开第二师，赶来与其共事，如参谋长舒适存，参谋主任赵霞，团长汪波、吴啸亚等。

郑洞国在长沙小住一阵，忽从家书中得知业已长大的女儿凤云欲悔原与乡邻陈氏订下的婚事，受传统观念影响较深的郑洞国不禁顾虑重重。虽说女儿的婚姻是他以前包办的，但如今自己身份已非同一般了，将门之女倘若悔婚，会让乡亲指捣脊背，会说他郑某人嫌贫爱富，是当今的"陈世美"。思虑再三，他决计趁闲回家一趟，赶紧为女儿完婚，以免夜长梦多。

距第一次东征回家省亲，已十多年，郑洞国对家乡的一草一木都感到无比亲切，尤其乡父老对他十分敬重，接连举行隆重仪式欢迎，使他应接不暇，这真诚、凝重的乡情，竟一扫他离开部队以来的不快情绪。凤云的婚事在郑洞国亲自操办下举行了。可是在这喜气的鞭炮声中，他仿佛听见了前线的枪炮声，又惴惴不安起来。正在这时，上峰有令传至，他带着女儿喜酒的余香，奉召匆匆返回鄂东，在老长官、时任第三十一集团军司令的汤恩伯身边任参议。

这时，武汉大会战已全面铺开。日军先后投入了十四个师团、四十万兵力，五路出击，从东、东南及北面多方逼近武汉。中方则先后投入一百二十余个师、一百万以上的兵力应战。双方在豫、皖、鄂、赣四省摆开了大战场，战争长达四个多月，规模空前。郑洞国回归军旅，虽回到原来的大部队，却并非自己的旧部第二师，更非是率兵上阵，仅仅当个徒有其名的参议，心中难免有种失落感。好在到达司令部不久，他即被派到第三十七军督战，又亲历战场，顿时空虚的心灵感到充实无比。第三十七军军长黄国梁恰恰又是郑洞国北伐途中出任团长时期的老旅长，两人一别多年，没想到竟在这战火纷飞的战场上重逢了。更出乎郑洞国意料的是：汤恩伯要他前来督阵竟是想让他来取代黄国梁的。对此，郑洞国曾这样剖白了自己当时的心迹："黄氏待我格外亲热，指挥余暇，便与我天南海北地闲聊，有时谈到深夜，二人便抵足而眠，情同手足，过了些日子，汤将军突然给我打来电话，指责黄将军指挥无方，所部战绩不佳，要我取代他的位置，这时我才明白汤氏当初派我到此督战的真正用意。对他的一番好意，我当然心领，但黄将军是我过去的老长官，且此次相见以来，对我推心置腹，信任有加，我怎么能忍心夺他职位？况且我受传统礼教影响颇深，纵然万死，亦不愿担此暗算朋友之嫌，所以便委婉而坚决地谢绝了汤将军的提议。我担心待在这里还会节外生枝，故赶紧寻了个借口，回到集团军司令部，黄将军始终被蒙在鼓里，见我匆匆返回，还一再挽留不舍呢。事后，汤将军身边的一位幕僚不知如何知道了此事底细，有一次还曾私下半开玩笑地同我说：'你老兄放着军长不去做，还跑回来做这个光杆参议，为人也未免太迂了。'我闻之一笑置之。以后想起这件事，我始终不悔。忠诚老实四字，是我一生为人的信条。"

武汉会战不仅规模空前，且异常惨烈。日方除投入十四个师团，还出动了三百多架飞机与一百二十多艘舰艇，并使用上了毒气，可谓陆、海、空、毒一齐上。而中国军队，蒋介石亲自指挥，海、空部队配合作战，苏联也派出飞行大队参战助阵。一百多天激战下来，双方都损失巨大。日军在整个战役中伤亡高达二十余万人，占其参战总兵力的一半。中方伤亡则倍之。由此可见战争的惨烈与残酷。

尽管日军最终占领了武汉，但并未达到其速战速决、以夺取武汉来迫使中国政府屈服的战略目的。相反，由于日军在会战中伤亡过大，且战线太长，兵力分散，加之中国共产党领导的抗日武装在敌后战场勃然兴起，有声有色地开展游击战，使日军腹背受敌，难以继续大举南下。同时，日军在此役中消耗了大量的财力物力，元气大伤。侵略者一时无力再对中方正面战场组织起大规模的进攻，抗日战争从此进入战略相持阶段。

　　武汉失守后，郑洞国随第三十一集团军移防湖南益阳一带。不久，他奉召前往南岳衡山参加由当局主持召开的军事会议。当他带着贴身卫士路经长沙赶赴衡山时，正遇上轰动一时的长沙大火。

　　11月12日，郑洞国与卫士文健夜宿长沙城第三十一集团军办事处，拟翌晨继续赶路，谁知睡至夜半，忽然一阵吵闹声将他惊醒。听文健大叫小呼，方知是城中失火。郑洞国乍听一惊，转而一想：前线距长沙尚有三百余里，不可能是敌军炮火所致。多半是居民御寒烤火酿成的火灾，并认为局部小火，成不了大灾，遂也放下心来。少许，外出察看火情的文健急冲冲跑进来，见他还坐在床上从容地穿衣，直嚷道："哎呀，师长，请您快些吧，大火都快烧到门前了，我们必须马上走！"文健原是第二师的老兵，依然沿用旧称。他说罢随即将铺盖打卷好，一手扛在肩上，一手拉着长官直往外冲。起初郑洞国心中还有点儿嫌文健大惊小怪，出门一看，才发现城内四处大火熊熊，火光映红了夜空。一片火海，噼啪的爆炸声如同激战的枪炮。满街都是张皇奔跑的百姓，呼爹唤妈的喊声沸反盈天。久经沙场的郑洞国虽不会惊慌失措，却也无法立定下来，被潮水般的人流裹挟着出了北门。

　　城外驻足回望，城内已是一片火海，看样子火势是无法控制了。郑洞国望着火海一边叹息，一边沉思，觉得这场全城性的大火不可能是居民失火酿就，多半是日军利用汉奸纵火所致。于是，他决定暂时留下，天亮后进城看个究竟，再作打算，遂在附近一户百姓家中借宿，休息了几个钟头。

第二天一早，郑洞国带着文健重又进城去，只见城内满目疮痍，一片废墟，不少建筑物还在继续燃烧。走不多远，一辆军用小车开到他身边停下来，原来是长沙警备司令酆悌与保安处长徐权。郑与他俩皆熟，与前者还是黄埔一期校友。

酆氏一脸焦灼不安的神色，见到郑洞国就问："郑兄，你知道昨夜究竟是怎么回事吗？"

郑洞国是又好气又好笑，心想你们负责全城治安，出现这样大的灾变竟毫不知情，倒来问我一个过路人。遂没好气地回道："我昨天刚到这里，哪晓得，正要问你呢！"

对方讨个没趣，又敷衍了几句，便匆匆登车离去。郑洞国见专司城防治安的人都不知起火之因，遂愈觉得大火系汉奸所为，顿时恨得直捏拳头。无奈急于要赶赴衡山开会，只得怀着对敌的仇恨与对古城被焚的心痛匆匆离开长沙。

长沙大火是一场浩劫，一夜之间几乎全城人民的房屋财产统统化为灰烬，并造成一定的人员伤亡。此事引起的震动极大，各界纷纷要求调查事件原因。但是，后来调查的结果却大大出乎所有人的意料，这场不幸的灾难竟不是出自敌人的破坏，而是自己人造成的。原来，蒋介石为了阻敌南下，曾指示湖南军政当局，在长沙城不能守住时，实行焦土抗战，将全城焚毁，免资敌用。殊不知准备执行放火任务的保安第二团事先无训练之备，临时亦无沉稳之气，听到日军迫近长沙的谣传后，既不报告上司，也不发警晓谕百姓，慌忙四处点火，遂酿就这场震惊中外、惨绝人寰的大火灾。事后，蒋介石亲临火场视察，为息民愤，不得不将时任湖南省府主席张治中革职留任，并将长沙警备司令酆悌、市警察局长文重孚、保安第二团团长徐昆处决。枪决这三人时，一名士兵利欲熏心，竟将酆悌的一只金怀表与一支派克笔偷走，事发后亦被枪毙。当时有人讥之为"处决三个将校官，临走时还要捎上个勤务员"。由于这天古历为"文日"，故这场大火称为"文夕大火"。

郑洞国在衡山参加了首次南岳会后，回到益阳第三十一集团军

115

司令部。不久，即被军事委员会任命为第九十八军军长。虽然是提升了，但郑洞国并没有觉得是一件令人愉快的事情。原来，这支部队原是湖北地方军队，战力很弱，内部成分亦复杂。官兵均有浓厚的乡土观念，对"外来人"，特别是像郑洞国这样出身黄埔的将领，似乎怀有很大的戒心。好在郑洞国有备而来，且不乏训练官兵的经历与经验。上任伊始，谨慎从事，以诚待人，脚踏实地地做工作，力求一步一步地改造这支杂牌军，使之能尽快适应抗战的需要。可就在这时，一纸电文飞至，致使他放弃了履职不到一月的军长职位。

原来郑洞国的老朋友、时任新编第十一军副军长的杜聿明将军，发来一封电报，大意是说该军刚刚由第二〇〇师扩编而成，急需人才，现其荣誉第一师师长一职尚空缺，问郑洞国是否有意"屈就"。

老朋友的这份电报在郑洞国胸中激起阵阵浪花。晚上在床上辗转反侧，渐渐理清了自己的想法：在汤恩伯这里，虽然位居军长，但以该军现状，恐很难有所作为。再者，汤氏本人虽然一向待自己算是不错，但自己对汤氏还是有些看法。汤恩伯这个人指挥作战缺乏计划性，忽东忽西，不讲章法，非大将之才，且其专好重用亲信，大权独揽，使人不宜在其底下放手做事。而杜聿明提到的新编第十一军是当时唯一的机械化部队，该军前身为陆军装甲兵团，1938年初扩编为第二〇〇师，年底再扩编，装备精良，战力甚强，如果能在这样的部队中带兵打仗，不难有一番作为。况且军长徐庭瑶和实际主持军务的副军长杜聿明，一位是自己多年的老长官，一位是自己的亲密朋友，彼此相知很深，在一起推诚共事是没有问题的。

郑洞国想的不是要做大官，而是要办大事，要有所作为。特别是国难当头之际，更应以国事为重，以民族利益为重。两相比较，何去何从，十分清楚，郑洞国理清思绪后，没有丝毫犹豫，毅然选择了去新编十一军任师长之职，便回电杜聿明。杜聿明接到复电大喜，即向军政部申报，很快得到何应钦部长的批准。汤恩伯得知郑洞国要调走，有些不解。确实放着军长不当，却要去屈就师长，在旁人看来真是不可思议。但如若知道郑洞国之前曾为了朋友之情，不忍夺黄将军之位，而宁愿当个参议的行为，这次之举也就不难理解了，况且这个师是我国当时唯一的机械化部队。郑洞国的忠诚侠义，不图战场名利，只图战场战胜的品格再一次显示出来。

汤恩伯似有挽留之意，特地召郑洞国谈话，一再问："你真的决定要走吗？"见郑洞国的态度十分坚决，遂长叹一声，不再说什么。

郑洞国毅然地离开洞庭湖畔，星驰南下，于1939年元月正式出任荣誉一师师长。

郑洞国到任后不久，军长徐庭瑶升任集团军总司令，副军长杜聿明接替老长官之职升任军长，郑洞国则接替老朋友之职升任副军长，仍兼荣一师师长。同为陕西人，同是校友，杜氏与关麟征的做法大相径庭，不能不使郑洞国铭感于心。这时，新编十一军的番号也改为第五军。在抗日战争中，这支有着五万之众的机械化部队从此将以第五军的称号彪炳青史。

肝胆相照昆仑关

1939年是全世界反法西斯的多事之秋。由于国际关系在战争中的巨大变化，中国的抗日战争成为世界反法西斯战争的一个组成部分。此时的中国战场正处于战略相持阶段，中日两军在河南、湖北、湖南、江西等地激烈拼杀，日军每前进一步都要付出惨重的代价。

同年，9月13日，日军大本营作战部长富永恭次少将提议，可以乘英法对德作战，没有精力顾及远东殖民地的时机，派兵力迂回中国南方，攻占钦州、南宁，切断中国与法属越南之间的运输通道。而这条隐藏在深山密林之中的运输线对中国的抗日战争十分重要。来自国际的援助和中国政府在国外购买的大量军备物资从这条运输线源源输入国内，这是我国抗日作战能力的保障之一。封锁了这条运输线，我国将蒙受巨大损失。

1939年11月，日军为了切断我西南国际交通线，实施封锁政策，迫使中国政府因外援中断而屈服，于11月15日出动其精锐的第五师团、第二十八师团和台湾守备队的一个旅团共六万余人，配以海空军联合作战，从北部湾海面登陆，入侵广西。中方对日军的战略意图虽有觉察，但由于对敌之登陆地点判断失误，加之兵力部署过于分散，导致一线阵地很快为敌突破，沿海重镇防城、钦州等地相继失陷。旋即，日军分兵三路直扑我国西南边陲重镇南宁。此前，由于湘北战局吃紧，第五军已调至湖南衡阳以北担任保卫衡山与衡阳的任务，眼下由于南线更为吃紧，为了保卫南宁，阻敌北犯，第五军奉命星驰桂南前线，向南宁东北地区集结。不料日军已抢先一步，于11月24日攻占了南宁。次日，第五军先头部队第二〇〇师六〇〇团与敌遭遇于南宁城郊，双方展开激战。战斗持续到12月3日，阻敌时间相当于日军从北部湾登陆长驱直入南宁的时日。第二〇〇师后因侧翼友军失利于高峰隘而陷入险境，被迫奉命转移。日军遂抢占南宁东北险隘昆仑关。鉴于敌军在桂南兵力分散，且立足未稳的情形，第三十八集团军总司令徐庭瑶与第五军军长杜聿明等人主动请命，要求反攻南宁，收复失地。

12月6日，重庆最高当局复电同意反攻南宁，以徐庭瑶为北路军总指挥，第五军为主力作战部队，迎击沿宾公路进犯之敌，重点进攻昆仑关。

昆仑关位于邕（南宁）宾（宾阳）公路的中途，近乎南宁至宾阳八十公里路程的中点。邕宾公路的两端地势平坦，唯靠昆仑关的地段，数十公里群峦叠峰连绵不绝，自古仅一条盘曲的羊肠小道可通，为沟通桂南桂北的交通孔道，谓之"昆仑古道"。昆仑关则是雄踞于昆仑古道上最高隘口，故冠名以"昆仑关"。如今，由古驿道改造而成的邕宾公路逶迤穿过，虽增添了现代交通之便，仍不失一夫当关、万夫莫开之险。

12月10日，杜聿明军长在迁江附近之谭蓬村召开由全军团以上部队长参加的军事会议做军事部署和战斗动员。由于敌机时常出没骚扰，会场设在一个山洞里，周围树木茂密，非常掩遮，容易防空。

会场里用横布挂着一张桂南五万分之一军用地图，图上用红蓝纸标志着敌我态势，整个会场的气氛十分严肃。各级官佐都预感到将要打上一场残酷的硬仗，心情既兴奋又紧张。那天的会议主要由杜聿明讲话，他详细介绍了日军的战略企图、敌我态势、敌人的兵力和作战特点，以及友军的位置和本军作战部署、任务、作战时间等。杜将军很有信心地一再鼓励大家说，这次战役关系到抗日战争的前途，第五军是抗日战争中新建的第一支机械化部队，全军将士必须勇猛作战，歼灭日寇，一定要打出国威、军威。最后，全体与会军官起立，庄严举手宣誓，务必胜利完成这次攻坚作战任务。会议一直开到黄昏，各部队散会后立即返回所在部队传达动员。

第五军自组建以来，已整训年余，部队兵强马壮，士气旺盛。作战命令下达后，全军将士摩拳擦掌，跃跃欲试，准备与日本鬼子一决雌雄。

12月12日，各师均按指定路线，利用夜行军秘密进入攻击准备位置，随后以突然动作，一举将号称"钢军"的日军第五师团的第十二旅团包围于昆仑关地区，抗战以来罕见的一场惨烈的血战，便在这里爆发了。

按照部署，荣誉一师与第二〇〇师担任正面主攻；军重炮团、战车团、装甲兵搜索团、工兵团则协同主攻部队作战；第二十二师由西迁回至敌后切断南宁与昆仑关的联系，与主攻部队形成前后夹攻之势。军指挥部则设在荣誉一师与第二〇〇师之间的一个公路边的山洞里。

12月18日凌晨1时，全面攻击开始。各师山炮营会同军重炮团集中火力，向盘踞在昆仑关各主要山头的守敌发起猛烈轰击。这是中国第一支机械化部队给远道而来的强盗的见面炮，也是给敌人的发威炮。一枚枚炮弹从积满了仇恨的炮膛呼啸而出，落在夜幕下的敌阵中，炸亮了火光，炸飞了尘土，炸腾了硝烟，炸开了铁血昆仑关之战那浓墨重彩的序幕。

日军从睡梦中醒来，仓促开炮还击。炮战约四十分钟后，日军的炮火反击渐渐稀疏下来。前哨部队立即在战车与轻重火力的掩护下，借朦胧夜色向敌人阵地运动。防守昆仑关的是有"钢军"之称的第五师团，只因前任师团长为名噪一时的板垣征四郎，故俗称板垣师团，又名广岛师团。该部自侵华以来，从长城的八达岭开始血腥的侵略史，参加过南口、平型关、忻口、太原、台儿庄、广州等战役，与荣誉师中的许多官兵都曾在战场上有过较量，荣誉一师不少官兵身上还带着对方留下的枪子或伤疤。眼前可谓是仇人相见，分外眼红。荣誉师事先组织的数支突击队，顿时如出膛炮弹一般纷纷出击，扑向昆仑关四周那密集的高地。

战斗开局颇为顺利。翌晨，荣誉师各团便占领了昆仑关外围的金龙山、仙女山、老毛岭、四四一、六〇〇等重要制高点，至午后，又相继攻占了罗塘、高田汗、石寨隘、同平、枯桃岭等要点。友军第二〇〇师方面的攻击也大有进展。在两面攻击下，日军一部被迫退守昆仑关核心阵地，一部则向九塘溃退。右翼迂回的第二十二师也按计划攻占了五塘、六塘，与增援之敌展开激战。第二〇〇师副师长彭璧生则率军补充一、二团从左侧越过昆仑关，与友军一道形成对敌的包围。此时，距全面攻击之始还不到一天。

第五军旗开得胜，荣誉一师首战告捷，身为副军长兼荣誉一师师长的郑洞国自然欢欣。午后，他与参谋长舒适存一道率几位参谋和卫士离开师部，亲往昆仑关以北的第二团阵地视察、督战。此时该团已接连夺取了日军几处高地，正在攻打昆仑关北侧的几个小山头。越过这几个小山头，便是昆仑关关口。汪波团长见郑洞国等人到了，简单汇报了一下战况，立即将团指挥所前移，在火线上指挥作战。郑洞国从望远镜中看到我军官兵个个赛过猛虎，一路猛打猛冲，奋勇异常。约14时许，又攻取了一两个小山头，日军防线发生动摇。郑洞国估计部队很快可以打进昆仑关，遂带着随行人员下山，跟在第二团后面向前移动。谁知刚行至山下一块小开阔地带，四五架日军水上飞机从东南方向低空飞来，很快便发现了郑洞国一行，立即发出一阵尖厉的啸叫，向地面俯冲扫射过来。郑洞国等人躲避不及，只得分散卧在附近水田的田埂边。敌机盘旋扫射了一阵子后，便呼啸而去。郑洞国等人纷纷爬起来，彼此一看，每个人除被溅了一身一脸的泥土，均毫发未损，遂扑哧而笑。舒适存哈哈大笑："难怪人家都说师长是位福将，果然刀枪不入呀！我们也跟着叨光了。"

说来也怪，郑洞国自东征以来，身经百战。既曾以连营官佐之位身先士卒冲锋在前，亦曾以师旅将领之威亲临火线督阵指挥，有几回还身着白衬衫、手提驳壳枪直接参与战斗，可除了那次在台儿庄外围被炮弹片击中胸前的银圆而有惊无险，从未挂过彩，有人称之为"福将"。舒氏之言，唯有愉悦之情，绝无讥讽之意。大家闻之也一并大笑，仿佛刚才的敌机扫射只不过是场游戏。

郑洞国很快从笑声中清醒过来。他知道敌机飞至，必有援军随后，必须加快攻势才行，遂领一行人急匆匆地向前奔去。

郑洞国的估计没错，空袭刚过，日军增援部队在战车、装甲车配合下由九塘向中方猛烈反攻。下命调兵增援的是日本第五师团师团长今村均中将，而指挥增援作战的则是日南宁以东地区警务司令、第十二旅团长中村正雄少将。由于第五军开局之战气势压人，骄横而不可一世的"钢军"这才清醒过来，立即组织反扑。自诩能独当五十万大军的日本"钢军"，却在中方第五军的打击下丢阵失地，节节败退，自然觉得对内对外都不好交代，不得不拿出看家本领来和第五军决一雌雄。

日本的"钢军"对中国的"王牌"军，第五师团对第五军，番号同为"五"，则就要看战场上谁能"武"高一筹了。战斗异常猛烈，双方都使用了飞机、大炮，都出动了战车、装甲车。由于昆仑关方圆数十里都是起伏的山峦，且多是险峰深涧，加之海拔四百米以下的地带林木茂密，而四百米以上峰峦，几乎全是石灰岩塑成的光山秃岭，重要高地多为战车所不及，最终的战斗还是人与人的拼搏。双方往往为了一个小山头，反反复复，攻守数易其位，都得付出惨重代价。当天，荣誉一师便伤亡百余人，损失战车三辆。入夜，罗塘及同兴北面高地又陷敌手。

为了便于更好的指挥，郑洞国将师部移至仙女山，指挥各团作战。当夜，郑洞国和师部人员夜宿营在仙女山。在山顶上，可以清楚地望见附近几处高地彻夜鏖战，敌我争夺极为激烈。天明时，不慎被敌发现，立即有排排炮弹呼啸而至。幸亏山顶上有巨石相合，成天然障碍，隐蔽其间，倒安然无恙。有几位送饭的伙夫，当时也在山顶观战看热闹，遭炮击时因无经验到处乱躲，其中一位急切间只把脑袋插到石缝里，整个身体却暴露在外边。炮击过后，他还不肯出来，犹在那里撅着屁股瑟瑟发抖，引得众人一阵阵大笑。这稍稍缓和了战场的紧张气氛。

19日，荣誉一师继续担任主攻，奉命重点攻击六五三高地。这高地位于昆仑关之东北两公里处，为昆仑关地区的最高点，可以瞰制整个昆仑关战场。其峰峭陡险峻，有二百多名日军据险死守。这些守敌盘踞时间虽不长，但在高地抢筑了无数地堡与工事，设置了各种轻重武器，编织起一张张火力网，并在堡垒外围安装了层层铁丝网与鹿砦，可见其"钢军"并非徒有其名。如此天险加上人工制险，势必给攻方造成更大的险阻。郑洞国决定让富有实战经验的第三团啃这块硬骨头。

从拂晓开始，第三团团长郑庭笈率部扑向六五三高地，发起一轮轮的冲锋。身着黄军服的一队队冲锋官兵义无反顾地涌向高地，有如黄河怒涛。纵然冲锋被据险而守的敌军一次次地击退，可后续冲锋队伍亦如拍巨浪一般自强不息地扑上去、扑上去……

就这样，冲锋与反冲锋反复数番后，第三团终于在上午10时许攻克六五三高地。日军并未善罢甘休，在飞机的掩护下不断对六五三高地发起反攻。激战直至天黑。当红日西沉时，高地上血肉模糊的尸身与横流的鲜血，简直让人疑心那是如血的残阳西沉之际被峰峦挂破了似的。

日军为了挽回败局，中村旅团长率援军分乘四十辆军车，强行突破第二十二师设在五塘的封锁线，驰援昆仑关。留驻南宁的中村师团长又命向龙州进犯的及川旅团抽出一个大队急速返回做后援。

敌首带队前来，且有后援紧跟，既为昆仑关的守敌注入了强心剂，也为中方攻关部队增加了压力，遂使战局处于胶着状态。

鉴于敌人正面的顽抗，以及敌人后方部队不断强行增援，杜军长决心增强第一线攻击兵力，命第二〇〇师接替两日来伤亡较大的荣誉师防守仙女山、六五三高地、老毛岭、枯桃岭等阵地，并担任正面攻击，荣誉师则负责向昆仑关之敌两翼迂回包围，以求迅速击破日军。

12月20日，昆仑关战役进入了第三天，荣誉师亦由主攻变为助攻。可在郑洞国心目中，毫无主攻助攻之分。为了配合第二〇〇师作战，他命第一、二团由老毛岭、四四一高地，第三团由石塞隘、同平去夹击八、九塘及其北方公路两侧的敌人，给昆仑关外围之敌以沉重打击，有力地支援了正面进攻。自清晨开始进攻的第二〇〇师在战车与重炮的掩护下，猛攻昆仑关，7时许，战车曾一度突入昆仑关，步兵也从东、西、北三面逼近关口，但由于守敌负隅顽抗，援军又在空军配合下疯狂反扑，致使攻入关口的小部队官兵立足未稳，不得不退出关口。此后，第二〇〇师连日强攻，均未奏效。

昆仑关久攻不下，而敌之援军源源不断，如不能改变局面，第五军不仅有前功尽弃之忧，还有可能腹背受敌而陷入敌之反包围中。严峻的形势使得杜聿明与郑洞国两位正副军长心急如焚。22日夜，两人聚首于军指挥部详细分析研究战况军情，彻夜未眠。"知己知彼，百战不殆。"两人均感到自己的军队虽训练有素，作战勇猛，但也在实战中暴露了步炮及战车配合不谐、山地作战威力发挥不够、火力分散等弱点。加上开战以来，正面部队攻击面过宽，兵力不易集中，形不成重拳出击、置敌于死地的威力。而敌手不仅训练有素，惯于山地作战，而且还在短时期里修筑了牢固的防御工事，形成火力互补互应的庞大的防御系统。中方对此事先估计不足，未能拔除敌军在昆仑关两侧各高地上的坚固据点，而径直攻击关口，虽攻入了关口，却将自己置于四周敌人交叉火网下难以固守。这在战术上也是失策。如果不改变战术，继续打下去，则欲速不达，只会造成更大的伤亡。两人达成共识后，连夜与各师师长磋商，立即调整部署，改变原来作战方案，采取要塞攻击法，集中优势兵力夺取昆仑关周围的几个重要高地，重点攻击昆仑关西北的罗塘高地，最后再向昆仑关发起总攻。

考虑到荣誉师官兵有丰富的作战经验，在近几日的战斗中表现突出，杜军长把攻打罗塘高地的艰巨任务交给了郑洞国，同时命他抽出第三团，利用夜行军从右翼高地袭击九塘日军阵地，对昆仑关之敌做战术包围。第二〇〇师各团则由正面佯攻，牵制敌人兵力。

罗塘高地是昆仑关西北的天然屏障，也是日军的一个重要支撑点。日军在阵地上构筑了坚固的堡垒工事，并在前沿设置了三道铁丝网，其第二十一联队的一个加强中队约二百余人，配备轻重机枪十余挺、迫击炮数门，防守在这里。此外，罗塘守敌还得到附近同兴小高地、槁头以东高地日军的火力支援。

郑洞国深知夺取罗塘高地是攻克昆仑关之关键，故全力以赴，命自己的老部下吴啸亚率第一团首先投入战斗。为了躲避敌机的轰炸，减少伤亡，郑洞国决定傍晚开始攻击。然而有一利必有一弊，夜战虽可避开敌机的骚扰，可也给由下向上仰攻带来诸多不便，对地形地貌无法观察利用，亦让蹲在地堡中以静制动的日军占了不少便宜。一团整整攻打了大半夜，也未取得什么进展。杜军长很焦急，不时在电话中催问战果，最高统帅部也直接向郑洞国了解战况。郑洞国愈发感到肩上的压力，暗自下决心拼死拼活也要拿下罗塘高地。次日中午，他让第二团接替而上，担任主攻，并将自己的指挥部又迁回距罗塘最近的仙女山，他与参谋长舒适存研究攻占罗塘的详细方案，亲自部署对罗塘之敌做最后的总攻。

这时，经过连日苦战，第二团损失很大，兵力仅余不足两营，但官兵们都打红了眼，士气极为高昂。郑洞国命汪波团长挑选一营官兵组成突击队，于午后3时许隐蔽进入攻击准备位置，另配属德造十五生重榴弹炮一连、迫击炮一营、重机关枪两连做强大火力支援。

临近黄昏，折腾了一天的敌机终于退去，郑洞国立即命炮兵集中猛轰罗塘高地，摧毁日军工事。一小时后，令炮兵延伸射击，并以少量步兵佯攻，将敌人诱入阵地，再以强大炮火猛袭。这阵炮火打得又准又狠，轰得日军在阵地上狼奔豕突，死伤近半。一刻钟后，我军炮火再度延伸射击，匍匐在山下的突击营官兵一跃而起，以排为单位依次配置，前仆后继，飓风般地突入敌阵。在攻击中，我军排长喻国强中弹负伤，卧在血泊中坚持指挥战斗，后见另一名排长陆谨卿率队前来增援，勇气益增，夺持大刀一柄，振臂大呼："弟兄们，杀呀！"与陆排长并肩率先冲锋，奋力劈开敌阵地前沿的铁丝网，后继官兵一拥而上，突入敌阵，与敌展开激烈肉搏。

在炮火的有力支援下，突击队的勇猛得到了庇护与发挥。冲锋在前者用大刀劈开了敌阵前沿的铁丝网，为后续扫清了障碍。突击队终于杀出一条血路，冲上了罗塘高地的顶峰。一场殊死搏杀随即在顶端展开……

至晚7时，扼守在这一高地的日军除两人负伤被俘，其余全被击毙，我军战旗终于再度插上罗塘高地。但此时我第二团突击营，也仅剩十名看到了自己的胜利。毋庸置疑，全歼守敌的战果，是用惨重的血的代价换来的。

攻克罗塘高地，大大振奋了全军的战斗士气，杜聿明格外高兴，下令嘉奖第二团全体官兵，并赏法币五千元。

蒋介石也亲由重庆来电褒勉："桂林郑师长洞国：敬亥参二电悉。昆仑关之得失，影响于南宁作战者极巨。该师激战七昼夜，卒克要点，具见该师长指导有方，将士用命，深用嘉奖。仍希本一贯之精神，以歼顽敌，完成任务为盼。"

这是郑洞国第一次受到最高统帅的嘉奖，他立即将嘉奖电及嘉奖令晓示各团，鼓励全师官兵再接再厉，英勇奋战，直至全歼昆仑关之敌。

12月24日对于荣誉师来说，可谓双喜临门，除了第二团取得攻克罗塘高地的大捷，第三团还在这天击中了带兵前来增援的旅团长

125

中村少将。只是当时并不知情，故未上报战功。中村的死讯传到南宁，传到广州，传到东京，上至日本大本营，下至日军昆仑关前线部队，无不感到震惊。东京大本营派参谋次长泽田茂中将一行飞抵广州日军第二十一军军部，为如何"反击第五师团当面之敌"商讨对策。随即，日方又派出由参谋本部作战主任、中国派遣军参谋副长、第二十一军参谋副长等人参加的庞大的幕僚队伍赶赴南宁，转达第二十一军司令长官要第五师团后退的意图，劝说今村师团长从现有的战线后退三十至四十公里，采取防御态势。也就是说，日军上层在中国第五军的沉重打击下已经动摇了斗志。

12月25日，中方继续向界首附近及六五三高地西南侧等日军据点发动猛攻，战斗极为激烈。盘踞昆仑关的日军处于四面包围之中，弹尽粮绝，仅招架之功，无还手之力，其弹药给养尤为困难。虽有敌机前来空投物资，却又多为中方炮火拦截。饥不择食的日军只得生吞附近田间的稻谷，最后甚至吃树叶草根。腹中空空且斗志渐丧的守敌陷入绝境，伤亡加剧。常以"钢军"自傲的敌手终于无"钢"可言了。在缴获的日军作战日记中有这样沮丧的话语："数日以来，当面之敌对我猛烈攻击，其战斗力为对华作战以来从未遭遇者，因此伤亡极重，实足寒心。"

与敌相比，中国军队虽也伤亡甚巨，但却斗志愈坚，越战越勇。昆仑关附近的村民自发地组织起来，冒着炮火送上酒肉粮食等犒劳三军，后方各界民众也纷纷组团前来慰劳将士，更使第五军的官兵们增添了无穷的斗志与力量。

正当第五军步步紧逼、即克雄关之际，敌人却援兵大增，敌首驱赶从其他战场抽调来的日军台湾守备队第二联队疾驰昆仑关，迂回攻击第五左翼第九十九军九十二师防守的高山岭、橘子岭一线阵地。第九十二师在二十二师一个团的配合下，虽极力将为敌所破的防线巩固下来，可仍有两千余日军突破防线，直插昆仑关下，给第五军之攻关部队造成极大的威胁。昆仑关的残敌得到这支生力军的增援，燃起了最后的疯狂，拼命反扑。12月27日，千余名援敌在

126

飞机与地面炮火的支援下，向四四一高地猛烈反攻。守军进行了与阵地共存亡的殊死战斗后，终又失去了昆仑关西南的这一制高点。与此同时，另有一联队日军用强大的攻势突破了新二十二师与友军的联合阻击，由六塘、七塘间楔入，致使胜利在望的昆仑关之战再次陷入僵局。

由于战局突变，第五军只得以变应变，进一步收缩兵力，加强正面攻击力量，与敌在昆仑关附近的各个据点决一死战。于是夺回四四一高地的重任又一次落在荣誉师肩上。

正当郑洞国亲自指挥攻打四四一高地之敌时，忽然接到杜聿明打来的电话。杜聿明用焦虑不安的语调告诉老朋友，说第二〇〇师对界首高地的攻坚战连连受挫，损失惨重，已无力再施攻击，问他有什么办法没有。郑洞国捏着话筒，仿佛看见对方满脸的焦灼。他知道界首是昆仑关东北的险要高地，欲下昆仑关，必夺界首地，若不夺取它，就无法夺取昆仑关并在那里站稳脚跟。故界首高地之争自然牵系着一军之长的心。杜聿明跟他可以说是无话不谈的老朋友，此刻却也闪烁其词，分明有难言之隐。郑洞国也明白，第二〇〇师是杜聿明一手拉扯大的队伍，而荣誉师则是编入其麾下时仅一年的新部队，客观上有远近疏亲之分。如果此刻他让荣誉师接替第二〇〇师去打界首，又怕老朋友疑心其牺牲异己，故只将欲语之言说出一半来。郑洞国沉吟了一下，觉得荣誉师老兵居多，打攻坚战较他人更有经验与把握，虽说部队连日激战，伤亡甚重，且眼下正在四四一高地与敌做殊死较量，但相对而言，界首高地之得失更为重要，自己应该掂量个轻重，主动接替第二〇〇师承担攻打界首的重任。这绝非是为朋友两肋插刀的江湖义气，而是为了祖国与民族利益，自己应与军长肝胆相照、荣辱与共。于是，他向杜聿明表示，本师第三团郑庭笈部尚有相当力量，可调过去攻打界首高地。杜聿明听罢大喜过望，连声称好，遂下令第三团即刻调归第二〇〇师师长戴安澜指挥，马上投入攻坚准备。

郑洞国放下话筒，但未放下心来，特命郑庭笈赶到师部，向他当面交代任务，并提示一些山地作战要领。末了又加重语气，格外严肃地说："郑团长，能否拿下界首高地，事关战役全局。军长命令你部要不惜一切代价攻克它，倘作战不力，定将以军法论处！"

好个郑庭笈，眉头皱也不皱一下，回答亦掷地有声："请师长绝对放心，我一定拿下这个高地。若攻不下来，不用军长杀我的头，我自己杀头。"说完庄重地向郑洞国敬了个军礼，转身大步奔回自己的部队。在带领官兵与敌激战十余个小时后，终以全团九个步兵连伤亡七个连长的代价，攻坚拿下界首高地。

界首一失，昆仑关守敌顿失屏障。军部遂命新二十二师超越第二〇〇师阵地，乘胜围攻昆仑关。一场血战在 1939 年的最后时光中展开了。铁血昆仑关终于被中国军队收复了！此时，离 1940 年新年的钟声敲响还有十多个小时。

日军虽失去了昆仑关，可他们并未溃退。尽管四四一高地的主峰已为第一团占领，附近其他山峰也几易其手，但日军依然在四四一高地与荣誉师第一团展开拉锯战。敌人的意图非常明显，意欲控制昆仑关西南这一靠近南宁方向的重要据点，等待援军的到来，以做反攻昆仑关的最后挣扎。1940 年 1 月 1 日，日军不惜孤注一掷，纠集上千残兵，在飞机的掩护下，由石桥、上林、那林三面围攻四四一主峰。

第一团自 12 月 29 日开始，已与敌连续战斗了三日三夜，伤亡殆尽，不得不退至高地北侧一隅死守待援。这时，第三团刚刚打完界首高地攻坚战，尚未喘过气来，且未归队，郑洞国只得将手中唯一掌握的机动部队第二团派上阵。其实，经过连日恶战，该团也仅有三百余人了，被临时编为三个连。第二团团长汪波就率领这三百残部，夜间投入增援反攻的战斗，苦战通宵，接替第一团坚守在高地北侧，与敌对峙成胶着状态。

新年的第三天，狗急跳墙的日军竟使出了残暴的新招，向坚守于高地北侧的百余名二团官兵施放毒气，然后陆空夹攻。根本无防毒工具也无防毒经验的守军只能任其毒雾缠身、毒气攻心，伤亡一时骤增，阵地危在旦夕，惯于打硬仗的汪波团长也沉不住气了，频频告急，最后竟在电话中向老上司郑洞国哀求开来："师长，我实在顶不住了，弟兄们快拼光了，您就让我先撤下去吧！"

听筒里凄苦的哀求，让一旁的参谋长舒适存听见了。他深知郑洞国常怀恻隐心，怕其在这生死存亡关头软下心来，感情用事地做出错误决定，遂急道："师长，汪团不能撤。我们必须与敌打到底！"

汪波是郑洞国从第二师带过来的老部下，对他知之犹深，知道其不是贪生怕死之人，非到万不得已时，这条铮铮铁汉是不会哀求的。可是，如果四四一高地一旦失守，不独使荣誉师数日来之血战功败垂成，也有可能使整个昆仑关之战功亏一篑。于是，他只得一反常态，狠下心来，斩钉截铁地冲着话筒说："汪团长，现在敌我已决战至最后关头，坚持到底就是胜利，你一定要死守顶住敌人，等待增援，没有命令不准放弃阵地！"他见对方没有坚定地应声，就又厉声补了一句："就是剩下一兵一卒，你也要给我顶住，丢了阵地，我砍你的头！"

当郑洞国放下电话筒，正拟组织增援时，舒适存已将师部特务连、传令兵、伙夫以及部分主动请缨的轻伤者组成一支近两百人的突击队。郑洞国心头一喜，命令突击队立即出发，跑步增援四四一高地。

突击队在暮色掩护下绕至敌阵侧背，突然出击，一时枪声大作，杀声震天。久攻不下的日军本已精疲力竭，成了强弩之末，眼见对方援军突现，顿时手忙脚乱、胆战心寒，很快便溃不成军地仓皇败退。四四一高地终于转危为安，牢牢地控制在荣誉师手中。

四四一高地争夺战，持续时间长，往复拉锯最激烈，其惨烈之状不言而喻。战斗结束不久，郑洞国偕参谋长舒适存踏着尚未消尽的硝烟，亲往该高地视察。双目所及，但见主峰及附近各山头上弹坑累累。子弹壳、炮弹壳、手榴弹、木柄、破损的枪械比比皆是，草地树木悉被焚烧，无一块完好之地，双方许多阵亡官兵的尸体散卧其间。高地北侧，是我军最后据守的阵地，也是战斗最为激烈的地方，双方阵亡官兵交错卧在血泊中，几乎无法插足，沿着高地北侧前行，仅几十米距离内我军阵亡将士的遗体就有近百具。有不少烈士虽早已停止了呼吸，但仍怒目圆睁，身躯保持着向敌冲杀、投弹的姿态。此情此景让郑洞国这个久经战场的军人也不禁落下热泪。

荣誉师攻占四四一高地后，因伤亡奇重，奉命转移至思陇以南地区休整。第二〇〇师接替荣誉师的阵地，偕二十二师乘胜追击，与南宁增援之敌激战于九塘，终于将敌击退。至此，历时二十余日的昆仑关之战方尘埃落定。昆仑关血战，打得艰难无比，但在此战中，将领之间肝胆相照，官兵之间齐力奋战，置个人生死于度外，让人感动唏嘘。

昆仑关之战是中日两国精锐部队的一场恶战，整个战役日军损失空前巨大。据日本战后公布的材料表明，号称"钢军"的日军第五师团第二十一旅团被中国军队基本消灭，旅团长中村正雄少将、第四十二联队队长板田元一大佐、第二十一联队队长三木叶之助大佐、副联队长生田藤一大佐和第一、第二、第三大队的长官均在作战中被击毙，该旅团班长以上军官死亡达百分之八十五以上。士兵死亡四千余人，伤五千余人。被杜聿明的第五军俘虏了一百余人，缴获的战利品有战马七十九匹、山炮十门、战防炮十门、轻机枪一百零二挺、重机枪八十挺、步枪两千余支，还有子弹、手榴弹和各种炮弹等其他装备物资。中国军队还消灭了台湾旅团第一、第二联队大部及其他日军部队兵佐。

战争是残酷无情的，历史也是残酷无情的。第五军在攻克昆仑关之后，由于伤亡过大，无力承担收复南宁任务，只得撤下补整，就在第五军将阵地移交他师不久，昆仑关又重陷敌手。

唯一的一次军纪处分

昆仑关大捷给第五军带来了无上的荣誉和威望。郑洞国与杜聿明、戴安澜、邱清泉等人一道得到授勋嘉奖。不久军队进行整编，郑洞国受命，以荣誉师为基础，配备第五师、第三十三师组成新编第十一军，出任军长，并晋升为中将。该军成立不久，郑洞国即奉命开赴湖南衡阳，在那里一面补充新兵，一面加紧训练，以便早日开赴前线。不料未及两个月，因枣宜会战吃紧，日军主力正向鄂西战略重镇宜昌迫近，部队奉命紧急开赴鄂西增援。

枣宜会战发生在 1940 年 5 月初，日军分三路进犯枣阳、襄阳、宜昌等地。作战企图是：首先在随县、襄阳一线以北地区围歼我第五战区主力，再转而将汉水右岸的我军压缩至宜昌一带歼灭之。

各路日军先后发起猛烈进攻，遭到第五战区各部队的奋勇抵抗。双方激战数日后，中国军队主力不计城池得失，冲出日军包围圈，大胆转入外线作战。至 5 月 10 日，各路日军虽然会师于唐白河畔，但围歼第五战区主力的计划却成为泡影，反被转入外线的我军主力包围于襄东平原。在我军的围击堵截下，日军被迫败退，我军一度收复枣阳。为了截击渡襄河向东南败逃之敌，第三十三集团军总司令张自忠将军亲率直属特务营和所部第七十四师两团兵力，在襄河东岸南瓜店附近与数倍于己的日军展开血战，壮烈殉国，成为中国抗战史上唯一一位阵亡的实衔将军。张自忠上将的悲壮之死，震撼了一切有良知的国人与军人的心灵，就连日本侵略者，也不得不为其撼天动地的忠勇与气节所折服。当日军从血肉模糊的死人堆中发现张自忠将军的尸体后，不由得对这位生为人杰死为鬼雄的昔之敌手肃然起敬，将其遗体用上等的棺木收殓，并在棺材的背面恭书"支那军张自忠之灵"的字样。张自忠将军的牺牲更让军民们同仇敌忾，不顾装备简陋，与武器精良的侵略者展开殊死抗争。日军在占领枣阳后，和中方军队相持于唐白河一带，无法取得新的进展，只得放弃北线围歼第五战区主力部队的作战计划，集中两个师团的兵力南下，强渡汉水，南下图谋宜昌。

郑洞国正是在此时奉命带领新组建的第十一军，由衡阳驰援宜昌。

6月初，郑洞国率军部和荣誉师赶到长江南的小城宜都，稍后，所辖第五师刘米廷也抵达宜都东面的枝江待命。郑洞国到达宜都后，因军情紧张，顾不得休息，立即渡江赶往设在宜昌城西郊三游洞的陈诚司令部请战。陈诚系奉蒋介石之令由重庆赶来指挥宜昌之战的，稍后即卸下其身兼的军委会政治部部长、三青团中央书记长等职，改任重新成立的第六战区司令长官兼湖北省政府主席之职。这位身材矮小的大人物是蒋介石跟前的红人，有"小委员长"之称，不仅与蒋是浙江同乡，其夫人谭祥还是蒋夫人宋美龄的干女儿。其人个头不大，野心与能量均不小，炙手可热，手眼通天，可谓是"人小鬼大"。

受命之后，郑洞国连夜赶回宜都部署部队沿江布防。这时，第五师也奉命开至宜都。该师系贵州军队，相对荣誉师而言，自然是非嫡系之杂牌军，另有三十三师，因为当时尚驻防于鄂西，一时难归建制，郑洞国实际指挥的部队亦仅两师。从戎以来一直任职于嫡系中央军的郑洞国，一反国民党军队中置非嫡系部队于前锋的习惯做法，反将杂牌军第五师安置于第二线作为预备队。

次日深夜，陈诚长官司令部来电，谓江北战局危急，命郑洞国率荣誉师立即渡江赶往当阳以西之玉泉山增援，留第五师负责江防。

郑洞国闻风而动，率军部与荣誉师北渡长江。然而事实就是这样怪异：当他刚刚率部到达彼岸，陈诚长官一令飞传，莫名其妙地要他率军部撤回江南，荣誉师改归第二十六军军长肖之楚指挥，"速向石子岭集结待命"。接到这封电报，郑洞国一头雾水。他不明白陈诚为何此时此刻下此命令？为何要他半途而返？为何要他交出荣誉师？尽管疑惑令他头大如斗，可还是以服从命令为天职，无声地交出了自己对荣誉师的指挥权，怀着对荣誉师的种种牵挂怅然而返。回舟之途，听激浪拍打着船舷，直觉得江涛在拍打着自己的心扉。

而留在江北的荣誉师，尚未与友军联络上，便与大批日军遭遇。荣誉师孤军与日军奋战一日，方奉命趁黑夜掩护向鸦雀岭转移，改归第二军军长李延年将军指挥，岂料该师于次日晨到达鸦雀岭时，友军已走得不知去向，日军又跟踪而至，只得再向宜昌以东的土门垭转移。

土门垭位于汉宜公路要冲，是宜昌的门户，军事地位十分重要。荣誉师在土门垭立足未稳，日军多架飞机低空俯冲而来，稍后又有大批日军以密集队形逼至。荣誉师孤军作战，势单力薄，加之经过四昼夜的急行军，官兵们疲惫不堪，与敌血战整日，终于难以支撑下去。可是，陈诚指定的新上司李延年根本不知在何方，无可奈何，舒适存只得向远在江南的郑洞国发报告急。入夜后不久，周参谋从江防司令部返回，带来陈诚的电令记录，大意即令荣誉师相机向宜昌西北山地转移，准备尔后之攻势。这份语焉不详的电令，也发给了第十一军军部。

郑洞国皱着眉头将短短的电令看了又看，感到其中有几个词义模糊，让人无从把握，颇为犹豫一番。可这时，荣誉师连连发电向他告急，他担心再延误时间，会让荣誉师全军覆灭，便顾不得向陈诚请示，即将其命令转发给荣誉师。师长舒适存先后接到同样内容的陈诚指令，遂相机而行，于当夜向宜昌西北方向的石碑滩山地撤退。

6月14日，鄂西战略重镇宜昌失守。我军稍后虽发动反攻，一度夺回该城，但很快又陷入敌手。我军只好放弃收复宜昌的打算，重新调整部署，稳固现有防线。日军也因兵员和物资消耗过大而无力再兴攻势，停止作战行动，历时两月的枣宜会战遂告结束。

宜昌之失，从根本上说是战略失误造成的。本来长江两岸集结有大量兵力，却始终未能形成一支具有较强机动性的打击力量，反被分散用来防守周围众多据点。由于分散兵力固守宜昌诸点，使部队始终处在内线作战的不利地位，无法形成拳头，机动灵活地打击敌人，处处显得被动，穷于招架，最后被日军各个击破。

宜昌距重庆陪都只四百余公里，为川江门户。宜昌失守，中外震惊，舆论哗然。负责宜昌之战的中方指挥陈诚因前有南昌、武昌之失，加上这次宜昌失守，被人讽刺为"三昌"将军。重庆最高当局追究失守之责，自江防司令郭忏以下的军、师将领二十余人皆受查处。郑洞国因荣誉师弃守土门垭，受到记过处分。这是郑氏二十余年戎马生涯中第一次也是唯一一次受到的军纪处分。荣誉师师长舒适存因是直接责任者，不仅被撤了职，还被重庆军事法庭判了五年徒刑。

军人吃了败仗，本是耻辱，何况让军事法庭判了刑，更是奇耻大辱。不过舒氏被判五年，委实有点儿冤。不少知情者对此事感到不平，荣誉师是按战区长官部命令行动的，如有错误，主要应由战区司令长官承担，怎能向下推卸责任？岂料堂堂陈长官竟不承认向该师下达过相机撤退的命令。后来找到电命原件，证实确有模糊之处，陈氏又一口咬定，是译电员译得不准确，并非其原意。

其实，郑洞国自己也是冤枉，明明两次被剥夺了对荣誉师的指挥权，却又要他担负该师弃守土门垭的责任。至于陈诚为何两次临阵改变荣誉师的战斗编制，可谓是小小的历史之谜。陈诚此举如果不是欲借战争之机以实现自己图谋荣誉师之夙愿的话，从军事的角度上看，则纯属是瞎指挥了。郑洞国对此未曾有过只言片语，陈诚也未曾露过有关心机，便只能存疑于此。

郑洞国对荣誉师弃守之责不应任其咎，可他没有为自己申辩。不过，他不能不为舒适存鸣其不平而奔走，一则因为舒是其老部下，他不忍其蒙冤而身陷图圄；二则大敌当前，舒氏亦是个难得的军事人才，不应让他于铁窗之下虚掷时光。于是，郑洞国悄然前往重庆，求助于昔日的老长官、时任重庆警备司令的刘峙。在国民党诸多将领中，刘峙是遭蒋介石辱骂而屡为其重用的人。抗战之初的保定之战，由于他闻炮而跑，失地千里，世人讥为"长跑将军"，蒋介石亦骂他"饭桶""老朽""不堪重用"。可这位被蒋斥之为"饭桶"的人，居然还被委以重庆警备司令的重任，亦可见其与蒋的关系之"铁"。郑洞国从未因自己仕途升迁之事奔走过，如今为了洗刷部属之冤却不惜屈尊于豪门，其情殷殷、其心拳拳，自然感动了刘峙。经过疏通，舒适存只在重庆土桥监狱蹲了三天就出来了，改调服军役，回到此时番号已改为第八军的旧部，被郑洞国委任为军部高参。

宜都失守风波算是平息，从中不难看出国民党将领间的钩心斗角。但郑洞国并没有言语抱怨，而是将一腔苦水咽在肚子里，置荣辱沉浮于不顾，一如既往地认认真真带兵训练，时时准备打仗。

时值 1940 年秋，第六战区正式组建，其所属各部在宜昌以西、以北地区以及长江南岸一带与盘踞在宜昌地区的日军相持对阵。此时新十一军的番号已改为第八军，奉命防守于宜昌以西、宜都以北沿长江南岸一线，处于对敌的前锋警戒与反击位置。原属该军的第三十三师改归他部，第一〇三师补编进来。这是支黔军劲旅，颇能作战。师长为何应钦之侄何绍周。当时，日军虽占领宜昌，但第五战区在江陵、当阳、钟祥、信阳以北之线，第六战区在宜昌以西与长江南岸一线，两大战区仍形成南北夹攻之势。重庆最高当局与第六战区估计日方欲摆脱两面受敌的威胁，短期内还可能发动大规模的攻势，因此命令各军加紧整顿，巩固阵地，以守势准备迎击进犯之敌。

遵循上峰指示以及前战失利的教训，郑洞国与参谋长潘平国、高参舒适存等悉力筹划，督促各师夜以继日地赶筑工事，仅用不到两月时间就建立起一套完整的防御体系，其中以沿江工事最为坚固。考虑到实战需要，还在各段阵地加设了一些侧射、反射火力点，并加强纵深防御，使防务日臻完善。

不久，日军分多路大举渡江进犯，第八军防线则首当其冲。由于该军同仇敌忾，严阵以待，尽管日军攻势凶猛，却难以突破防线，激战数日，却毫无进展。相反，郑洞国率第八军不仅守住了阵地，未失寸土，反而几乎每夜都派出短小精悍的突击队渡过江去，袭扰敌人后方，破坏其通信设施与补给线，使其首尾难顾。十余日后，日军因伤亡过大，后援不继，被迫退守江北。此后有相当一个时期，敌我除互相派出小部队袭扰外，基本上保持对峙状态，未再发生大规模战斗。

在这难得的战时小"和平"时期，郑洞国转而着手整顿部队。

首先，抓紧对各级干部的培训工作。军部由舒适存主持，举办了多期干部训练班，每期半月，轮流调训排长至师级军官，训练班除了进行抗日宣传和爱国教育，还从实战出发，进行各种必要的军事培训，并规定学员结业三个月后，以所授课目为主，举行全军校阅。

同时还不忘发扬第五军狠抓军训的好传统，抓紧带兵练兵，让"平时多流汗、战时少流血"的作风在这支新兵、杂牌军居多的部队中蔚然成风。

郑洞国带兵从来重视军队纪律。由于荣誉师从湖南邵阳、湘乡、宁乡等地补充了不少新兵，这些人大都受旧的军队习气影响，沾染上了"当兵吃粮，白吃白拿理所应当"的习气，敲诈勒索之事时有发生。其他两个师也因是杂牌军，多年受人歧视而破罐子破摔，军纪涣散。郑洞国便双管齐下，一手抓军事训练，一手抓军纪整肃。当时驻地为偏僻山区，从来没有驻扎过这么多部队。许多山里人见了兵就害怕，年轻妇女见了军人畏之如虎，纷纷躲避。

郑洞国根据当时的民心、民情有针对性地制定几条纪律，诸如，任何官兵不得擅进老百姓家，不得损坏庄稼，不得向老乡索要物品，买东西必须付钱等。纪律颁布不久，一个姓尤的班长公然以身试法，偷走了驻地老百姓的一头毛驴。事发后，郑洞国勃然大怒，要将他枪毙示众。当时有人求情，说正值用兵之际，一个兵头儿的命要比头毛驴值钱得多，郑洞国也有点儿于心不忍，可乱世用重典，不从严从重不行呀！于是他狠下心来，还是立即将其枪毙。事情传出后，全军骇然，无人再敢违犯纪律。

过了段时间，老百姓看见部队纪律不坏，官兵待人和气，从不扰民，渐渐消除了恐惧心理，那些躲藏出去的人们也陆续回来了。由于有严格的纪律约束，再加上经常对部队进行爱民教育，广大官兵渐渐养成了遵守纪律、爱护百姓的良好习惯和风尚，军民关系也亲密起来。一次，荣誉师第三团的一个连队清晨出操，一位士兵不慎踩倒两棵苞谷苗，该连连长立刻集合全连训话，并要体罚那名违纪士兵，后来还是那块田的田主赶来求情，才算了事。

郑洞国严明军纪，既是爱军，也是爱民。他出身于普通农家，始终对农民有深厚的感情。1941年鄂西大旱，驻地不少农家缺口断粮。为了与民分忧，郑洞国号召自己的部队节衣缩食，每日早晚吃稀，中午吃干，硬是从口中省下粮食，送到驻地四周乡、保，分发给饥民。军爱民，民拥军，民众亦把郑洞国的部队当自己的亲人。一次，郑洞国去荣誉师视察，在师部附近发现位老汉提着满满篮子蔬菜，与一个伙夫模样的士兵争执不休，以为是士兵买了菜不肯付钱，不由大怒，立刻将那名士兵唤来责问。一问才知道原来是这位姓杨的炊事班长去买菜，但老乡执意不肯收钱，所以才引起"争执"，于是，郑洞国亲自向那位老汉解释部队的纪律，劝他将钱收下了。这些事情一传十，十传百，当地百姓都称赞第八军的纪律好，部队也以爱护百姓为荣誉。所以第八军在鄂西驻防两年有余，与驻地老乡相处甚为融洽，一时在鄂西一带传为美谈。

1941年9月，日军调集四个师团的兵力第二次进犯长沙。为了配合第九战区保卫长沙，第六战区决定围攻宜昌，第八军则奉命进攻沙市，以切断敌之后方交通线。郑洞国命荣誉师悄然渡江，突袭江北重镇沙市，迫使敌军一时恐慌，龟缩城区。郑洞国则亲率第一〇三师迅速渡江，一举攻占后港，并趁机切断汉宜公路，同时又出兵截击敌人水上交通。三路出击，路路报捷，不仅消灭了大量敌之有生力量，还使其后方交通线中断数日，有力地支援了战区主力围攻宜昌的战斗。由于占领宜昌是裕仁天皇下达作战指令，当时防守于宜昌的敌十三师团长内山英太郎慑于天皇的淫威，已做出了焚旗自杀的准备。可惜由于第九战区作战失利，使日军迅速撤出长沙，向后方回援，致第六战区反攻宜昌的计划功败垂成。

第六战区此次反攻宜昌，虽未达到预期目标，却重创了日军，并给敌人很大震动。战后总结，陈诚将军对第八军的战绩和表现十分赞赏，特予嘉奖，并撤销原来对郑洞国的军纪处分。

在以后长达一年的岁月里，郑洞国率第八军这支新的抗日劲旅防守荆江西段的长江南岸，使敌军未能越雷池一步。

1943 年初，根据战区长官部指示，第八军改归第二十集团军建制。不久旧历春节到了，郑洞国趁有空闲在家乡石门县城与家人小聚。才住了一日，忽然接到战区长官部陈诚转来的一封蒋介石侍从室的急电，命他即日返渝，等候蒋委员长召见。新的使命在召唤着郑洞国，他辞别父老乡亲又踏上征程……

第七章　远征印缅

蒋介石紧急召见郑洞国，委以中国驻印军新一军军长的重任。他临危受命，飞赴印度。郑洞国在缅北战场上，一边协调与美国军官的外交关系，一边运筹帷幄指挥战斗，最终赢得了缅北战役的胜利，为抗战的胜利做出了巨大的贡献。

受命赴印

1943 年 3 月中旬的一天，绵绵的小雨飘洒在浩瀚的长江江面，宛如银练的长江上，过往的船只并不多。一艘小火轮逆江而上，在阴霾的江面上时隐时现。郑洞国和太太陈碧莲正在这艘小火轮上。此时的郑洞国无心欣赏三峡旖旎的风光，委员长的召返命令弄得他忐忑不安。按照惯例，最高统帅部下达指示或任务，均由战区长官部代转，而这次急电令他返渝面聆蒋委员长的垂示。接二连三的催促使他心中不由有些紧张，猜不透这其中有何缘由，亦不知将有什么命运等待着自己。

小火轮在江中整整行驶了两三日方到重庆。上岸时，沉沉的暮色已笼上了山城。由于第二天就要到蒋委员长侍从室报到，郑洞国早早地就在一家旅馆休息了。第二天上午，径往蒋委员长侍从室报到。一天后即接到通知，说委员长将于当晚接见他。

那天傍晚，郑洞国准时来到蒋介石所在军委会的办公处。从走进大门的一刹那起,郑洞国就不由自主地感到紧张,对即将到来的会面忐忑不已。这时,一位副官将他引至一间小客厅内,等待委员长的到来。副官随即带上房门,轻手轻脚地走了出去。

少顷,客厅的门轻轻地打开了,蒋介石身着便服走了进来。此时距郑洞国上次见到蒋介石,业已四年半了。郑洞国打量着这位最高军事统帅,他看出在风云变幻的战争中,委员长明显老了。

在简单地介绍了自己接到电令的大致经过后,一位副官将他们引至隔壁的餐厅用餐。席间,蒋介石不停地询问鄂西前线的有关情况,对沿江日军的动态尤为关注。郑洞国忙将自己的工作情况一一做了详细的汇报,此时的他仍不知蒋介石此次召见自己的真实用意,面对平时待人严肃刻板的蒋介石,他不免感到拘谨。

蒋介石却显得兴致很高,似乎看出了郑洞国的拘谨,笑着对他说:"战国时赵国大将廉颇一餐可食斗酒肉十斤。郑军长惯于治军征战,应该能够吃饭哦!"将他比作廉颇,委员长的这句玩笑话使郑洞国一直悬着的心稍稍地放下。因为他知道鲜少对下属和蔼可亲的委员长,这看似不经意的话中却透露着对他的夸奖。

饭毕,郑洞国和蒋介石一起回到了那间小客厅。落座后,他发现蒋介石的面容显得严肃起来,他知道谜底揭晓的时间到了。果然,蒋介石严肃地说出对他的新任命——出任中国驻印军新一军军长。听到这一出乎意料的任命,忐忑不安了多日的郑洞国内心思绪万千。正如他在自传中写道:"诚然,当时不少将领都以与盟军共事打交道为荣耀,蒋先生将这个重任交给我,正说明了他对我的信任和倚重,但是我对自己有个清醒的认识,带兵打仗我有些经验,但要搞外交,在国外独立与洋人打交道,我完全是外行。搞得不好,自己身败名裂事小,倘丧师辱国,贻误抗战大局,则难以交代,所以不能不慎重考虑。"他不能不想起他的朋友杜聿明就是惨败在这一职位上的。

郑洞国的犹豫使蒋介石感到不快,他看向郑洞国的目光也变得严厉。见此情况,郑洞国赶紧说出了自己内心的忧虑:"学生绝对服从校长命令,只是自忖才疏学浅,又没有同洋人打交道的经验,恐有负校长厚望。"

听到此言，蒋介石不快的神情才有所缓和，随以大丈夫以身许国在所不惜的古训激励郑洞国，并表示他是最恰当、最让人放心的人选。蒋介石的这些话不能不使郑洞国感到热血沸腾，当即信誓旦旦地表示一定会克服一切困难完成任务。

第二天，郑洞国遵蒋氏之嘱，前去拜谒何应钦，受领具体任务。何应钦是郑洞国多年的老长官，这次会面明显要轻松愉快得多。在和老长官的交谈中，郑洞国方知这驻印军新一军军长的官帽是"邱冠郑戴"了。原来蒋介石最初中意的人选是邱清泉将军，对这一消息邱清泉也有所耳闻，因此他开始积极学习外交礼仪和吃西餐的方法，并且物色好了陪同他前往的幕僚。只是不承想徐庭瑶和杜聿明纷纷向何应钦进言，说邱氏脾气暴躁，如果出任驻印军新一军军长，怕是会和驻印军总指挥史迪威将军闹翻，影响与美国的关系，他们认为性格相对温和的郑洞国更适合这一职位。就这样在何应钦请示过蒋介石后，最终确定驻印军新一军军长的人选为郑洞国。

郑洞国在听到这些自己前所未知的背后故事后，心里难免惴惴不安，他不愿邱清泉因此而对自己心存芥蒂。郑洞国不禁问道："此去印度，要在国外和洋人打交道，我完全是个外行，搞不好自己身败名裂事小，丧师辱国事大，贻误抗战大局，则难以交代，实在感到压力重大啊。"

何应钦听了，只微微一笑说："美国人狂妄自大，英国人又太滑头，所以同他们打交道，远不是件轻松的事情。杜聿明、罗卓英同他们都没有搞好关系，你去后切要小心行事。记住，此去印度，一要以充分的耐心来同美英盟军将领打交道，尽量与其建立良好关系；二要注意维护民族尊严，搞好驻印军内部的团结。做好这两点，相信你的工作会好做些。"

老长官的话使郑洞国对新的岗位稍稍有了些头绪。到了3月底，他终于招募到合适的人员，组建起了自己的军部。在飞赴印度就职前，他再次去拜见蒋介石，向蒋介石辞行。听到蒋介石叮嘱他尽量

141

不要与盟方闹翻及今后必须绝对服从于史迪威将军时，郑洞国不禁问道："校长，如遇重大问题不好处理怎么办？"

蒋介石不假思索地说："可以直接找我，也可以找何部长请示。你要记住，除新一军新三十八师、新二十二师以外，驻印军总部的其他直属部队，如战车营、重炮团、工兵团等，虽不归你统属，但也要与他们加强联系，就便关照。"

郑洞国带着蒋介石的这些叮嘱踏上了前往昆明的道路。在昆明，他第一次见到了中国战区参谋长、中国驻印军总指挥史迪威。初次见面的两人开始都只讲些客气的外交辞令，但在聊到时局时，史迪威不自觉地流露出那种西方人的自大。史迪威三番五次地强调美国的强大，美国对赢得这场战争的决定性作用，中国如何需要美国的帮助。这些言辞使郑洞国感到非常不痛快，他能感到这位精明强干、意志坚定，且具有丰富战争经验的美国军人对中国将领们的戒备与防范。这时，他似乎明白了蒋介石"择郑弃邱"的部分原因，但同时却也为日后的履职感到担忧。

在昆明期间，郑洞国还单独拜会了时任昆明防守总司令的杜聿明。昆仑关大战后不久，日军截断我华南交通线的企图虽未得逞，但于1940年9月入侵越南，截断了中越通道滇越铁路线，企图封锁我国滇缅线国际交通。日军的这一做法对我方造成了极大的安全威胁，1942年春，杜聿明受命担任远征军副司令，率第五军会同第六、第六十六军组成远征军入缅作战，以粉碎日军封锁阴谋。不料远征军远征异地，遇到了前所未有的困难。在作战过程中，中国远征军既受掣于美军指挥官史迪威将军，又与驻缅英军多有抵牾，异国恶劣气候与瘟疫流播也加大了远征军的作战困难。在完全不具备"天时地利人和"条件下，远征军对日作战屡屡失利，十万远征军损失过半。杜聿明亦在翻越野人山时身染重病，险些弃骨他乡。这是杜聿明军旅史上的一次惨败，也正是这次惨败，使他不得不卸下远征军副司令之职。远征军的残部一部分撤回国内，一部分退入印度。在史迪威的步步紧逼下，蒋介石不得不做出让步，将退往印度的部队改编为一个军，即中国驻印军新编第一军，军长人选由国内选派。眼下，郑洞国所接替的正是好友杜聿明卸下的职位。

这次老友相逢，谈话的中心自然是探讨郑洞国应如何完成此去印度的使命。作为中国远征军入缅作战的实际指挥者，杜聿明对郑洞国即将遇到的"盟友"有着太深刻的了解。英国人在作战中的自私、狡诈及胆怯使他极为反感。虽然美国"大国沙文主义"的霸道作风也曾让这位前任指挥官愤怒和恼火，但他清楚，与英国相比，美国才是可能真正与中国站在一起，共同打败日本人的朋友。

"桂庭兄，史迪威这班人，名为中国通，实际上并不真正了解中国军队的作战特点和官兵心理，又不信任中国将领，在战场上固执武断，一意孤行。此行，你万要小心谨慎处理。"谈起远征军入缅作战失利的经过，杜聿明痛切地说："在重要问题上，一定要有主见，要敢于坚持，否则会付出沉重的代价。"

郑洞国现在还没有意识到，杜聿明这些血的经验教训、这些与英美盟军打交道的处事原则，对他日后在印度与盟军打交道将有怎样的帮助。

随后，郑洞国招募的军部人员分乘两架飞机飞往印度。一部分人员由昆明飞抵印度阿萨姆邦的一个军用机场，郑洞国和舒适存参谋长等人则先行飞往加尔各答，办理一些公务。此时，郑洞国和他的幕僚随从乘坐着一架美式 C－87 型运输机正在飞越"驼峰"，驶向印度。"驼峰"是一条艰难的充满着危险的航空线，在这条航线上，超过七千米的高峰比比皆是，当时的运输机一般都难以攀升这一高度，飞机只能在耸如春笋般的高峰之间迂回曲折地穿行。置身于"驼峰"的万丈高空上，不见地面，只见白茫茫的一片混沌。刹那间，郑洞国回想起何、杜两人的话，他觉得此去印度，就像现在行驶在险恶的航线上，稍不小心就会粉身碎骨。这种感觉一直伴随着他走下飞机、踏上那片完全陌生的土地。

当飞机飞越万险终于平安着陆于加尔各答，那扑面而来的热浪让郑洞国感到一丝的不适，想到即将面对的复杂情况，他的心情始终有些不安。然而在例行公事地拜会中、英两国驻加尔各答领事馆时，郑洞国却收获了意外之喜，他遇到了老朋友焦实斋。他们相识于1933年，那时郑洞国正率部队驻扎北平，而身为北平民国大学教务长的焦实斋常与其他社会名流一起，应邀到部队去演讲，"七七事变"后，他又担任第五十二军高级顾问，经常下到郑洞国所部第二师进行抗日宣传活动。两人从那时起就结下了深厚的友谊。此时，他乡遇故知的喜悦使郑洞国内心的忧虑缓解了不少。他心中暗想"老天还是很帮忙，在这个时候给我送来了焦实斋"。

焦实斋能讲一口流利的英语，还是位出色的国际问题专家，深谙欧洲各国的政治经济。去年，远征军入缅时，杜聿明把刚从英国牛津大学留学归来的他聘为高级顾问，前来印度工作，现在正打算回国。焦实斋对于初次出国即将与英美诸将领打交道的郑洞国来说，无疑是天降人才。

"实斋兄，你觉得中日战局将走向何方？"郑洞国问道。

"我以为今日中日之战，是落后的农业弱国与工业化军事强国之间的遭遇战。双方的差距，不仅在军事上与武器装备上，更在于总体国力上。日本已跻身于20世纪军事经济强国之列。它不仅有着健全的工业化基础，有着强大的陆海军，使用着本国设计与生产的先进武器，有着完整的现代化的军事组织体系和兵役制度。而我们的经济，是分散落后的农耕经济，我们的军队，无论军事观念还是指挥体系，基本上还是前清遗存下来的、军阀分割的、以个人恩怨来维系的方式，士兵、武器装备也跟不上。"焦实斋一番鞭辟入里的对比分析，使郑洞国感到忧心忡忡。

看到郑洞国那紧锁的眉头，焦实斋接着说道："西方国际战略专家认为中日开战，日本将占绝对优势，少则一月，最多半年，中国军队将失去战斗力，会向日本无条件投降。这种观点影响了美英当局，他们不敢贸然对华做出实质性的军事援助。不过桂庭兄也不必过于沮丧，这些西方人士只能从政治经济军事的角度进行分析，却忽视了我中华民族从五千年文明的积淀喷发出来的精神潜能。现今，太平洋战争爆发，遂促使美英两国与中国结成了军事同盟。而入缅作战，则是反日同盟的一次联手行动。可惜首战失利，给三国盟军蒙上了一层阴影。然日军经过四年多战火的消耗，国力难以为继。因此，打通一条国际通道，保证我方汽油、武器的补给，无疑是中国抗战之生命线。将军身上责任不小啊。"

焦实斋的一席话，像是为郑洞国拨开了眼前的迷雾。以前身在战场看抗战，难免有"只缘身在此山中"的局限。郑洞国下定决心要留下焦实斋这一难得的人才。最终，想方设法留下焦实斋担任新一军驻加尔各答的办事处主任。

郑洞国在与焦实斋的一番交谈后，他对抗战的全局有了更加深刻的认识，更觉肩上重担的分量，此行印度，要想无愧于国家民族，就只能胜利，不能失败。带着这种心情，他迎来了在印度的战斗生活。

兰姆伽训练营地

兰姆伽兵营位于印度加尔各答西北约两百公里，其间有铁路相通。兰姆伽兵营原是英国在第一次世界大战时建的战俘营，后改为英军兵营。这个兵营面积很大，分五个区，共有二十栋营房，一栋营房可驻一个团，一间兵舍上下两层床位可驻一个连。中国驻印军的新编第三十八师和新编第二十二师及驻印军总指挥部驻在这里。

由于驻印军在兰姆伽的主要任务是接受美国的军事装备和训练，所以在这个营地里，专门开办了由美军人员执教，中国方面负责行政管理的军事学校——兰姆伽训练学校。除轮流训练中国驻印军的干部，还把在中国境内的十二个军的师团级干部空运来此学习。学校设有各兵种的训练班，训练时间一般为六个星期。训练方法是根据各兵种情况决定，主要为兵器训练，让受训者了解各项兵器的名称、性能，善于分解、结合；射击训练，主要是让受训者善于使用各种兵器来发挥火力；战术训练，通过沙盘教育和班排连的实兵指挥，使受训者掌握和运用自己指挥的队伍发挥战斗力。教官都是美国人，通过翻译讲课。管理人员有美国人，也有中国人。训练期间，时常利用电影进行投影讲授示范，也常举行各种演习，如野营实地演习、森林地战斗多兵种陆空联合演习。

郑洞国和舒适存等人一下火车，就看到新三十八师师长孙立人将军、新二十二师师长廖耀湘将军等人早早等候在站台上，管弦乐队的演奏在他们踏出车厢的那一刻立刻响起。郑洞国不觉一怔，这阵势他生平还是头一次遇到。孙立人等将领连忙迎上前去，他们有太多的委屈要向新来的长官诉说。

数月前，当这些从死亡线上挣扎出来的远征军的战士来到印度时，被英方当作"异国军队入侵"，要解除他们的武装。后来，史迪威为了反攻缅甸，决定重整旗鼓，训练中国军队，才出面调停，与英国亚历山大将军达成协议，在离印缅边境较远的比哈尔省兰姆伽建立一个中国军队训练基地，方使散落的中国军队有了个落脚点和集结地。根据史迪威的建议，重庆军委会撤销中国远征军第一路军司令部，成立中国驻印军总指挥部，同时又决定成立副总指挥部，分别由史迪威与罗卓英担任正副指挥长。军委会的这种组织结构设置，为日后的管理埋下了隐患。

史迪威是美国佛罗里达州人，毕业于美国著名的西点军校，20世纪30年代曾任过美国驻天津、北平等地的武官，后回国出任美军第三军团司令，与美陆军参谋长马歇尔私谊甚笃。盟军成立中国战区并委任蒋介石为战区司令之际，这位年近花甲的"美国大叔"便出任蒋的参谋长兼中缅战区美军司令。

史迪威具有多方面令人敬慕的才干，他性格坚强，从不讲废话，被认为是美军中一位真正的战略家和出色的教官；他已经在中国生活工作了十三年，当过驻华武官，也做过其他的工作；他到过中国很多地方，中文非常流利，有时写日记不用英文而用中文。虽然史迪威被称为"中国通"，但他对中国的了解仅限于语言、典故、习俗

146

等方面的东西，东西方文化的巨大鸿沟，使他很难真正了解中国人的精神世界和内心世界。因此，他不可避免地总是以美国的权力构架来构想对中国军队的指挥。史迪威内心对英勇顽强、吃苦耐劳的中国农民充满信心。他深信，经过一定的训练，加上很好的领导，中国军队能与世界上任何军队匹敌。

这种情结正如黄仁宇先生在自己的回忆录中记载的那样："史迪威将军和身边军官的心态，可以形容成'戈登情结'……对职业军人来说，中国仍具备相当特殊的吸引力。不管传说是真是假，中国似乎有丰富的未开发资源，如果加以妥善运用，可以帮助这些将军取得名声及财富。事实上，这些资源可能对全球规模的战争贡献很多，却只花美国微不足道的成本，尤其是在人力资源方面。

"中国农人是好士兵的素材，这样的想法由来已久。他们坚忍不拔，刻苦耐劳，愿意服从，性情开朗，有自树一格的勇敢风格，却仍然够聪明，可以吸收基本的军事技术。他们所需要的就是领导，而对外国人来说，我们永远不可能产生领导人。对和蒋介石交涉的美国将领来说，这正是绝佳机会，可以用租借的物质来换取在中国的领导权。"

这种心态和认知使史迪威不可避免地陷入了盲目自信中。缅甸首战惨败，作为总指挥史迪威自然难辞其咎。然而他却并未自省，而是认为由于缺乏可以指挥的幕僚，他根本没有办法发挥中国部队总指挥的功能，并将责任推到中国军官身上，认为中国军官皆腐败，方致战败。在兰姆伽，史迪威开始运用巧妙的手法控制军队的指挥权。驻印军成立之初，他便提出"要中国士兵，不要中国军官，尤其不要中国将领"的要求，并拟从美国调来三百多名军官，将驻印军营以上的官佐统统置换下来。此举遭到中方拒绝后，他又罗列了十大罪状，并通过华盛顿政府向中方施加压力。由于此前美方做出了装备中国十三个军的承诺，在美援加大棒的威胁下，蒋介石只好忍痛让步，将罗卓英调回国内，并撤销副总指挥部，将部队改为新编第一军。

罗卓英虽走了，蒋介石却又将自己得意门生郑洞国派来了。眼下，新一军的第一任军长来了。这位"美国大叔"不会将军队的指挥权拱手送出。

兰姆伽看上去是平静的，虽有模拟战争的军事训练，但终究没有实战的硝烟与枪炮声。但事实上这里也是战场，争夺的焦点则是对中国军队的制控权，首任新一军军长郑洞国与"太上皇"史迪威便不可避免地要发生冲突。

史、郑之间的冲突，从"汽车事件"中，就已经初见端倪。那时，郑洞国尚在加尔各答，史迪威还在重庆。史的参谋长鲍德诺掌管着兰姆伽基地指挥部。郑的参谋长舒适存率军部的一班幕僚先期而至，按规定，鲍德诺安排了一辆橄榄色的轿车供军部使用。次日，司机打开车头盖检查引擎时，那漂亮的流线型小车招来了一群新来乍到的年轻军人。由于没人能分辨汽化器与泵的差异，也弄不懂风扇如何由电力驱动而飞旋的原理，这位由廖耀湘部派来的司机便一边动手拆下零件，一边眉飞色舞地讲解着。偏巧这时，鲍德诺路过，将这嬉闹的场面看在眼里，记在心上。

没几天，舒适存坐上小车到指挥部做礼节性的拜访，鲍德诺亦彬彬有礼地接待了他，可待他辞别时，对方却将面孔一板，说："对不起，舒将军，你必须步行回去了。因为奉送给贵部的小车已经收回，重归指挥部管制。随后会补送备忘录说明委由。"

舒适存百思不得其解，只得步行一公里多路回到军部，美国人狂妄的做法让舒适存感到震惊，这种无所顾忌的侮辱也让他感到气愤。稍后，美方送来了备忘录，告知美方为了表示对新长官的善意，方送来了轿车方便其使用，可由于该车没有得到妥善照顾，故原物收回了。舒氏这才明白原委。于是，舒氏向鲍德诺致函道歉并说明事实真相，对方才将轿车送回。

郑洞国来到兰姆伽后，得知此事，心中颇不是滋味。"汽车事件"的背后隐藏着美方对中国军人的轻慢与歧视。可他万万没想到，接踵而来的还有史迪威针对自己的"下马之辱"。

到达兰姆伽军营后，郑洞国应邀前往新二十二师校阅军队。廖耀湘特意为他选上一匹高大的阿拉伯马为坐骑，以壮声威。当郑洞国骑在马上开始检阅时，排在首列的军号手吹响嘹亮的号角相迎，号角手正对着马头，吹出的声音又大又响，这匹高大的洋马突然被号角声所惊，一声尖厉的长嘶后，突地腾起了前蹄。猝不及防的郑洞国从马上摔了下来，一只短靴还被甩向空中。在场人全都惊呆了，亦茫然无措。郑洞国却哼也没哼一声，顽强地站起来，穿上靴子，再度上马。执勤营长见状立即派出一名士兵，抓住马鞍，让马稳步行进。过后，谁也没再言语此事，郑洞国依然骑着这匹桀骜不驯的烈马继续校阅部队。

这情形，通过美国军官之口传到史迪威耳中，他更加看不起这位新来的中国长官，在《史迪威日记》中，他把郑洞国形容成一个"白痴"。这种辱骂，其实是史迪威把对蒋介石的不满迁怒于他的爱将郑洞国。

当时的蒋介石与美国人的关系是很微妙的。第二次世界大战期间，国民政府一直将美国作为自己重要的战略盟友，特别是抗战中后期，接受美国政府的各种援助甚多。至于美国方面，也希望通过增强中国的抗战力量，在远东拖住更多的日本军队，减轻自己在太平洋战场上的压力。因此中美两国作为反法西斯盟国，在基本战略利益上是一致的，所以在战争期间始终能保持着比较密切的合作关系。但是，由于双方国力相差悬殊，这种合作在很多情况下又不是平等的。那时美国政坛的很多人认为中国要赢得抗战的胜利，非依赖美国这样的强大盟友，因此在中国人面前常常摆出一副施主的模样。美国人也并不像中国人所认为的那样"天真而大方"，他们对中国的援助中蕴含着美国更大的国家利益，他们希望通过军事援助和经济"施舍"扩大美国在华势力，以便在战后将中国置于美国的全球战略圈内。

同时，蒋介石方面不懂得也不敢依靠人民来取得这场反侵略民族解放战争的胜利，把主要希望寄托在美国人的帮助上面，所以处处显得仰人鼻息。然而当遇到一些严重损害我国民族利益，特别是危及统治集团利害的事情，又不得不做一些抗争的表示，因此蒋介石政府和美国的关系复杂而微妙。

在中国驻印军问题上，就是双方经常争执不休的焦点，这个矛盾主要表现在蒋介石和史迪威之间。史迪威这次受命到中国来，一方面是代表美国政府监督美援的运用，维护和扩大美国的在华利益；另一方面他也希望能利用中国的士兵和美国的装备，在远东创造一番英雄事业，挽回在缅甸失败的面子。他希望首先能取得对中国军队的指挥权，继之以美国军官代替中国军官，建立一支殖民地式的军队。这种做法当然无法为蒋介石所接受。蒋氏是一位凭借军事力量起家的中国地主资产阶级政治家，历来视军队如生命，绝不能容忍兵权旁落人手，况且是落入外国人之手。本来，他取得美援的目的，是加强国民党政权的军事力量，确保和巩固自己在中国的统治地位。因此，无论他对美援是如何渴望，也不肯轻易付出哪怕是放弃一部分兵权的代价。这样一来，蒋、史之间就种下了矛盾的根源。

1943 年 11 月底，蒋介石、宋美龄夫妇访问兰姆伽时发生的小插曲，更使郑洞国感到了蒋、史之间关系的复杂微妙。参加开罗会议归国途中，蒋氏夫妇曾在蒙巴顿等英美将领陪同下，于印度兰姆伽做短暂停留。他们夫妇及随行人员一到达营地，美方人员就一再邀请他们下榻于总指挥部内，但蒋介石却坚持要住在新一军的军部里。此举颇使美国人有些尴尬，也使郑洞国感到为难，因为军部的营房都很简陋，匆忙间只好将自己的卧房腾出来，稍加布置，临时充作蒋介石夫妇的下榻处。他也从这桩小事中看出了蒋介石与美国人的微妙关系。

郑洞国知道史迪威与蒋介石积怨颇深，而自己出任新一军军长一事，则是蒋、史之间斗争的结果。这个结果之于他自是苦果。在兰姆伽营地，他不仅要强咽下这颗不得不咽的苦果，还要帮助部属消化这种类似的苦果。他在驻印军期间的主要使命之一是协调中美军事人员之间的关系。

150

郑洞国初来兰姆伽时，部队中普遍存在着对美国人的不满情绪，一些师团的中下级军官以及军部各直属部队的部队长，大都牢骚满腹，经常跑来军部诉苦，有的怒言以对："班超当年扬威异域，我们今天到印度来却领略海外洋威，实在愧对祖宗。"有的赋诗泄愤："重温西汉史，无语对班侯。"还有的因不堪忍受洋人欺负，闹着要卷铺盖回国。

这位看起来内向保守、温文尔雅的军长，他只得压下自己心底的苦闷，不断地到各个部队登门拜访，对将士们动之以情、晓之以理，让大家明白这种忍辱负重也是一种为国牺牲，实质上与战场流血捐躯相同。

郑洞国在和这位耿直而傲慢的"美国大叔"打交道时，总是能感觉到史迪威的轻视与傲慢。史迪威早在驱赶罗卓英时，就与蒋介石达成了协议，即中国将领没有指挥与训练部队之权，只负责维持军纪。就这样，郑洞国在上任之前，就已被锁定在宪兵队长的位置。没有指挥权的总指挥郑洞国，在驻印军中开展工作显得十分艰难。

史迪威出于控制中国军队的目的，一直坚持由美国军官直接训练中国军队，并赋予各级美国联络官很大的权力。平时训练期间，美联络官可以直接调动营以下的部队，随意带领连队到训练场，并不让中国部队长知道。中国军官当然不愿当傀儡，士兵们也不愿这般任人摆布，为此常常与美联络官发生冲突，有时甚至要诉诸武力。如此明显的不公和矛盾，如果不能妥善解决，将可能引起同室操戈的流血事件。因此，郑洞国在中美高级将领会上严正提出，要求美联络官的权限不能超过同级部队长。史迪威也担心双方关系太僵会激起事变，最后也不得不做出让步，规定各部联络官在调动军队去训练时，应事先与部队长联系，并报告师部。以后大多数联络官这样办了，有的还是不理会这个规定，尤其是总指挥部的直属部队，更是由美国人为所欲为，甚至联络官认为某个干部不如意，只要向总指挥部汇报，就随时撤换，并送上飞机回国，事后中国的部队长才知道。所以，双方在这个问题上的纠纷一直未能彻底解决。

一个将军被剥夺了指挥权，如同战士被人缴械一般，郑洞国的痛苦不言而喻。在痛苦的煎熬中，还要不时受到史迪威、鲍德诺等人的侮辱，纵使性格内向的郑洞国也难以忍受。

鲍德诺是当时总指挥部的参谋长，曾坚持驻印军应参照美军军制赋予参谋长直接指挥部队的权力，中方将领则认为这样不符合中国军队指挥系统职权划分的有关规定，予以抵制。双方僵持了好一阵子，最后史迪威不得不妥协，同意按中国军队办法来确定参谋长的职权范围。但鲍德诺对此耿耿于怀，总是在寻找各种机会给郑洞国增添麻烦。时任中国外交部长的宋子文出席新德里会议，顺便到兰姆伽营地视察，中方派了一个排的仪仗队前去迎接。鲍德诺知道后便公开发难，质问中方将领："是谁命令派仪仗队欢迎宋部长？如果不经过总指挥部同意，随便派遣部队的话，我们美国军官就回去好了。"史迪威也极力为他撑腰。中方将领则当仁不让，用前不久一位英籍印度省长来参观时，总指挥部派出了一营仪仗队相迎的事实加以反驳，美方词穷，此事方才作罢。

在新一军的工作中，类似事件屡屡发生，郑洞国时时感到心力交瘁。回想以往的峥嵘岁月，他更愿在疆场上浴血奋战！而如今，他欲与史迪威争斗，可又不能不顾及史迪威身后的美援，如果因口角之争、意气之事而让国内急需的军事援助中断，自己将会成为千古罪人，除了隐忍，他别无选择。

然而美国人却不会因为郑洞国的隐忍而放弃自己的傲慢和权力之争。温鸣剑是当时总指挥部的副参谋长，因有急事与国内军政部通电联络。这本是无可非议之举，也是其权限以内的正常行为，不料史迪威得知后大发雷霆，认为有违军纪，竟不与重庆方面打招呼，强令温氏回国，并让一名美国军官接替其职。此事引得全军将士大哗。温鸣剑是由中国军委会任命的，纵然有错，亦应通过中方来处置，更何况他毫无过失。美国的无理与傲慢，使中国的将士感到愤愤不平，郑洞国知道如果这件事不能妥善处理，将严重影响到官兵的军心与士气。

152

郑洞国当仁不让，一面向重庆军委会汇报，一面去见史迪威，劝他顾全大局，收回成命。可史却态度强硬，执意不改。一旁的鲍德诺还傲慢地说："驻印军是由美国装备训练的，因此军中事务包括人事必须听命于指挥部。即使中国政府也不得干预过问。"

郑洞国忍无可忍，立即有理有节地反诘："参谋长阁下的这番话可以代表美国政府和总指挥的态度吗？我提醒阁下，中国是个主权国家，不能接受殖民地式的待遇。"

听此激烈言辞，史迪威自知理亏，急忙出面打圆场，说了些无关痛痒的话，把气氛缓和下来。不久重庆当局复电，指责了史迪威擅自撤温鸣剑的无理之举，慰勉郑洞国督率将士安心训练，方使风波渐渐平息。

驻印军内部如此争执时有发生，由于郑洞国顾全大局，忍辱负重，并在必要时与对方无理之举进行不卑不亢的斗争，终于有效地维持了中美之间的合作，为兰姆伽基地赢得了相对的安定，客观上为部队训练创造了可靠的条件。

郑洞国将他更多的精力放在了整肃军纪、率部练兵上。除了撤退至印度的新二十二师、新三十八师的九千名官兵，每日均从国内空运四五百人来此受训，其中还有拟受美援装备的其他部队的一些官佐，前后受训总人数达十万之众，为中国抗战的最后胜利打下了坚实的人才基础。

"他的长处在于坚忍不拔"，这是时任郑洞国作战参谋的黄仁宇在多年后对他的评价。在与倔老头史迪威相处的日子里，郑洞国内心的痛苦，只有他自己知道。当时，他从未对外倾吐过。事后，亦未曾向他人流露过。多年后当他撰写回忆录，提到被美国驻华空军特遣队的准将司令陈纳德评价为"性格粗犷，勇猛无比"，但"根本不明白他作为外交官的基本职责，也没有那份耐心去弄明白这一切"的史迪威时，也仅是如此写道："我与史迪威将军共事一年多，尽管他有时脾气暴躁，但却从未与他红过脸，连史迪威也多次向我称赞起中国将领的爱国精神和温文尔雅的道德修养。"

直到半个世纪之后，人们才从黄仁宇的回忆录中得知，他曾两度赴渝要求卸任，甚至一度称"如果不换他，他就不离开中国"。从中我们不难领会到郑洞国当时所承受的压力和内心的苦闷。然而，他终是坚守了这个艰难的岗位，宠辱不惊，与官兵们一道卧薪尝胆，将酸甜苦辣一并尘封在内心深处。

横扫胡康河谷

1943 年 10 月，为执行盟军魁北克会议关于在缅甸对日军发动攻势和打通中国西南国际交通线的决定，驻印军在总指挥史迪威指挥下逐次集结于印缅边境的雷多地区，准备向缅北日军发动进攻。以中国驻印军为主力的反攻缅北战役打响了。

1943 年 10 月 15 日，当时史迪威将军还正在国内，主持总指挥部工作的是其参谋长鲍德诺，总指挥部发布了第六号进军北缅的作战命令："大龙河以北及大洛地区，仅有土民和缅军组成的搜索部队，间有一二日本军官配属。着新三十八师——二团（无平射炮连、汽车及骡马单位）于 11 月 1 日前，自现驻地前进，占领大洛至大龙河及大奈河之交汇点与下老寨一线，以掩护新平洋前进基地建筑新机场，以便于盟军后续兵团进出野人山区。"

早在 1943 年春，驻印军新三十八师——四团即奉命进入野人山区，掩护中美工兵部队筑路。3 月中旬，该团接替英军在卡拉卡、唐卡家一线的防务，屡次击退日军袭扰，与日军形成对峙状态。

这一年的秋天，新三十八师、新二十二师奉命逐次向雷多集结。于 10 月中旬雨季结束后，分三路向新平洋、于邦一线挺进。胡康谷地的争夺战由此展开。

这次我驻印军在反攻缅北战役前期战斗中的主要对手，便是日军强悍的第十八师团。这是日军的一支王牌部队，在侵华史上留下了攻击上海、登陆杭州湾、参与南京大屠杀、奔袭大鹏、抢占广州城等一系列血腥的足迹。1940年，它被调往南洋地区专门进行热带丛林作战的训练，在抢占越南、马来西亚、新加坡的战役中连连获胜，大施淫威，号称"亚热带丛林之王"。1942年，时任师团长的牟田口廉也，即是当年打响震惊世界的卢沟桥第一枪时的联队长。

然而就在前卫部队新三十八师行将出征之际，一份刚刚破译的日军密电摆在郑洞国的面前。密电的主要内容有四点：一、中国军将于十月反攻缅北；二、中国军队正在那家山（即野人山）里开辟公路，迹象表明敌方将投入坦克、装甲车、炮兵重型机械化部队作战；三、十八师团需要立即加固胡康、孟拱、两河谷工事，阻止中国军于那家山中，切实保证日军寻机合歼中国军；四、十八师团以一个联队组成突击队，骚扰中国军筑路，为日军合围争取时间。

郑洞国的心呼地揪了起来，本想攻其不备，现在看来，敌人已有备而防了。郑洞国正欲将孙立人召来计议，不料随着帐篷外一声熟悉的报告声响，孙立人已出现在面前。

郑洞国一边将电文递至对方手上，一边说："孙师长，你面前这块硬骨头可不好啃哟！"

孙立人接过电文看了看，微微叹了口气："钧座，我认为以一个步兵团占领八十多公里宽的正面，兵力未免过于单薄，而大洛地势过于低洼，又背水为阵，敌后方交通便利，让一一二团占领大洛，必会遭受敌之包围。我向鲍德诺反映，但是，唉……"

郑洞国知道孙立人请求总指挥部允许先占领大洛以北的拉家苏高地，以瞰制大洛，并要求增加兵力。占领拉家苏的要求得到了批准，而增加兵力的请求则遭到鲍德诺的拒绝，理由是公路未通，补充接济困难。

孙立人满面凝霜地说开了："钧座，新三十八师是中国军队，我孙某人是新三十八师师长，可是，史迪威将军却将指挥新三十八师的权力交给了他的副手鲍德诺，我这个师长有名无实啊。"

郑洞国知道史迪威和蒋介石之间的矛盾，尽管蒋介石迫于需要美援而不得不放弃了指挥权，但他毕竟不甘心，曾私下要求郑洞国在关键的时刻、关键的问题绝不妥协。

眼下直面部队生死存亡的关头，这条进军线路并非理想之路，途经的野人山、胡康河谷、孟拱河谷，都是人迹罕至的不毛之地，俗有"死亡谷""鬼门关"之称。连绵不断的原始热带丛林、沟壑纵横的险山恶水，难攻易守，既不利于长途奔袭之师，也不利机械化的大兵团作战。一年前远征军撤退之途，就是被迫选择了这一"死地绝境"，沿途都留下了远征军的血泪、尸骨和遗恨。这个时刻，他必须挺身而出，为孙立人争回指挥权。

于是，他果敢地说："对于军队的指挥权问题，蒋委员长早有口谕——寸权不让。新三十八师你该怎么指挥就怎么指挥。至于史迪威那边，由我去协调好了。"

听了郑洞国的话，孙立人好像吃了一颗定心丸，看着郑洞国，坚定地说："钧座，新三十八师一一二团和一一四团午饭后就要开赴野人山前线，我想请钧座为职部授旗。"

当孙立人从郑洞国手中接过军旗时，那猎猎战旗，在瑟瑟的秋风中为出征的队伍添了几分悲壮。

"人在旗在，军旗指到哪里，就与日寇血战到哪里！"郑洞国大声说道。

接着上司的余音，孙立人慨然立誓："军长放心，我三十八师全体将士定将军旗插到畹町！"

郑洞国望着眼前整齐的队伍，听着将士们坚定的誓言，心头一热，不禁眼含热泪。他知道此次行军凶险万分，要经过多少死亡谷，闯过多少鬼门关！连盟友英国人都预言说"中国军队无法通过胡康河谷，雷多公路也无法修筑"。而此时，也唯愿自己的将士能多些活着回来。

胡康河谷，缅语为"魔鬼居住的地方"。它位于缅甸最北方，由达罗盆地和新平洋盆地组成，山高林密，河流纵横，雨季泛滥，当地人将这片方圆数百里的无人区统称"野人山"。中国驻印军对胡康河谷太熟悉了，前年中国远征军败退时，闯入这块禁区，损失惨重，遗尸无数。新三十八师在野人山中见到的是遍地第五军将士的白骨，常常是一堆白骨围着枪架而坐。可想而知，在这种环境行军，对战士们的心理、体能都是巨大的考验。

扼守在胡康河谷于邦据点的大部队日军正以逸待劳，用黑洞般的枪口炮膛对准着远征军。

总指挥部的参谋长鲍德诺熟谙中国国情，精通华语，但对中国军队的成见很深，认为"虚报军情，掩败为胜，乃是中国军人的特性"。第一次缅战中，部分国民党军队的不良表现，更使他认为中国军官的话一概不可相信，所以宁信"V字军"的荒谬情报。所谓"V字军"者，系美方雇用的当地克钦人的谍报组织。实际上这些土民既无任何军事知识，又不敢冒险深入敌后刺探军情，只是利用居住在敌占区的亲友互通音讯和道听途说得来的消息，汇报给总指挥部，用以塞责领赏而已。而鲍德诺却不加分析，就把敌军有意利用克钦人传播出来的假情报，作为制订作战计划的依据，故只有——二团一团兵力前往，没有重炮，连团属迫炮连亦未被允可前往。结果使——二团在新平洋、于邦一带身陷重围，长达一个多月。日军遂集中五十五联队主力于中路于邦，反于11月22日包围——二团。

——二团发现当面日军兵力后，即报孙立人。孙即欲率兵增援，鲍德诺不同意，认为补给困难，双方争执不下，最后孙同史迪威一同飞往战场上空观察后，史迪威即同意孙意见。史迪威终于信任地将军队的指挥权交回到中国人手中。

孙立人遂率师主力增援，急行军二十多日穿过野人山，赶往胡康河谷。车在崇山密林中穿行，"道路"两旁树木参天，几乎遮住了所有的阳光。指挥车时而行进于参天大树的阴影之下；时而行于万仞高山之巅，茫茫林海尽在脚下；时而在深谷里穿行，终日不见天日。

就在孙立人快马援驰之时，——二团的将士们正克服着前无攻击后无援军的巨大困难和日军战斗。从当时战地记者的记录中，我们能看到——二团将士那顽强拼搏、浴血奋战的英雄壮举。文章这

157

样记载道：

开始被围的时候，陈团长（一一二团团长）非常着急。李营长不但不请求增援解围，反而用无线电话安慰他的上司，说只要飞机按时送来弹粮和饮水，他就有坚持阵地的把握。恰巧那天一架投粮机被敌人的机关枪打伤了一个翅膀，有三天没来投粮。

李营长却诙谐地对部下说："我们以前包围敌人，敌人曾吃过三天芭蕉根。现在敌人包围我们，我们吃三天芭蕉根而已。这算得什么呢！"真的，吃了三天芭蕉根，投粮机就在战斗机的保护下，继续投粮来了。但是，饮水还是一个很严重的问题。因为飞机投水冲撞力过大，水桶每次都被碰破。李营长遂下命掘地取水。可掘地十尺终不见泉。李营长失望之际，忽然想到前几天吃芭蕉根的时候，觉得里面水分很多，于是要部下试取芭蕉根上涌出的一点一点的水珠。他又叫部下把这些芭蕉根的中心都挖成一个碗形。到第二天早晨，每个芭蕉根里都酿满了清水。饮水的问题，暂时算是解决了。然而被围太久，阵地内的芭蕉有限，正在又要断水的时候，突然有一个兄弟割藤子补鹿砦，发现被割的藤子滴下水来。他马上取下钢盔接着，几个钟头之后，钢盔的水满了，他高兴极了。自这无意的发现之后，大家专找这种藤子，割去上半截，把下半截盘成一个弓形，插向水桶让它自己涌滴。每根藤子每昼夜可接出六钢盔清水，并可连续接滴十昼夜，水味香甜无比。

12 月中旬，新三十八师一一三团、一一四团（欠一营）及炮兵一营奉命向于邦增援。12 月 24 日上午 9 时，新三十八师向于邦发起全线进攻。炮兵部队进行了一个小时的炮火急袭后，向日军发起了攻击。12 月 29 日，经过六天的激战，新三十八师全部夺占了于邦的日军阵地，击毙五十五联队长藤井小五郎大佐以下一千余人。

于邦一战之后，虽然被全歼的是大龙河西岸的日军，东岸的日军却受到了极大的震动，整个敌十八师团及所有日军都感到震惊。日军虽然还是寸土必争，拼死血战，但是，不管日军军官是否承认，打歼灭战的主动权现已轮到中国军人的手里，以往那"战无不胜"的信念犹如溃决的大堤，在"皇军"们的心目中坍塌了。

孙立人在为胜利而喜悦的同时，他也深感于邦一战虽然战果辉煌，但不足为法。要想长时间地使部队保持旺盛的士气和战斗力，就应当以更小的伤亡，获取最大的胜利。为此，必须改变打法。在仔细认真地研究了北缅的地理形势、森林特点和新三十八师所面临的艰巨战斗任务后，他汲取了古代兵家理论的精髓，做出了此后近两年征战中贯彻始终的基本战略技术。

在一次营、团级干部会议上，孙立人严肃地说："现今，唯有放胆进行密林开路，实行对敌大迂回包抄，才是两全上策。"接着又向大家解释了具体做法。就是以适当兵力从正面佯攻，另以主力部队秘密潜入从未有人走过、而敌军又不曾设防也想不到要设防的密林中，以缅刀披荆斩棘，跨越高山开路前进，攻其侧背，断其补给，动摇其军心，最后对凭借天险、工事顽抗之敌，实行前后夹击，将其消灭。

迎着1944年新年的曙光，新三十八师与新二十二师这两支劲旅从左右两路分头进击，合攻位于胡康河谷心脏地带的太白加。两支部队如铁钳一般夹住固守于太白加的日军。然而，敌人凭借层层暗碉地堡负隅顽抗。

新编第一军兵分两路向南进击。左路为孙立人指挥的新编第三十八师，从于邦地区出发，向太白加攻击；右路为廖耀湘指挥的新编第二十二师，从新平洋出发，向达罗攻击。到了1月中旬，左路的新三十八师已夺占日军各外围阵地，开始攻击太白加的前沿。右路的新二十二师也渡过了塔奈河，进至达罗北面附近的百贼河。1月28日晨拂晓，从新平洋起飞的美军飞机开始对达罗日军阵地实施猛烈轰炸。8时左右，新二十二师战车营的坦克纵队撕裂敌人的防线，然后掩护部队前进，肃清各个死角，占领敌人工事和阵地。1月31日，一队坦克冒着敌人炮火快速冲进了达罗镇日军第十八师团司令部，将日军师团参谋长濑尾少将及数十名军官碾成了肉泥。

左路新三十八师也于1月31日，向太白加发起总攻，美军第十航空队出动了三十余架飞机，轮番实施空中打击，日军不得不突围后撤。2月9日，新三十八师占领太白加。

中国军队的胜利，让史迪威对孙立人、廖耀湘两位师长的卓越指挥能力大为赞赏。中国军人用自己的生命，用灵活多变的战术，战胜了兵力强于自己的日军，史迪威终于认可了中国将领的指挥能力，自此始将指挥权还给该两师师长。

失而复得的指挥权弥足珍贵。随后郑洞国同史迪威共同制订下一步攻打孟关的作战计划，最终确定以新二十二师为右翼纵队，担任孟关之战的正面进攻；新三十八师为左翼纵队，从东方迂回南进切断孟关日军退路；美军第五三〇七支队向夏苏都方向迂回。

自2月下旬起，右翼新二十二师各团分路向孟关攻击前进。3月1日，担任正面攻击的该师一一四团在唐开以北地区与日军展开激战，其先头之第二营，遭敌优势兵力攻击，远征军将士在付出巨大的伤亡后，扭转了危局，为之后攻克孟关奠定了基础。第六十六团也于3月2日切断了般尼至孟关的公路，最后将逃敌大部歼灭。

3月4日，新二十二师各团已从北、南、东三个方面完成了对孟关的包围，驻般尼的日军也在第六十五团一部的牵制下动弹不得。5日，该师主力以雷霆万钧之势，向孟关之敌发起全线猛攻。可惜刚投入战斗的新二十二师在进攻的战术上单调了一些，单纯正面强攻，没有侧翼迂回，结果在孟关敌阵前受阻，牵制了整个战局。

孙立人决心给田中新一一点儿颜色看看，原来他对攻打孟关早有谋算，认为欲攻孟关就必先攻取瓦鲁班，唯有如此，方能使孟关守敌腹背受敌，不战自乱。

因此，为配合新二十二师夺取孟关，左翼新三十八师亦向大奈

160

河、南比河右岸的日军发动凌厉攻势，使其兵力无法转用于孟关方面。在新二十二师攻下孟关的五天后，9日，新三十八师全歼瓦鲁班守敌，占领了瓦鲁班，缴获的敌军弹药仓库竟有四五个之多。在瓦鲁班和秦诺这一带的公路及其两侧敌弃尸竟达七百五十七具，此役毙敌第五十五联队第一大队长室禧大尉、中队比大森文一中尉以下近百名日军士兵，缴获战利品甚多。田中新一仓皇出逃之际，将第十八师团的关防大印遗落在司令部抽屉里，将自己的座车遗弃在司令部前的场坪上，这些都成了中国军队的战利品。

部队进入北缅之初，孙立人将军有言"不攻下孟关不刮胡子"，尽管攻打孟关的任务交给了新二十二师，但听到在自己部队的援助下，新二十二师已经攻下了孟关，现在这个蓄须近三个月的"美髯公"，终于能够对镜剃须了。

带着胜利的喜悦，郑洞国随新一军军部移师孟关。拿着部下呈上的敌十八师团的关防大印，他不由得想起在北伐永定之战中缴获敌首周荫人的那件体温犹存的军大衣。

4月上旬，日军向毗连胡康河谷的孟拱河谷增至一个军的兵力，成立了第三十三军，由本多政材中将出任司令长官，统一指挥缅北作战，以阻止中国驻印军的进攻。日军的防御大为加强，对孟拱河谷东侧地区特别注意，凡可能通过部队的河川谷地、山坡小径，都扼要派兵据守，增加了我驻印军进攻孟拱河谷的困难。

杀敌孟拱河谷

孟拱河谷在胡康河谷的南面，两条河谷衔接处有点儿小小的错位。错位处横亘一座高约一千两百多米、长约六十多公里的杰布班山。山的北麓山高坡陡，南麓较为平缓；该地区不仅山岭重叠，且山里水源奇缺。因此，要想在暑季越过此山就更加艰难。在孟拱河谷的东面，是山高万仞的苦蛮山，当地人称之为"无顶之山"，还有

161

一首歌谣，谓："无顶之山，永不能至顶。"

发源于杰布班山里的南高江，纵贯孟拱河谷，两岸茅草丛生，东岸地势开阔，部队行进其间，极易暴露。在暑季（3—5 月）里，茅草干枯，更易遭受火攻，且其间溪流纵横，机械化部队的推进也大受限制。草地的两侧都是高山峭壁，所以孟拱河谷的地形是有百利于守，而无一利于攻。

贯通两个河谷的正常交通孔道是一个很狭窄的天然险隘——沙都渣。建筑中的中印公路干线即将从此谷口直穿而过，两旁都是 90 度左右的悬崖绝壁，万难飞渡口这个险关要隘当然已由日军重兵把守，大有"一夫当关，万夫莫开"之势。

孟拱河谷内最大的城镇是位于河谷南端南高江南岸的孟拱。第二大城镇是位于南高江西岸的卡盟，它是敌军囤积粮食、辎重、军需用品之所。两城相距四十公里，且在其中途二十四公里处，还有从密支那经孟拱直达仰光的铁路线，敌军非常容易地得到后勤补给。日军的如意算盘是想阻止远征军于卡盟以北，待雨季到来以后再作道理。

根据史迪威将军的作战命令，新二十二师将由南高江西岸沿公路南下，向卡盟推进；新三十八师一部，沿南高江以东山地，越过丁克林地区后，向卡盟及以南地区进出，威胁敌之侧背，以策应新二十二师方面的作战行动。

随着战事的发展，新一军主力在坚布山天险攻克拉班、沙杜渣等要点后，在战车和美空军支援下长驱南进，分路向孟拱谷地进击。此时新三十师已整训完毕，正源源由雷多向新平洋集结，第五十师、第十九师亦由国内空运至印度雷多，并于 4 月初旬陆续开赴前线作战，驻印军兵力由此大大加强，军威益振。

新三十八师进攻孟拱河谷的前哨战，是由 1944 年 3 月下旬开始的，那时一一三团、麦支队一营和新二十二师一部已扫荡了日军在杰布班山北侧的各个据点，并相继攻下了沙都渣、高鲁阳以及拉班等杰布班山南麓或山里的重要据点。日军在杰布班山区的防线变得支离破碎，难以为继。

4月初，驻印军向孟拱河谷两路并进，新二十二师配属坦克营由拉班地区向加迈攻进。月底，新二十二师进至英开塘，遭日军第十八师一部顽抗，战至5月4日方突破其防御阵地，向加迈突进；新三十八师沿塔奈河南进向瓦兰地区进攻。

正当中国驻印军进击孟拱河谷之际，史迪威正风尘仆仆地往返于重庆、昆明和新德里之间，总指挥部的实际指挥权又一度旁落在傲慢而粗心的鲍德诺之手。对中国军队抱有成见的鲍德诺在这个时候做出了一些带有歧视色彩，且对战局发展产生巨大不良影响的举措。他规定：中国驻印军每个炮兵连每天所用炮弹不得超过一百五十发。

这一规定对中国军队所造成的危害是巨大的。当时日军见驻印军势不可当，即飞调原防守密支那的一一四联队主力和五十六师团一四六联队一部，增援加迈刚补充完的五十五和五十六联队。鲍德诺的规定使新三十八师和新二十二师的火力锐减，明显弱于日军，使进攻倍感困难，造成正面进攻的新二十二师伤亡惨重。愤怒的孙立人和廖耀湘曾联名致函鲍德诺提出抗议，要求鲍德诺予以纠正。然而孙立人怎么也不会想到，史迪威竟然因为自己的新三十八师伤亡比新二十二师少许多，而认为自己在消极抵抗，暗示、责怪新三十八师"作战不力"。

这种美国式的傲慢、偏见与指责，使孙立人这位疆场悍将深感愤怒，这样评价其部属们以艰苦奋斗努力所创造的战果，实欠公允，因此当晚就亲自写了一封信，于5月6日派专人呈送给史迪威总指挥。信中说："在昨晨会谈中，钧座暗示职所指挥之某数部队在此次战役中未尽全力，因伤亡报告中并未显示之（意指伤亡太少）。其实伤亡报告书并不能单独作为衡断军卒成就之准绳，唯有敌方所受之伤亡损失与吾方所获之胜利始可衡断之……"随后又在信中详细地论述了自己的战略战术。史迪威将军这才认真地去看待孙立人，消除了对孙氏的误解。

缅甸反攻之战，打得极为艰苦。1944 年 5 月中旬，远征军尚未打下孟拱，被阻于卡盟附近。眼看雨季就要到来，如果战事不能顺利推进，远征军将面临交通阻塞、补给困难、疾病肆虐的困境，而日本正是想利用雨季，将远征军困死。

根据总指挥部的命令，我新二十二师、新三十八师在战车部队和美空军的支援下，沿孟拱河两岸并进，节节向卡盟挺进。日军为了挽回败局，急将原在瓦兰山地附近的第十八师团第五十五联队主力、第一一四联队一部转移至卡盟对岸的支遵集结，其第五十五联队则退守卡盟西北的索卡道、南亚色等要点。同时，陆续以第二师团第四联队，第五十三师团一五一联队、一二八联队向卡盟增援，企图在卡盟以北地区与我军决战。

就在这时，孙立人得到了敌方第十八师团步兵指挥官相田少将亲笔签字的一份上报材料，材料中说"部下之疲劳余自详悉，尽管有敌机来袭，余亦尽知，然就第一线全员之疲劳，且缺乏给养，尚需与敌死斗，思之无必要之休息与日间躲避敌机空袭等，乃绝对不许可者，故需激励部下，以最大速度追及，倘判明贵官等不足赖时，本职决心率部下三十名突入敌阵中"。

孙立人敏锐地察觉到敌人已经是"强弩之末"。据此，他提出了大胆奇袭卡盟南面的西通的设想。同时，正面进攻部队也要配合偷渡南高江迅速攻取卡盟，促使敌军全线崩溃。

5 月 21 日，一一二团奉孙立人命令背负四天干粮和一个基数弹药插向卡盟背后的西通。一一二团隐蔽地穿越日军多层警戒线，于 5 月 25 日赶到南高江东岸。南高江原水流甚缓，但连日大雨后江面宽达千米且水流湍急。一一二团以急造器材连夜偷渡，于 26 日凌晨突然攻击西通，日军惊惶失措，还以为是伞兵天降。到 27 日，一一二团已经完全肃清西通和周围地区的日军第十二辎重联队、炮兵第二十一大队一中队和警备队共两个中队，共击毙日军九百余人，缴获 155mm 重炮四门、满载械弹汽车七十五台、骡马五百余匹、粮弹仓库十五座。

当时，一一二团官兵随身携带的弹药将近用完。27日早晨，空投的弹药只有很少一点儿，山炮连的炮弹更是少得可怜。孙将军数次请示总指挥部迅速空投弹药，总指挥部却总是以"密支那战况紧急，飞机不敷应用"为由，拖着不办。忧心如焚的孙将军只能用无线电话来勉励一一二团官兵英勇杀敌，同时催促一一四团和一一三团加速推进，从侧面支援一一二团。孙将军还命令一一二团二营把围困瓦兰之敌的任务移交给一一三团一部后，即沿一一二团主力走过的路线，火速增援一一二团主力。

5月28日午后，敌人增援孟拱河谷的第二十二师团第四联队、第五十三师团一二八联队及一五一联队各一部以及在卡盟以北的第十八师团一一四联队一部，总共一万余人，并配属155mm重炮四门、野炮十二门、速射炮十五门、中型坦克五辆，自南北两端沿公路压向我一一二团阵地。

面对敌人的疯狂进攻，一一二团就是靠着这种前仆后继的英雄气概，抵抗着六倍于己之敌、十倍于己的火力，坚守每一寸阵地。战后清点敌军尸体，可以辨认出的有两千七百多具，其中，包括敌军大队长增永少佐等一批敌军军官，还有相当一部分敌军尸体被炮弹炸飞了，无法计数实际上毙命的敌人，估计不少于三千人。加上伤重死去的，此一战役敌军死亡人数差不多是一一二团参战人数的两倍。

卡盟日军已处在驻印军的四面包围之中。右翼军队沿公路向南攻击卡盟敌之正面。另有一团由昆卡道向东南前进，攻击敌之侧背。左翼新三十八师第一一三团，由卡盟东北渡河攻击，第一一二团于卡盟南六公里多之线发动攻击，牵制日军。至6月15日，各部先后进抵卡盟城西、北、南三面，卡盟以东的我军亦在积极准备强渡孟拱河，日军在包围圈内穷于招架，陷入绝境。

到了6月16日下午2时许，新三十八师和新二十二师部队在卡盟城内会合，完全控制了这个军事重镇。日军在此一役中人员损失惨重，敌屡经补充的第十八师团主力，在此役中基本上被歼灭。

就在日军主力与我驻印军在卡盟决战期间，英军空降部队第七十七旅乘虚进袭孟拱城，不料在孟拱城东南三公里多处遭日军反击，英七十七旅的人员伤亡惨重，士气低落，急忙向三十八师请求援助。

英国在这次进攻缅北的过程中，不时给中国军队使些小绊子，对中国军队要求配合的请求经常视若无睹。中英两国军队之间有着深深的隔阂。然而，孙立人是一位有大局观的卓越将领。他知道，如果英军被击溃，可能危及整个战局。在此危急时刻，所有的隔阂与不满都不应也不能影响战局。他立即命令第一一四团连夜秘密向孟拱东北地区轻装疾进，强渡孟拱河，支援英军，并攻击孟拱城。

此时已经进入雨季，泥泞的路面增添了行军的困难。但第一一四团受命后，冒着倾盆大雨，踏着没膝的泥浆，经一夜强行军，于6月18日晨抵达距孟拱城东北四公里处的孟拱河北岸。

将士们望着那浪势汹涌、河面宽阔的孟拱河，一时愁上心头，在这种情况下舟渡不易。但军情就是命令，要想解救英军的困境，就必须冒险偷渡。一一四团官兵冒着生命的危险，分批乘橡皮筏悄然过江。

20日早晨，正在进攻英军的日军突然发现自己的侧背遭到了袭击。慌乱中，连忙撤退，正面攻敌的英军才长出了一口气，把提到嗓子眼的心放回了原处。随后，一一四团继续向孟拱城进迫，以第一营一排兵力接替英军一营的战斗任务。英军对中国这样的战术安排不屑一顾，他们根本不相信如此少的兵力能够完成战术意图，心中暗想："愚蠢的中国人一定会为自己的轻敌付出代价的。"

然而中国驻印军军人用铁一般的事实，用响当当的胜利给英国军人上了一课。该排接防后攻击顺利，并取得极大战果。

这出人意料的战果震惊了英国人，他们在孟拱战事结束后，由英军旅长亲率所属各级军官赴第一一四团作战地区考察，收集中国各部队攻击作战资料，对中国官兵顽强勇猛的战斗精神和机动灵活的战术倍加称赞。

一天，郑洞国遇到孙立人，笑言道："孙师长，了不起啊！用兵如神，所向披靡啊。你可给我们中国军人争了光啊。"

"军长不知，那些英军军官平素傲气十足，侃侃而谈，其实根本没有什么打仗的实际指挥经验。您想想，不到两百米的攻击正面，他们投入了一个营的兵力，这不是胡闹吗？这种情况下，人多就能取胜吗？当然不是，人多才会出乱子。打了一通炮后，毫无队形地乱冲，这种兵力部署，不败才奇怪。"孙立人说起英国人的步兵排阵，脸上不由露出了一丝嘲笑。

——四团解除英军困境之后，即向孟拱城包围攻击。20日黄昏，相继攻占孟拱城以南马亨、瓦铁两重要据点；22日，又攻占建支，毙敌甚众；23日，乘胜追击，接连攻克孟拱城外围重要据点来生、雷鲁，将通孟拱之公路、铁路全部截断，日军纷纷退缩孟拱城中固守。

6月24日，——四团对孟拱市区发动攻击，经六小时激战，第一营首先突破敌外围铁丝网及三个据点，随即攻入城区。日军利用城内房屋及既设工事顽抗，与驻印军进行巷战。激烈厮杀至黄昏，方攻占了火车站及半个城区，毙敌百余。第二营也由瓦铁西进，重创日军两个中队，占领位于孟拱城西的大铁桥，切断了城内守敌退路，日军陷于四面包围之中。入夜，日军集中兵力向我反扑，战斗异常激烈。驻印军沉着应战，痛击日军。25日，驻印军吹响了进攻的号角，向孟拱发动全线猛攻，经整日激战，于下午5时将孟拱城完全占领，日军死伤惨重，不少零散日军官兵，因奔逃无路，只好抱着伐倒的树木，跳入波涛汹涌的孟拱河中漂流逃生，其中有些被河水溺死，有些被沿岸我军士兵击毙，另有一些则被当地土著居民捕获，送交我军领赏。当时日军也确实到了山穷水尽的地步。

新三十八师攻克孟拱后，以一部猛烈扫荡盘踞在卡盟至孟拱公路上残余日军，主力乘胜向缅北重镇密支那攻击前进。第一四九团于7月11日与先期到达该地的新三十师、第五十师等部队会合，孟拱谷地战役胜利结束。经孟拱谷地战役之后，卡盟、孟拱、密支那之间的公路、铁路均畅行无阻，从而奠定了缅北反攻战役胜利的基础。

中国驻印军继取得孟拱谷地战役胜利之后，为迅速歼灭缅北日军，使中印公路早日通畅，总指挥部乃全力布置指挥对缅北战略重镇密支那的攻击作战。

密支那战役

位于喜马拉雅山南端的密支那，是北缅的政治、商业中心和军事重镇，喜马拉雅山的余脉屏障其后，三面青山一面水。它东濒伊洛瓦底江，江面辽阔，水流湍急，机动船舶可从仰光、曼德勒直达此地；西有公路和铁路直通孟拱；北面群山环抱，并有公路可向北穿越原始森林到孙布拉邦；南靠伊江和公路可直通八莫。因此，密支那自古为兵家必争之地。

在军事上，密支那、孟拱与八莫互为掎角，可以相互策应。如果驻印军能够占领密支那并将公路延伸至此，则整个中印公路就算贯通了。因此，密支那便成了敌我双方争夺的焦点。

日军经过两年多的苦心经营，广筑碉堡据点，把密支那变成了相当坚固、难以攻拔的堡垒。为了完成东条英机下达的将切断中印公路作为驻缅日军各部的第一项任务的命令，日军在这小镇集结了三千兵力，并在城西城北建造了两个机场，以加强空中支援。

马歇尔元帅及美军参谋长联席会否决了英国蒙巴顿将军关于放弃缅北反攻、另辟新线的主张，决定进攻密支那，罗斯福总统也完全支持进攻密支那的军事行动。由于史迪威曾向罗斯福做过旱季结束前拿下密支那的保证，因此这位一向自负的美国将领也不得不一改独断专横的作风，在召集中美众将传达罗斯福总统"进击密支那"的电令会后，单独将郑洞国留下，郑重其事地委托他来制定进攻密支那的具体作战方案，最终确定了代号为"威尼斯商人"的奇袭作战计划。依据"威尼斯商人"计划，驻印军将首先出其不意地迅速占领西机场，然后以西机场为基地，发挥空中优势力向市区扩展，配合外围发起总攻，一举攻克密支那。这一行动十分秘密，除极少数与这几支部队有关的高级官员知道，鲜为他人所知。甚至盟军英军的指挥员蒙巴顿对此也一无所知，这也许是史迪威对他放弃缅北反攻做法的不满表达。

史迪威本来打算以美军麦支队为主力肩负起此重任，但该支队在瓦鲁班与恩潘卡的两次行动中损失很大，一时间人员难以补充。于是，他就决定组织一支中美混合部队，以新三十师的八十八团与美军麦支队的第三营编成 K 纵队；以第五十师的一五〇团，附新二十二师的 75mm 山炮连与第一营混合编成 H 纵队。这支中美混合部队由胡康谷地出发，穿越悬崖峭壁、森林茂密的库芒山区，一路辟道前进，深入日军后方，秘密奔袭密支那。

为了不让敌人发现，他们只能在暗无天日的密林中行进。连绵百多公里，几乎无路可循的莽莽丛林，处处潜伏着毒蛇，其中的艰辛是一般人无法想象的。在行进途中，他们也曾碰到过小股敌人，但都以种种佯动蒙混过去，丝毫未暴露出真实去向。在高山密林中秘密行进了十八天，历尽艰辛，这支队伍终于在 5 月 16 日抵达密支那西郊飞机场以南地区。

过程中的艰苦与危险，从参加奇袭密支那突击纵队的原第五十师一五〇团见习排长宋国诚老人的描述中，可见一斑。

我们在四个山头人向导的带领下，在不辨方向的原始森林中前进。山头人辨认方向的准确性比指北针还精确，我们始终没有走错路。前几天，我们沿着山脊攀爬，山的两边都是陡壁悬崖，不小心跌下去，就永远找不到踪迹了。我们每个人弯着腰，提着沉重的腿往上爬，气喘得几乎炸破了肺，汗水像断了线的珠子一样掉下来，有时却又碰到一阵倾盆大雨，整个身子就浸在汗和雨水之中。我们说不出当时心里是一种什么滋味，只知道随着前面的人麻木地往上爬，生怕掉了队。有的地方连小径也没有，我们每个人都像是爬虫，把枪支弹药和行装捆在背上，只能用手和膝盖爬行。有时空投断绝，仅靠山果和芭蕉充饥。渴了，只能用钢盔接雨水喝。小溪里有水，但有瘴气，喝了要中毒，大家只能望着溪水叹气。

山头人向导对日军的兵力配置了解得十分清楚，我们都是从敌人防守的空隙中穿过，而始终没被敌人发觉。

…………

经过十多天的艰难跋涉，我们连登上了一个长满树丛的小丘陵。这时，一个山头人向导指着丘陵下的一块空地，对陈营长说那是日本人的"林空"。陈营长举起望远镜观察，突然脸上挂上了惊喜："前面就是敌人的西机场！"因为山头人对飞机还不了解，把飞机叫作"大鸟"，把飞机场叫作林间空地的"林空"。

…………

5月17日上午，以一五〇团为主力的第二纵队，向飞机场守敌发起出其不意的进攻，敌军完全不知这支中美混合部队从何而来，所以战事进展异常顺利，当天下午2时就完全占领了机场，肃清了全部残敌，并清理了飞行跑道，竖起风幡，随后电告史迪威机场已可空降。已在各地机场整装待发的新三十师第八十九团、第十四团及炮兵、工兵各部队，自当日下午3时起，便被陆续空运到密支那。

19日，中美联军开始向密支那市区发起进攻。起初战局对中美联军异常有利，然后就在部队可以乘胜一举拿下密支那时，指挥官梅利尔准将犯了一个致命的错误。他求胜心切，且被初战小胜所迷惑，滋生了轻敌心理，又过于自负，未能采纳中、美指挥官的合理建议，对经历了二十天长途艰苦行军和战斗已十分疲惫的中美突击队没有进行必要的调整，仍保持原来的行军编组，让第一、第三两个纵队分散在距西机场约九公里之遥的遮巴德附近，使中美突击队

170

由于兵力分散而优势大减。梅利尔更没有进行详细的敌情、地形的侦察和做好攻坚战的准备，尤其是没有采取有力措施，切实切断日军的增援、补给路线，以致日军第一一四联队第二、第三两个大队得以从瓦扎和孟拱河谷战场先后进入密支那增援，也使第五十六师团步兵团团长水上源藏所率领的增援部队第一一三联队一个大队、野炮兵一个中队及工兵第五十六联队主力等，得以于 5 月 30 日顺利地自密支那附近的宛貌（韦茂）渡过伊洛瓦底江，进入密支那，从而使密支那日军的兵力猛增两倍多，达到三千六百余人。中美突击队虽有强大的空中支援，却缺乏紧密的陆、空联络和协调行动，地面炮火也不充足，步、炮之间也不够协调，终于导致密支那的奇袭战演变成为旷日持久、屡攻不克、伤亡惨重的攻坚战，完全失去了奇袭作战的意义，没有收到预期的效果。

奇袭的失败也暴露出中美联军在编组上的"先天"弊端。史迪威把中美军队混合编组时只是单纯地考虑了兵力的搭配，却忽略了两国军队编制不同、训练不同、生活习惯和文化传统也完全不同。中美官兵事先从未在一起生活过、训练过，就贸然出发作战，出现将不知兵、兵不习将的现象也在所难免。同时密城之战打响后，后方的通信、补给工作也出了不少问题，空中支援不及时、炮弹不敷应用，这些最终造成了战局上的退败。

5 月 23 日，史迪威只得救火般地带领郑洞国等人飞赴密支那前线。撤换了梅利尔的职务，并成立了由他自己与郑洞国、鲍德诺、胡素、潘裕昆等五人组成的临时指挥部，并规定在前线的中国部队分由胡素、潘裕昆两位师长自行指挥，调兵遣将，重新组织对密支那的进攻。

拉锯战自 5 月下旬始，先后持续了六十多天。双方争夺的阵地以每日三四十米的距离反复着：白日，中国军队在空军与炮兵的支持下挺进几十米；夜晚，日军则以偷袭的方式收复几十米，有时一夜竟偷袭四次之多。战壕中、掩体里都灌满了血染的雨水，战士们泡在没膝的水中，与凶残的顽敌进行殊死的较量，与敌人一寸寸地争夺着阵地。

进入6月，雨水更旺，战斗更激烈更残酷了。中国驻印军已投入了四个步兵团，再加上美国五三〇七支队，总兵力仍超过了增援后的敌人。可是由于敌方凭借着两年来构筑起的工事，负隅顽抗，使战争呈胶着状态。史迪威沉不住气了，又将鲍德诺换下来，另任命韦瑟尔斯为前线指挥官。可是，这前后三任指挥官身上存在同样的问题，他们既不了解中国士兵的心理与特性，又不信任中国军官，有时自己下达命令之前，对实施所需要的时间也不作考虑，下达的命令也时常改变，任务指示也不明确，且常常分割使用兵力。这种带兵的办法又焉能取胜？

战场的局势让郑洞国忧心忡忡，7月6日孟拱谷地战斗一结束，他急忙飞抵密支那，见拉锯战的局面仍未打开，心急火燎，径直与前线各部队长磋商，决定于"七七"这天发动全面攻击。当晚郑洞国以电话向各师下达了战斗令。

中美军队自7月13日始，发起新一轮的攻击。从7月25日起，驻印军又开始全线攻击。7月28日各部队继续向敌猛烈攻击，重点保持于第五十师方面。次日，各部队在空军和炮兵掩护下，攻势愈猛。第八十九团在重炮火力掩护下，突入新街市。激战至31日，第一五〇团已通过市区第六条马路，第一四九团将火车站全部占领，新三十师及第十四师各部队亦攻占若干重要目标，密支那市区已大半为我军所控制。

8月2日，第五十师师长潘裕昆考虑到密支那市北端的日军仍凭借坚固阵地顽抗，若从正面强攻，牺牲太大。为了尽快结束战斗，潘裕昆决定征选一百零四名精壮骨干官兵，组成敢死队，分成十五个小组，借夜色潜入敌人后方，将敌方的通信联络完全切断。

次日拂晓，中美联军向敌指挥部及其他重要据点发起猛攻。由于通信瘫痪，日军陷入一片混乱，连连损兵折将又失地。至此，密支那的十三条马路，被收复了十一条，另外两条也被中美军队分割包围开来。敌首水上源藏见大势已去、败局已定，只得趁黑夜用竹

172

筏将伤病员偷运出城，然后自己开枪自杀。

至8月5日，中美联军完全控制了密支那市区，结束了缅北战场历时最长、最为激烈、最为艰难的一战。同时派出有力部队越过伊洛瓦底江追歼残敌，向八莫方向警戒，密支那攻击战至此方告结束。

密支那之役是整个缅北反击战中最为激烈和艰苦的一役。中方以死伤六千六百余人的沉重代价，换取了战略要冲密支那。这场战役的胜利，使盟军获得战场主动权，对于中国来说，意味着中国西南战略形势得到根本改观，抗日大后方有了稳定性。危险的驼峰航线载入史册，空军可以从密支那上空，绕过喜马拉雅山，安全便捷地飞往中国，飞往昆明和重庆。被阻断的中印公路和滇缅公路连通，指日可待。

攻下密支那后，第一阶段的北缅战役便告结束。史迪威顾念各部队转战北缅，非常疲劳和辛苦，尤其是新三十八师转战最久，自1943年春掩护筑路工程部队进入野人山区算起，已衣不解带、昼夜奔驰十七个月，遂下令命部队进行休整。

告别史迪威

密支那之战后，中国驻印军总军力已达十万。根据战局的发展，奉重庆军委会命令，总指挥部将所属各师组编为新一军和新六军两个军，分别由孙立人和廖耀湘担任军长，总指挥仍由史迪威兼任，郑洞国升任副总指挥。经过短期休整，两军分别从密支那与孟拱出发，踏上了返回祖国的胜利之路。

正当中国驻印军向缅北古城八莫进军之际，总指挥长史迪威却黯然神伤地离开了缅北战场。

史迪威出生于美国南方佛罗里达州帕拉特兴附近一片茂密松林的农场中。他的性格中有着松树样的倔强和正直。他的祖先中有两位曾为美国的独立而战，他的父亲独断专行却热心社会公益事业，他处理事情的方法和神态都显示出与众不同，这些不同深深影响了史迪威。史迪威性格坚强，从不讲废话，被认为是美军中一位真正的战略家和出色的教官；他已经在中国生活工作了十三年，他到过中国很多地方，是位"中国通"。

史迪威本打算在中国干出一番伟业，可是一些与生俱来的性格缺点，严重地影响了史迪威的工作成效。陈纳德，美国在中国作战志愿航空队（"飞虎队"）的指挥官，有"飞虎将军"之称，一直以来与史迪威的关系势如水火，但他对史迪威的长处和短处做出了最恰如其分的评价："史迪威的中国使命，无疑是把难度最大的外交工作放到了一位战时职业军人的肩上。"陈纳德写道："他是一名陆军战士，性格粗犷，勇猛无比。在敌人的炮火下指挥军队作战，他有如闲庭信步。"尽管这样说，陈纳德在最后加上了最关键的一笔："我与史迪威的全部交往让我相信，他总是把自己完全看成是一名陆军军人，而根本不明白他作为外交官的基本职责，他也没有那份耐心去弄明白这一切。"就是史迪威的好朋友、美军总参谋长乔治·马歇尔将军也承认，"酸醋乔"自己最大的敌人是自己的性格，由于史迪威毫不掩饰他对中国人还有英国人"无所作为"态度的蔑视，这无疑恶化了他与他们的关系，使他在开展工作时总不那么顺畅。

同时，作为蒋介石的总参谋长，史迪威必须具有超常的耐心，而史迪威正好天生耿直而急躁。在公开场合，他对最高统帅还比较克制，一旦回到住所，他便会把他对蒋的蔑视和愤恨通通发泄出来。蒋介石特意安排在史公馆里的服务人员，又会巧妙地把史迪威的话语汇报给蒋。另外，在一些公开场合，心直口快的史迪威则会不留情面地数落国民政府的缺点，让蒋介石很丢面子而忍无可忍。

史迪威与蒋介石的矛盾从他同罗斯福的谈话中可见一斑。1943年，史迪威与陈纳德同受罗斯福总统的召见。当罗斯福问及二人对蒋介石的看法时，史迪威回答说："蒋介石是个从来不守信用，动摇不定，诡计多端，极不可靠的老恶棍。"而陈纳德的回答是："蒋委员长是当今世界上两三个最伟大的军事和政治领袖之一，他从来没有对我食过一次言，背过一次约。"史、陈二人爱憎分明，回答问题的立场各不相同，皆带有个人感情色彩。史迪威出任中国战区参谋长，是美国政府的任命，而陈纳德任中国空军参谋长，是蒋介石的任命，背景各不相同，价值取向也就完全不同。

1944 年，正当史迪威上将雄心勃勃地准备接受对所有中国军队的指挥权时，10 月 19 日这一天，罗斯福终于在蒋介石第三次强硬要求他召回史迪威时，听从了蒋介石的要求，解除了史迪威在中国战区的职务，将其召回国，这最终导致了史迪威将军壮志未酬。

在中国远征军第一次入缅作战过程中，蒋介石与史迪威是最关键的人物。他们一是最高统帅，一为前方主将；一是主人，一为客卿；一是国民党军最高统帅，一为友军最高指挥官；一是求助者，一为施助者。其关系之复杂，为中外史上所罕见。

史迪威受命之前，宋子文对其个人经历做过较为详细的了解，并与之进行过多次晤谈。如果说，宋子文给史迪威留下的初步印象是"不光明正大且又滑头"的话，那么，史迪威给宋子文的印象则截然不同。宋子文十分满意史迪威干练的处事作风和果断的军人气质。史迪威抵达重庆后，就住在宋子文在嘉陵江边建造的一幢西式别墅里。宋子文又于 3 月 8 日电蒋："史迪威为其（指马歇尔）部下最得力之将才，本拟任为出征军总司令，唯中国事务紧要，故派其赴华，谅蒙委员长重用。"

有了这些铺垫，蒋介石最初对史迪威还是欢迎的。但是随着中美军事合作进入实质阶段，蒋介石和史迪威关系在一天天恶化。在租借物资管理、指挥权上，史蒋之间存在着很大分歧。作为蒋介石的参谋长，史迪威应服从蒋；作为对华租界物资管理统治人的史迪威，又高居于蒋介石之上。这一矛盾导致史蒋关系紧张。史迪威向第十八集团军提供物资的做法，激怒了蒋介石，他不能容忍史迪威将"反共"的物资用来"援共"。因此蒋介石曾数次要求修改物资由美方管理的规定，但均被史迪威拒绝了。

同时，对远征军的指挥权之争，也加剧了两人之间的矛盾。史迪威一开始就没有把其在中国的位置限于蒋介石的参谋长地位上，指挥军队建功立业，是史迪威衷心追求的目标。远征军战败后，在总结缅甸战役失败的原因时，蒋介石与史迪威相互指责。蒋介石认为史迪威"不重视组织与具体方案及整个实施计划……仍以十五年以前之目光视我国家与军人，故事多格格不入……缅战失败之原因……其咎全在战略之失败"。史迪威则批评蒋介石"战术思想非常离奇"，越过他直接向中国军队指挥官发号施令，致使部队不听调遣，贻误了战机。蒋史矛盾遂于六、七月间因史迪威军事指挥权这一焦点问题激发起第一次高潮。1942 年 7 月蒋介石第一次要求撤换史迪威，罗斯福连忙派出自己的行政助理居里博士去调解史蒋之间的矛盾。

1943 年九、十月间，蒋史关系出现第二次危机，激发这次危机的主要因素是反攻缅甸的战略方针之争。在反攻缅甸问题上，中美英三国难趋一致。英国以种种借口加以阻挠。美国收复缅甸之心虽切，但常常向英国妥协和让步，以致攻缅计划一改再改。蒋介石则利用英美的扯皮拖延，热衷于陈纳德的空战计划。史迪威则在履行其在华使命、积极实施攻缅计划的同时，主张整编中国军队，反对陈纳德的空中计划，因而与蒋介石再起冲突。这次冲突再次加强了蒋介石换掉史迪威的决心，然后迫于蒙巴顿"如果那位指挥中国部队已近两年的人被调走，我不能执行运用中国部队作战的计划"威胁的压力，以及宋氏姐妹的斡旋、史迪威的忍辱求和，蒋介石终于放弃了撤换史迪威的念头。

1944 年 7 月马歇尔起草、罗斯福签署了一个电文，这个电文写得直截了当、毫不客气。一是要求蒋介石政府继续大力增援在怒江和北缅的中国军队，并敦促他们加强攻势。二是要求蒋介石任命史迪威"全权指挥"其所辖部队。

马歇尔起草的这份罗斯福致蒋介石的电文，确实有很不恰当的训人语气，这在处理两国关系上是极为不当的，让史迪威本人去转交这样一份以威胁的口吻写的，逼蒋介石交出军队指挥权给予史迪威的电文，就更为欠妥。

如果是由别人向蒋介石转交这份电文，蒋介石或许不感到那么难堪，看在罗斯福的脸面上不便马上发作，而今由史迪威本人递交这份电文，遂使蒋介石感觉那是史迪威在借罗斯福之手对他进行要挟，所以必然迁怒于史迪威。本来蒋介石就对史迪威一再向他要指挥中国军队的全权心存芥蒂，特别是对史迪威企图用美国军事装备武装中国共产党的军队，一直抱有戒心。蒋介石复电表示"原则同意"。但过后不久就直截了当地要求美国立即撤换史迪威。在赫尔利危言耸听地提醒罗斯福如果在史蒋争执中支持史迪威，那就会失去蒋介石，而且可能同他一起失去中国后，终于下定决心，同意召回史迪威。

史迪威被解职了，虽然郑洞国曾受其羞辱受其压制，并多次向蒋介石申请不愿再和史迪威配合工作，尽管他武断地因为郑洞国将军是蒋介石派到印度来的，而且在委任之前未同他商量过，所以就不问青红皂白地把郑将军打入"冷宫"，限制了郑的指挥才能的发挥，然而这些年共同的征战岁月让郑洞国对这个有些傲慢、刻薄却又直率的美国人，有了一些不同的认识。

这名年过六旬的将军，经常亲临前线，实地考察，轻装简从，只有其华裔侍从副官狄克·杨伴随。在前方，对他的接待也无繁文缛节。他有时住在竹棚、帐篷或地下掩体里，有时则在两树之间拉上吊床睡觉。在总指挥部前进指挥所开饭时，他与其他官兵一样排队打饭，毫无特殊。行军途中，当他见中国士兵卷起树叶当烟抽时，他就取出他的香烟分给大家，有时他特意安排运来一批香烟，分赠士兵。他那与士兵同吃同住、同甘共苦的作风给郑洞国留下了非常深刻的印象。

如今离别在即，郑洞国更多的是"相逢一笑泯恩仇"之感。10月下旬的一个下午，郑洞国率孙立人、廖耀湘等将领恭候在密支那西机场，等待着借道回国的史迪威。

手扶舷梯走下飞机的史迪威虽然身着整齐的将军服，可这位长年征战雨林的将军已经颇显老态。

郑洞国第一个迎上前去，给这位昔日的异国上司毕恭毕敬地行了个军礼，然后紧握其手真诚地说："欢迎将军前来视察。"

"No，No！"史迪威摇头说道，"你们中国有句话，叫作'不在其位，不谋其政'。我已经解甲归田了，哪能还来视察？再说，你们这不叫欢迎，而是欢送，欢送我这老头子借道回美国去。"

史迪威的话中似有几分坦率、几分幽默，但更多的是苦涩。这位出自西点军校的军人，国家的需要是他长期以来形成的一种信条。他是西点军校培养出来的优秀军人，他渴望的是指挥和训练作战部队，可是他长期以来最高官职是外交武官，无法体现他的军事指挥才能，在国民党的权力争斗中，他无所适从，他最终未能成为"戈登式"的将军。

送别的场面一时气氛沉重，众人不再言语了，一一上前致礼握手。当史迪威看到面前的孙立人时，倔老头分明也动了感情，用伤感的目光看着孙立人说道："你是一名非常优秀的军人，你已经充分用事实证明了中国军队的勇敢和能力，我以你为荣！"

夕阳下，这位怅然离开的老军人，背影被拉得很长。

抗战胜利的喜悦

史迪威走了，新任总指挥索尔登来了。他偕同副总指挥郑洞国一道，指挥着中美联合军，把一面面战旗插在缅北重镇八莫、南坎、腊戌、芒友……

1945年1月28日，中国驻印军终于与云南出击的中国滇西远征军第五十三军部队胜利会师，中印公路终于全线打通。

中印公路打通后，滇西远征军第五十三军循来路回国，驻印军为进一步扩大战果，确保滇缅国际交通线的安全，乃继续掉头向缅中挺进。我三路大军以泰山压顶之势向日军压去……

中国驻印军近十万抗日将士，与美英盟军协力作战，战胜了极其恶劣的气候条件和异常险峻的地理环境，修筑了一条全长五百六十余公里的公路，并铺设了一条当时在世界上最长的输油管道，使抗日作战物资再度源源输入中国大陆，有力地支援了全国的抗日战争。同时中国驻印军和滇西远征军，在盟军支援下，基本全歼了日军精锐的第十八师团、第五十六师团，重创日军第二师团、第三十三师团。前后毙伤日军十余万人，狠狠打击了日军的气焰，牵制住了日军缅甸方面军的预备队，为收复缅甸及配合盟军在太平洋战场作战，做出了重要贡献。

1945 年，世界反法西斯战争进入了最后阶段。是年 4 月 16 日，苏联红军发起柏林战役，至 5 月 2 日攻克柏林，与美英军队会师于易北河，纳粹德国宣布无条件投降，欧洲反法西斯战争胜利结束。在亚洲和太平洋战场上，日本法西斯军队亦连遭惨败，其海空军和部分陆军在太平洋战场被美英盟军消灭殆尽，占其总兵力的百分之六十以上的侵华军队也在中国大陆愈陷愈深。

在抗战胜利前夕，郑洞国奉召到重庆参加国民党第六次全国代表大会。当他到达重庆后，竟受到了意想不到的热烈欢迎。冯玉祥先生亲自主持了有重庆各界代表出席的盛大仪式，庆祝缅北反攻战役取得的伟大胜利。一时间郑洞国生活在称赞声中。蒋介石、何应钦等也分别召见并设宴招待郑洞国。

郑洞国深知这些热情、赞誉是因为缅北、滇西所取得的胜利，这些胜利让人们看到了抗战胜利的希望，人们开始相信这是全国抗战胜利的先声，最后胜利的日子即将到来了！长年生活在日军蹂躏压迫下的人们，又怎能不由衷感到喜悦呢？

鉴于中国驻印军在缅北的作战任务已圆满结束，新一军和驻印军各直属部队奉命陆续班师回国，准备加入正面战场的国民党军队，积极准备对日寇展开全面反攻。驻印军撤军工作结束后，中国驻印军总指挥部、副总指挥部随之撤销，郑洞国留在昆明待命。

1945 年 8 月的一则消息震动了郑洞国。消息称美军先后在日本广岛、长崎投掷了两枚原子弹。同时，苏联政府亦于 8 月 8 日正式对日宣战，百万苏联红军挥师进入中国东北，迅速击溃了日本关东军。他忍不住猛地一拍大腿，一下子从沙发上站了起来，脸上激动之色尽显，他不停地在屋内来回快速走来走去，他知道日本的气数已尽，艰苦抗战终于要迎来最后的胜利了！

果然，对战争前途已经彻底绝望了的日本天皇，被迫于8月10日召开御前会议，决定接受中、美、英三国发表的《波茨坦宣言》，宣布日本无条件投降。当消息从广播、报纸中传遍中华大地时，整个中国沸腾了。大街小巷挤满了载歌载舞的人群，鞭炮声、锣鼓声、人们的欢呼声昼夜不息，震耳欲聋。人们胜利的喜悦在多年的隐忍和屈辱中，如火山爆发般地喷发出来。

郑洞国这位饱经战争风霜，看多了鲜血、牺牲的铁血男儿，按捺不住自己激动的心情，一遍又一遍地吟诵着杜甫的名句："剑外忽传收蓟北，初闻涕泪满衣裳。却看妻子愁何在，漫卷诗书喜欲狂。白日放歌须纵酒，青春作伴好还乡。即从巴峡穿巫峡，便下襄阳向洛阳。"他兴奋得夜不能寐，情不自禁地走上街头，加入欢庆胜利的人流中。

抗战十四年，郑洞国南征北战，鞍马劳顿，今天总算看到了胜利。在昆明期间，朋友们你来我往，终日摆酒设宴，暂时把一切都丢到了脑后。

不多久，蒋介石电召郑洞国去重庆，欲委任他为其侍从室侍卫长。虽然侍卫长只管辖一个警卫旅，但所有要求见蒋介石的党政要员及外宾，都必须先至侍卫长属下的武官室。侍卫长既有炙手可热的权势，又可享应有尽有的富贵。可是，对于如此肥缺显位，郑洞国却推辞了。他自知性情耿直，不善内卫事务，也不愿卷入政治派系斗争中，只好辜负了蒋介石的垂爱和信任。郑洞国通过好朋友李及兰，向其任侍从室主任的连襟钱大钧先生婉言陈明心迹，请钱氏从中说项，遂使蒋先生打消了这一想法。

郑洞国重返昆明后，很快就接到了就任第三方面军副司令长官的委任令，随即与司令长官汤恩伯将军一道，前往设在柳州的第三方面军司令部视事。

第八章　难以走出的黑土地

新任东北保安总司令的杜聿明两次盛情相邀，郑洞国不自觉地卷入了东北内战的旋涡。杜聿明、熊式辉让陈诚挤走了，一年之后，陈诚在一片骂声中也走了，郑洞国想走却走不了，在屡战屡败的东北战场上，他深深地陷入了难以自拔的泥沼。

卷入东北内战的旋涡

抗日战争结束后，就在全国人民都以为经历了四年艰苦抗战，历经磨难的中国能够迎来新生的时候，内战的阴云却又一次笼罩在这块战争创伤未及愈合的国土上。

国民党开始用尽办法消除共产党的实力和影响力。蒋介石一面命令在各个敌后沦陷区坚持抗敌斗争的共产党抗日武装"就原地驻防待命"，不得向敌伪"擅自行动"；一面以政府"接收"为名，在美国海空军的大力支援下，迅速将大批精锐部队由大后方源源不断地运往东南、中南、华北各省，并积极准备从苏联手中接收东北。中共方面当然不肯屈服，双方遂在陇海路、平汉路、平绥路沿线频频发生激烈的武装冲突，内战的危机空前严重起来。

日军投降前，郑洞国接到了回国后的新任命，尽管蒋介石已承诺郑洞国在驻印军的努力会得到肯定，但最终命令发布，任命其担任第三方面军军长汤恩伯的副手。这一命令一出，郑洞国的部下均感到非常失望。当时第三方面军军长汤恩伯和其第一副手张雪中已经配合多年，两人之间的默契让郑洞国的存在显得尴尬。黄仁宇在回忆这段历史时写道："他们根本不需要郑洞国。副司令长官是个多余的职务，没有明确规定的职责。除非司令官指派他执行不痛不痒的杂务，否则他的急于效劳不会被欣赏，反倒引起猜疑。忠于汤将军的将领可能以为，有个外人打算进攻内部。事实上，我们在第三方面军时，或多或少被总司令部人员视为汤将军的宾客。"

郑洞国偕同僚张雪中副司令率第三方面军先遣部队从柳州飞抵上海。第二天，大部队空运到达上海。长龙般的队伍从机场一直排到外滩，欢呼声、鞭炮声震耳欲聋。马路的两旁插满了中华民国的青天白日旗，人们都在肆意地享受着胜利者的快意。9月9日，身兼京沪警备副司令的郑洞国又飞抵南京，与汤恩伯、廖耀湘、舒适存等将领一道，参加了中国战区日军的投降签字仪式。在中央军校礼堂大厅里，在孙中山的巨幅画像前，在千余名中外军人、政要、记者与社会名流的目光聚焦下，侵华日军总司令冈村宁次在投降书上签下了自己罪恶的名字。那刻骨铭心的一幕，更是将郑洞国胜利的喜悦之情推向极致。

战后的中国向何处去，随着庆功酒醒之后，已渐渐摆在包括郑洞国在内的国人面前。尽管国共两党刚刚签署了《双十协定》，用文字确定了和平建国的基本方针，但那只不过是纸上的和平、是国人梦中的幻境。时任郑洞国副官的黄仁宇就这样写道："更烦人的是，战争可能尚未结束。中国可能卷入新的战事，也就是国民党和共产党间的内战。每天点点滴滴的消息都指向我们最害怕的事情：紧接抗战而来的内战，似乎无可避免。华北爆发零星的战事，但真正的麻烦在东北。苏联阻挡国民党的军队进入东北，但共产党军队却以步行和破烂的车队急速抢进。众所皆知，我们不能再承受任何战事，这个可怜的国家已经被战争蹂躏得差不多了。"

和许多人一样，郑洞国厌倦了战争，真诚希望祖国战后和平。就在国民党"五子登科"的闹剧刚刚拉开序幕之际，郑洞国却偏偏脱下了将军服。他不在乎这套将军服能为他带来多少的古董珠宝、多少的票子房子、多少的香车美女，他只想过平静的家庭生活。郑洞国把家人从老家接出来，在上海赵主教路安了家，换上平民服装，和家人一道享受着和平的阳光。可是10月20日左右的一则消息让郑洞国感到越压越低的战争的阴云。

报上称杜聿明已被任命为东北保安司令长官部司令长官，即日内将赴往履新。联想到此前国民政府已任命熊式辉为东北行辕主任，并调集第十三军、第五十二军两个军的兵力，准备向先期占领榆关、锦州一带的共产党军队进攻，进而从苏军手中接收整个东北。郑洞国知道内战已经不可避免，如果国共在东北展开争夺，那片黑土地将会成为引爆全面内战的黑火药。眼下，郑洞国不能不为内战在即的时局担忧，不能不为老友的前途担忧，只是他没有想到正是和杜聿明的关系，使他最后被卷入东北的内战之中。

半个多月后的一天，郑洞国得悉杜聿明将军于当日率长官部人员经上海飞赴东北，便同张雪中等第三方面军高级将领特地赶到虹桥机场迎接。杜氏身着笔挺的军装，足蹬长筒皮靴，满面笑容地率先走下飞机。这位刚刚因以武力逼迫龙云离开云南而受到"撤职查办"处分的蒋介石爱将，此时身上的志得意满是怎么也掩盖不住的。

当看到等候在舷梯旁的郑洞国和一众将领们时，他热情地伸出手，一一与其握手，表示感谢。

郑洞国不禁打趣道："光亭兄真是春风得意呀！"

杜氏一边笑着应道："哪里，哪里。"一边快活地与周围的人打招呼，开玩笑。

随即，大家将杜聿明迎到了机场的小会议室小憩。大家彼此寒暄了一阵后，话题渐渐扯到杜氏赴东北的使命上来。杜聿明踌躇满志地侃侃而谈："目前的时局对我们极为有利，根据中苏条约的规定，我们在短期内收复东北看来已无问题。兄弟前不久专门拜会过盟军第七舰队司令金开德将军，他已答应派军舰帮助我们向东北输送军队。只要美国朋友帮我们解决了运输问题，我们在军事上迅速战胜东北共军就更有把握了。"

这番话迅速激起了在场人员的情绪，大家七嘴八舌地纷纷表达自己对时局的见解，仿佛那胜利就在眼前，唾手可得。

这盲目乐观的情绪却使郑洞国感到一丝的忧虑，但是碍于众人在场，有些话不好直说，他只得婉转地问道："国共两党间的战争也许只是迟早的事情了。不过，目下有人认为应对此持慎重态度。理由是过去在江西时，共产党仅区区数万之众，我们围剿了几年尚不能消灭，今天他们已拥有百万武装，倘一旦内战重起，我们不一定能稳操胜券。不知光亭兄对今后整个时局的看法如何？"

杜聿明微微一笑，语气轻松地说："共产党的力量当然不能忽视。不过彼一时也，此一时也，现在仗打起来，绝非是当年江西的情况可比。如今我们拥有几百万装备精良的军队，再加上美国朋友的全力支持，整个形势都将对我们有利，只要认真、慎重地指挥作战，打败共产党不是不可能的。"说到这儿，他环视四周，提高声调，"共党势力若不早除，今后必为根本祸患。为党国长远利益着想，即使为此冒些战争风险也在所不惜。最近委座曾当面向兄弟训示，将以最大努力，采取一切手段，务必实现国家军令、政令之统一。委座决心既定，我辈军人唯有服从命令，其他便不能多计了。"

老友乐观的态度虽未完全消除郑洞国心中的忧虑，却也不免受到感染，与众人纷纷点了点头称是。

谈笑间，飞机起飞时间到了。郑洞国偕众将一直将杜聿明一行送上飞机。杜聿明乘人不注意，悄悄碰了一下郑洞国的臂肘，低声说："喂，桂庭兄，我看你在这里也无甚事可干，不如屈就一下到东北去吧，我们也好再度共事。"

这突如其来的邀约让郑洞国一时不知如何对答，遂敷衍道："慢慢再说吧，我恐怕也帮不了你什么忙。"

杜氏含笑道："你若想来，可随时告诉我。委员长那里由我去讲。"

话未说完，其他将领已纷纷走过来与杜聿明握手告别，两人的私下交谈就这样被打断了。

世事难料，郑洞国原本以为"东北之邀"只是老友离别时的临时起意，却不承想，在转年二月，一纸电文从北平飞传上海，杜聿明将机场的邀约就这样又一次摆在了郑洞国的面前。

郑洞国陷入了深深的思索。自从机场一别，他一直关注着老友的行踪。杜氏北飞不久，11月中旬国共双方在东北的战争就拉开了序幕。11月16日，杜聿明率部进入山海关，随即又进占绥中、兴城、锦西、锦州……稍后，国共两党虽于1946年1月5日达成停战协议，可国民党单方宣称停战范围不包括东北。杜聿明依然挥师北进，新一军、新六军这两支曾在印缅战场上征战过的王牌部队，相继空运东北，战火遂向阜新、朝阳、黑山、营口等地蔓延开来。

早春二月，就在杜聿明顺风顺水地在东北频频得手时，他的肾病却也再次复发。杜氏在电报中告知郑洞国，他因旧疾复发，且病势沉重，不得不离开锦州到北平就医。眼下东北战事正紧，军中不可一日无帅。他已向蒋委员长保荐郑洞国担任东北保安司令长官部副司令长官，代理司令长官职务，望郑念同学手足之谊，切勿推却，并速往北平与他一晤。

这份电报让郑洞国夜不能寐、辗转反侧。理智告诉他，战后国家的当务之急应是休养生息，与民更始，一旦打起内战，必使国无宁日，黎民再受战乱之苦，民族也将失去振兴希望。正如他在自传中所记载：

> 杜将军的这封急电使我踌躇再三，这才意识到是否参加内战这个原来就感到很困难的抉择，现在必须做出决断了。我闭门苦思了几天，思想斗争很激烈。对于到东北去同共产党打仗，直接介入内战纷争，我的确缺乏信心，而且有些不大情愿。可反过来又想，既然国共两党迟早要打仗，那么我作为国民党一方的高级将领，只要在政治上效忠于"党国"事业，恐怕很难回避这场战争。再者，杜光

亭与我两度同学，抗战中又是患难之交。他在困难中请我帮忙，倘若推脱，亦显得不够朋友。因此从这个"公"情私谊的角度上看，我又觉得去比不去好，况且我在抗战期间指挥过的新一军、新六军现在均在东北，第五十二军等部队中也有我往日的旧部和同事，故在处理人事关系、掌握兵权上也强似在汤恩伯将军手下做事。至于将来国共两党胜负如何，人民怎样承受这场战争所带来的灾难等恼人问题，我个人也左右不了，还是让"领袖"和"政府"去考虑吧！就这样，我冥思苦想的结果，下了一个后来使我懊悔不已的决心：接受杜光亭的邀请，到东北去。

心意既定，郑洞国即向汤恩伯请了假，于 2 月 20 日由上海飞抵北平。一下飞机，也顾不上游览一下阔别十年的古都，径直驱车前往白塔寺附近的中和医院，来到杜聿明的病榻前。杜聿明已全然不是三个多月前在上海虹桥机场时的那副神采飞扬的样子了，看上去他的病确实不轻，脸色憔悴、蜡黄，身体也更加瘦弱。杜氏的肾结核病已经非常严重，必须实施手术切除左肾，手术结果如何亦难预料。杜聿明只得电请蒋介石将自己远在昆明的老母妻小一干人用专机接至北平，安顿于弓弦胡同的一座四合院里。眼前的景象让郑洞国唏嘘不已。

就在这时，睡梦中的杜聿明似是听到了郑洞国的声音，睁眼看到他，高兴地说道："哎呀，桂庭兄，你总算来了，我盼你盼得望眼欲穿哟！"

郑洞国却不知自己的到来让多日来气苦郁闷的杜聿明彻底地放下心来。这些天，随着杜聿明病情的恶化，一些不好的传闻也开始出现。重庆传出风声，说杜聿明已病入膏肓，其妻小都已哭哭啼啼地到了北平。更有消息传来，说"袖珍委员长"陈诚已保举他人主帅东北。消息纷至，有如箭矢穿心，自己苦心经营的新班底如何也不能交与陈诚这个与他相处不悦的人。于是，他忍痛挣扎起来，向蒋介石写下了长长的陈情电文，并恳请委座恩准郑洞国代他顶替一阵。

郑洞国的到来无疑使杜氏吃下了定心丸。在杜聿明眼中，郑洞国确实是肝胆相照的朋友。正因为如此，他才再三恳请，并掏心掏肺地向这位朋友交出自己苦心经营拼凑起的新班底。他怕一旦因他病倒而影响战局，将可能失去收复东北的绝好时机，这样也对不起蒋先生。此时，他恨不能将东北国共双方的兵力与部署、关于作战进击的谋略与路线、关于国民党军队内部的人事与装备等问题都赶紧向郑洞国交代清楚。

杜氏在谈话中很坦率地告诉郑洞国，东北民主联军的力量比他原来预料的要强得多，作战亦相当艰难。不过，他对整个东北军事形势的估计还是乐观的。他认为，从目前看，东北民主联军人数较少，装备低劣，在东北又尚未立足稳固，群众基础不如关内好；而国民党方面军队装备精良，新一军、新六军等部队正陆续空运至东北，在人数上也略占优势，因此只要果断地展开全面进攻，是有把握收复东北的。

但是，杜聿明也看到了国民党内部存在着很大的问题。他知道大大小小的军政官员矛盾重重，相互争权夺利而不顾"党国"大计的事情时有发生，大多数官员都把去东北看作抢肥缺、发横财，一时贪污舞弊成风，这样下去迟早会失去民心。

"桂庭兄，现在东北内部情况复杂啊，干事的人有，掣肘的人亦不少啊。熊式辉将军事先不与我打好招呼，竟抢先于去年12月空运刚刚由伪军收编的保安第二总队刘德溥部至长春接收。类似的事情说也说不尽啊。"杜氏的言辞间多有不悦之色。

"是啊，这类事情我在上海也见了不少，想不到东北也是如此，的确让人忧心忡忡啊。"郑洞国答道。

"俄国人是靠不住的，今后收复东北只能指望美国朋友的帮助。最初委员长和熊将军都希望根据中苏条约的有关规定，从苏军手中顺顺当当地把东北接收过来。为此我曾奉命飞赴长春与苏军马林诺夫斯基元帅商洽。对方本已同意我军接收，甚至答应掩护我军在营口登陆，但以后却在未通知我方的情况下，撤出营口等城市，让共产党乘机抢先占领了这些地区。"杜氏愤愤地说道，"但是，你要记得目前沈阳、旅、大等城市尚在苏军手中，我们应避免刺激苏方。我已下令第五十二军二十五师做好准备，等苏军一撤出沈阳，我军立即跟进接防，勿使沈阳这座名城先落入共军之手。"

"至于熊式辉，为人尚好，其人长处是阅历丰富，长于谋略，缺点是遇事不够果断，常常变更主张。"杜氏继续说道，"熊氏虽作为东北国民党最高军政长官而掌有党政军大权，但在军事上则主要由长官部负责。你要在军事指挥上多负些责任。"

郑洞国考虑到自己对东北的情况尚不了解，况且又不愿一去即给人造成与熊氏不和的印象，乃说道："今后在作战方面，仍按你们二人共同拟定的部署进行，你病愈前的实际指挥亦需熊主任担当主要责任，我则努力从旁协助。至于重大军事问题和军队人事变动，我一定要在征得您二人的一致意见后再执行，方可不负重托啊。"

杜聿明听此并未多言。看到天色渐晚，郑洞国便告辞离开。

2月22日，郑洞国接到第三方面军司令部发来的急电，让他迅速去南京参加高级军事会议。第二天他便由北平直接飞往南京。临行前，杜聿明担心蒋介石在东北的人事安排上另有考虑，一面嘱郑洞国当面向蒋介石转达他的意见，一面再次电请蒋介石尽快发表对郑洞国的任命。

会议期间，郑洞国单独去见蒋介石，向他面陈了杜聿明的意见。蒋介石的态度出乎意料的干脆，他说："杜长官的几封电报我都知道了。已经决定派你去东北，你不必等任命发表，会议结束后即可先行到锦州视事。"

由南京匆匆飞返上海后，3月初郑洞国便由上海直接飞抵东北行营及长官部所在地锦州。从此，郑洞国便被卷入东北内战的泥潭中。

"停战三人小组"的到来

3月的锦州，寒风刺骨，下车伊始郑洞国马上拜会熊式辉。郑洞国知道要想在东北做好事情，需要协调好与熊氏及东北行营的关系。

初一见面，郑洞国便说道："久仰熊主任大名，今日得以一见，万分荣幸。郑某初来乍到，对东北的情况不甚了解，还请主任多多指点，必将好好服从熊主任的领导，也请您在军事上多多指教。"

熊式辉显然对郑洞国的态度很满意，脸上立刻堆起笑容，连声说："这个好说，这个好说，只要大家同舟共济，必能不负委座厚望，早日收复东北！"

当晚，在东北行辕主任熊式辉的临时官邸里，举办了为郑洞国接风的酒宴。尽管室外寒风凛冽，官邸内却已春意融融。宾客脸上笑意融融，觥筹交错。座中自是主人公熊式辉话最多。这位此前任中央设计局秘书长的政学系要员，利用近水楼台之便，以中央设计局"东北复员设计委员会"的名义，向蒋介石提出《关于东北复员问题的几项原则意见》，博得蒋氏好感，轻而易举地坐上了东北第一把交椅。

眼下在新来的代司令长官郑洞国面前，熊式辉借古喻今，谈笑风生，极力描绘他在东北的"功绩"和今后局势的乐观前景，仿佛整个东北指口可下，气态颇为自得。周围的几位幕僚也在一旁不停地随声附和着。

这盲目的自得、虚浮的夸赞，却使郑洞国不由得想到杜聿明在北平一再说过的"今后在东北与共军作战切勿轻敌！"尽管知道自己初来乍到不宜发表不同意见，然还是忧心这些人的狂妄轻敌，他忍不住说道："依兄弟之见，自榆锦战斗以来，共军虽累遭失败，但主力尚存。且共军作战向来机动灵活，不事死守，加之东北区域广大，更使其有回旋余地，今后欲剿灭共军，困难恐怕不少，我们最好多从坏处着眼，切忌骄傲轻敌。"

此话一出，场间的气氛瞬间凝固。代总司令如此一番话，不免使众人尴尬。

司令长官部参谋长赵家骧立即出面打起圆场来："我军实力强大，再加上熊主任雄才大略，收复东北当无问题。不过郑代司令长官的话也十分有道理，共军作战狡猾多端，我们必须多加提防，否则难免要吃大亏。"

"桂庭兄说得对呀，自古骄兵必败，对今后东北时局的发展，必须要有充分估计，切勿大意！"熊式辉亦接过话来，顺势下了台阶。

于是，众人复举酒杯，又欢笑如初地开怀畅饮起来。

为了能够顺利地开展军事行动，第二天，熊式辉召集东北行营及保安司令长官部的部分高级将领和幕僚开会，讨论下一步将采取的军事行动和如何应对即将到东北来的国共停战三人小组问题。

在讨论第一个问题时，大部分的人乐观地估计苏军撤退后的形势，尽管郑洞国以秀水河子战斗的教训为例，一再强调各部要集中使用兵力，注意协同作战，互相策应，切忌轻敌冒进。但他的这些话并未引起足够的注意。

在讨论第二个问题时，人们的意见分歧出奇大，会议上争论得异常激烈。

熊式辉说道："这个时候国共停战三人小组到东北来，对我方很不利，搞不好会妨碍下一步的军事行动，共产党方面也可能乘机大造舆论。伤脑筋啊，伤脑筋。"

"既然我们坚持'东北区域不在军事调处范围之内'的主张，则可据此干脆拒绝三人小组到东北来。"有人大声说道。

"此法不可行。若采取强硬拒绝的态度，对我方的社会舆论和观感均很不利，也无助于取得美国更多的同情和援助。切不可因小失大啊。"

"那就拖着，争取让三人小组缓来，最好能够把这件事情拖黄了。"

…………

190

一时间会场上众说纷纭。由于两种意见相持不下，只好暂时休会。

此后又专门为此接连召开几次会议，最后决定要乘三人小组未到东北之前，尽可能扩大占领地区，首先要控制铁道沿线的重要城市，造成既成事实，以便将来进行停战谈判时，使国民党方面处于有利地位。

3月13日，苏军果然撤出沈阳，第五十二军即于当天相继进入沈阳市。南面进占浑河铁桥，北面攻占北陵飞机场，并以汽车输送该军第二师四团向民主联军驻地山梨红屯进攻而占领之，另外一部攻占八家子。同时，新一军五十师亦进占沈阳西之平安堡。

3月16日前后，东北行营及保安司令长官部由锦州移驻沈阳。此后，国民党军队以沈阳为中心，积极准备向沈阳以南、以东、以北地区展开进攻。3月22日，第五十二军占领抚顺，新一军占领铁岭，新六军占领辽阳。至此，沈阳外围的重要城市，除本溪外几乎均为国民党军所控制。

东北国民党军队在军事上的节节"进展"，更加助长了相当一部分将领们自榆锦作战以来滋生的轻敌观念。尽管郑洞国仍利用各种机会反复告诫大家要戒除轻敌观念，稳妥指挥、谨慎作战，并亲到各部巡示，检查作战部署。但是，实话实说，包括郑洞国在内的领导对于后来东北战局的严峻性，都是估计不足的。

在东北，郑洞国虽然代理长官部司令长官职务，但重大军事部署和部队调动等问题，实际上都是由熊式辉最后决定。但熊氏和汤恩伯不同，他对郑洞国非常客气，这为两人的信任和默契打下了良好的基础。到了后来，熊氏对郑洞国甚至有某种不寻常的信任，凡有重要事情均来找郑洞国商议，这种信任也让郑洞国感到舒畅。

为保证谈判的顺利进行，熊式辉下令组织军调三人小组接待委员会，由东北行辕长官部政治部主任余纪忠、沈阳市市长董文琦、沈阳警备副司令彭璧生三人负责。接待委员会下设四个组——总务组、警卫组、宣传组、招待组。

191

1946 年 3 月底，国方代表先期到达中苏联谊社。中苏联谊社原是日本商人兴建的一个大型招待所，称为"奉天大厦"，是当时沈阳最大的现代化旅馆。主体建筑高七层，有大小房间四百多个，房内均有地毯、沙发、电灯、电话、电风扇及卫生设备，这在当时算非常先进的了。七楼有一个大会堂，可容三四百人同时开会。除房间外，配套设施有电梯、电影院、图书馆、餐厅、理发厅、弹子房等。这次被用来当作停战小组会谈的场所。国民党首席代表为北京军调部副参谋长钮先铭等十来人，被安排在七楼住宿。美方代表只有克拉克等三人，住在铁路宾馆，出场不多。各大报纸的记者陆陆续续抵达中苏联谊社后，被安排在六楼。4 月 1 日，中共代表也抵达中苏联谊社，首席代表饶漱石（后为李立三），其余代表有张经武、王守首、谭政、耿飚、伍修权等，还有新华社记者刘白羽、周而复，英文翻译柯柏年等，共计五十人，被安置在五楼。

国共停战三人小组的到来，使熊式辉感到紧张，为了更好地应对可能出现的情况，他在自己的官邸里召集部分高级将领会议，研究参加三人小组第一次会议的对策。

"诸位，在和中共三人组谈判时，我们应当坚持凡我军暂时不派兵去占领的地区，或我军兵力比较薄弱，有被共产党消灭的可能的地点，就主张派出三人小组；如果中共方面坚持要在我方战略要地派出三人小组时，请诸位用种种理由拒绝他们，务必要把三人小组的驻地摆在远离前线的地点。"会议开始后，熊氏就提出这些策略，随后，到会的人员纷纷发表意见。

那天会议开得时间很长，散会后，国民党方面的首席代表赵家骧将军即于深夜出席停战三人小组的首席代表会谈。郑洞国和一众将领被焦虑不安的熊式辉叫到了他的房间，坐立不安地等候着会谈的结果。看着不停在室内踱步的熊氏，刚刚会议中那个能谋善断的熊主任不见了，郑洞国不仅想起了杜聿明给熊氏下的评语："此公多谋而寡断。"不禁哑然失笑。

当时，三人小组中除了国共双方代外，还有美方代表。国共双方处于敌对状态，经常在会上为各自一方的利益互相大动肝火，甚至有时几乎搞到剑拔弩张的地步。美国代表表面上是以仲裁者和调停者的身份发挥作用，但实际上对国民党方面则多有偏袒。甚至后来有一次美方代表在四平街前线视察时竟对郑洞国说："你们为什么不用飞机配合作战？如果用飞机轰炸的话，四平街是很容易攻下的。"美方的态度熊式辉看得一清二楚，他知道美国是支持自己一方的，只要工作做得到位，就能使三人小组的活动对国民党有利。

四月份是谈判的高峰时期，因此召开鸡尾酒会很频繁，平均每周双方就要各开一次，而且时间一般只相差一天。4月3日晚上，中共的首次鸡尾酒会开始了。开会之前，中共代表已预先在会场四周的墙壁上布置了许多照片，让观众了解延安的有关情况。这些照片均拍得很好，有几张是反映延安举行文艺演出的。中共代表发表了长篇讲话，内容主要是他们对本次谈判的意见，即"要和平，不要战争"，并说他们此番前来是有诚意的，讲得有条有理。柯柏年的翻译水平也很出色，现场翻译又准确又流畅，而且感情充沛。

在频繁的会议和酒会中，郑洞国对共产党人的认识也更加深入。正如他在回忆录中所记载，"也正是共产党人表现出的那种坚定沉着、通情达理、胸襟开阔的气度，给了我深刻的印象"。

郑洞国和李立三的初次碰面是在早春的傍晚召开的一次舞会上。几曲舞毕，他走到舞池边坐下休息。这时，迎面走来一位约莫五十岁，身体很好，个子又高又大，戴副眼镜，看上去文质彬彬的，完全是一个知识分子形象的人。他是中共方面的首席代表李敏然。简单问候后，相似的乡音让两人聊得很投机。

"我年少时，痛恨社会黑暗，一怒之下就投到湖南督军赵恒惕的营盘中当兵。谁知，从此人生的际遇充满了偶然。我人生的机遇居然是始于一盘棋。一天，我偶然与赵恒惕下棋，将赵'杀'得大败亏输。赵可能觉得我棋艺还不错，而且对时事有自己的看法见解，因此对我很器重。后来还资助我去北京进入留法勤工俭学预备班，不久即赴法留学，开始了革命生涯。你说这是不是偶然？"李敏然淡淡笑着聊道。

这时郑洞国才知道，原来他就是大名鼎鼎的共产党早期领导人李立三。

"失敬失敬，您就是大名鼎鼎的立三先生啊。"

"不敢不敢。"李立三忙答道。

"但闻先生曾因'立三路线'而受到批评，不知先生可否告知原委？"

郑洞国黄埔军校的好友贺声洋，是因追随李立三而犯严重错误的。因此不禁冒昧地向他询问起有关"立三路线"的问题，但话一出口，他就后悔了，和一位没有朋友交情，而且还是敌对的人聊此话题，定会使对方难堪，面色不禁羞赧而尴尬。

岂知李氏并未露出难为情的样子，反倒歉然地摇摇头说："咳，以前真是乱搞哟！"接着又很认真地讲了一些自我批评的话。

这个反应，远远出乎郑洞国的意料，尽管那时他心中对共产党还怀有一些成见，但对共产党人这种襟怀坦白、大公无私，对任何人都不避讳自己的错误和过失的宏大气度，却不能不怀有深深的钦敬之意。

首战四平街

就在国共停战三人小组来沈调停期间，蒋介石对熊式辉、郑洞国两人秘密卜达了攻打四平的命令。

蒋介石的命令，打乱了东北将领的原定计划。当时大多数将领认为位于沈阳东南的本溪是民主联军的重要据点，地形险要，易守难攻，又集结有上万重兵，对沈阳是个严重威胁，必须首先拔除。但千里之外的最高指示却不得不遵从，不得已最后做出决定，由刚到东北的梁华盛将军指挥新一军和第七十一军先行向四平街方向发动进攻，稍后另以第五十二军军长赵公武将军指挥该军二十五师由抚顺出发，新六军之十四师由辽阳出发，分两个纵队于 4 月 7 日向本溪进攻。

不料，北线进攻四平的部队很快受挫。民主联军于 4 月 8 日集中四五个旅的兵力，突然在昌图以北地区发动了一次十分凌厉的反击，首先将左翼七十一军八十七师击溃，该师副师长、参谋长均被生俘。民主联军趁势扩大战果，接着便向正朝四平街方向挺进的新一军新三十八师发动猛袭。新三十八师猝不及防，顷刻间就被吃掉三个连，有一部分民主联军一直突入该师师部门外，一边趴到院墙上向内打枪，一边高呼"缴枪不杀！"这一仗新一军损失的兵力并不大，但精神上受到的打击却不小，此后患上了"恐共症"。

就在北线受挫的同时，南线进攻本溪的国民党军队也吃了败仗。4 月 7 日前后，民主联军三纵、四纵先后将新六军十四师、五十二军二十五师击溃，两师共损失一千八百余人，其中二十五师有一部因厌战放下武器。

突如其来的失败使熊式辉如坐针毡，郑洞国再也看不到他那骄傲自得的样子。共产党用漂亮的胜利给他们上了生动的一课。新一军为国民党军队五大主力之首，而七十一军也是国民党军队精锐之师，双双皆出师不利，部分军队竟在火线集体放下武器，这在东北是从未有过的，被史迪威誉为东方"蒙哥马利"的李鸿师长险些被民主联军一举擒获。

两军受挫后，坐镇昌图指挥的梁华盛将军慌了神，连连向沈阳发电求援。熊式辉顿嫌梁氏太沉不住气，遂与郑洞国商议，让他亲临前方接替其指挥。此时的国民党已无足够兵力在南北两线重新发动进攻，被迫决定暂时放弃对本溪的进攻，集中力量在北线作战。

孙渡将军率领的第六十军和第九十三军到达东北，这似乎也没能解决国民党军队的燃眉之急。派系之争、嫡庶之别使郑洞国不敢将这两支部队集结使用于中长路方面。为了不让他们在东北形成一个集团的势力，最后决定把这两个军分开，使两个军始终是各在一方。类似这种出于内部派系成见，而宁可牺牲战略上利益的现象，在那时的国民党军队中是屡见不鲜的。

为了尽快扭转战局，郑洞国亲自赶到最前线督促、指挥新一军各部发动攻击。但他很快发现该部在作战指挥方面畏首畏尾，同时陆空、步炮火力协调不利，根本不能将国民党军队的火力优势充分发挥出来。他重新做了调整，并严格督导各师积极进攻。

就在郑洞国稍稍松口气时，突然接到左翼第七十一军的报告：该军于15日在金家屯以北、大洼以南地区突然遭到民主联军袭击，八十七师一个团被歼，两个团被击溃，师长黄炎仅以身免。前往增援的九十一师一部也被击溃。

这一噩耗使郑洞国非常恼火，而后查明惨败的原因更让他感到颓丧。原来七十一军在大洼惨败之时，该军军长陈明仁尚在沈阳，不在军中。军中不可一日无帅，军纪涣散已注定了这支部队的失败。同时，在战争开始时，他所领导的这支部队根本得不到百姓的支持。八十七师北进至大洼附近时，民主联军已集中大约十四个团的兵力预先设下重重埋伏。八十七师先头团到达后，当地群众哄骗他们，说民主联军早就开走了。官兵们信以为真，纷纷到附近集市上闲逛。民主联军趁其松懈，在集市内的民主联军便衣队配合下，突然发起围攻。该团措手不及，旋被民主联军内应外合全部缴了械。后面的部队也被民主联军截成几段，仓促应战，最后支持不住，全师连同增援的九十一师一部一起向后溃逃。

蒋介石得知此事后大怒，发来电报要严查陈明仁。得知这一消息后，郑洞国忐忑不安，他和陈明仁是黄埔一期的同学，私交很好，不愿陈明仁因此断送了性命或前途，惶惶不安时，突然得知杜聿明手术后，于4月15日匆匆赶回了沈阳。郑洞国连忙请求杜聿明帮助，希望他能助陈明仁度此一劫。

杜聿明也有意为陈氏开脱，乃一面给蒋先生复电说"在战斗发生前，已派专车送陈回部"，一面要郑洞国速告陈氏回部。

主帅临阵离岗的过失在杜、郑二人的倾力帮助下，总算遮掩了下来。然而国民党军队内部已开始显露出溃败之势。

四平街是当时国民党辽北省省会所在地，为东北交通枢纽、工业及军事的重镇。其东北郊山峦重叠，西南郊河流纵横，形势险要，历来为战略上必争之地。郑洞国立誓要拿下四平街。

　　看着手中的情报，郑洞国的眉头渐渐皱起。当时民主联军驻守四平街市区的部队已有一旅之众，并以该市为中心，组成一条东西蜿蜒百余里的防线，摆好了决战的阵式。而郑洞国在中长路前线指挥的军队共有新一军和第七十一军两个军，外加新增援上来的五十二军一九五师，兵力与民主联军大致差不多。多年的征战使郑洞国对民主联军心存忌惮，他知道攻克四平街并不容易。

　　对四平街的攻击开始后，郑洞国很快意识到自己之前判断不错，民主联军的部队是难啃的骨头。己方已用上了所有先进的武器装备，对民主联军的阵地发起了持续的猛攻，然而民主联军防守极为顽强，简直是寸土必争。突入市区的五十师因前线指挥官未能及时策应，结果全部被歼灭掉，伤亡惨重。接替五十师开展进攻的新三十师师长唐守治顾虑重重，行动迟缓，攻击毫无进展。即使是在国民党第七十一军已占领了旧四平，新三十八师进至四十街西北附近已占据大好形势之时，新三十师师长唐守治怯敌如虎，始终不敢全力投入进攻，该军官兵也自从在昌图以北遭民主联军反击之后，多半胆寒，士气低落。最终只与民主联军形成对峙局面。

　　面对这种局面，郑洞国又急又恨。军队"五大主力"之一的新一军，当时可谓是国民党军队中装备最为精良的部队。在抗战期间的印缅战场中，该军与新六军一样，素以能打硬仗著称，今日却在装备低劣的民主联军面前一再受挫。想要上方给予增援，也得不到支持。烦闷之下打电话给身在沈阳的杜聿明，希望能得到精神上的安慰和支持。

　　"桂庭兄，本溪与沈阳唇齿相依，为沈阳门户，民主联军主力集结在本溪附近，对沈阳威胁极大，今你非增加兵力则无法打开僵局。因此莫若调整、增加一些兵力，先打下本溪，将本溪民主联军压迫至山海关以南，这样既可保障沈阳安全，又可抽调一个军以上的兵力增调至四平街方向作战。不知桂庭兄以为如何？"杜聿明在电话中为郑洞国款款分析道。

"光亭兄所言有理，容我细思。"

挂了电话后，郑洞国反复思量杜聿明的提议，他认为杜氏的设想是可行的，遂依言行事。

就在郑洞国在双庙子设下前进指挥所视察时，杜聿明亲自来到前进指挥所，给因自己卷入东北战局的郑洞国打气。这是北平一别后，郑洞国第一次与杜聿明相见。手术后的杜聿明看起来很虚弱，脸色有些蜡黄，行走时身体微微弯曲，郑洞国心中一紧，那个意气风发的杜将军如今也只是一个羸弱的病人。

"光亭兄，你何必亲到前线奔波，保重身体要紧啊！"郑洞国忙迎上前去。

"当初是我在委员长身边力主收复东北，今日仗若打不好，我是无法向老头子（指蒋介石）交代的。"杜聿明苦笑道，继而坚定地说，"现在我们调整一下兵力，先打下本溪，以后还是有把握拿下四平街的。"

杜聿明的决心依然不能抚去郑洞国心中的不安与苦涩，他知道在短期内一举抢占东北是绝对不可能的了，将来的局势会变得更加艰难复杂，胜负难料。只是面对病中的老友，这些话是无论如何也说不出来了。

4 月 29 日清晨，国民党军队开始在南满向本溪的民主联军发动进攻。东北行营和长官部事前对这次军事行动采取了严格的保密措施，对外宣称杜聿明将军赴四平街前线督战，借以迷惑民主联军。经几日激战后，第五十二军于 5 月 3 日首先进入本溪，当晚民主联军主力即主动南撤。次日攻占桥头，进占山海关及其以东、以西一带阵地。至此，本溪方面的战斗暂告一段落。

就在国民党进攻本溪的战役即将结束之际，民主联军有两个纵队左右的兵力由西丰方面南下。随后的一段时间内，国共在四平街打得昏天暗地。双方火力都不示弱，且都是寸土必争。战斗胶着状态下，国民党军队二号王牌军新六军挟攻克本溪之威，轰隆隆地开着战车增援而来。攻守力量开始失衡，林彪最后只得忍痛下命，民主联军实行战略撤退，主动放弃了已坚守一个多月的重镇四平街。民主联军的这次行动十分迅速，一夜之间就将防守四平街一线的部队四散撤走。19 日四平街已成一座空城，新一军始开入市区，首次四平街会战遂告结束。

进攻长春、永吉

就在四平街会战激烈进行之际，5 月 17 日蒋介石特派副参谋总长白崇禧来到沈阳。当晚白崇禧和杜聿明详细分析、研究了北满军事情势后，第二天一同来到了前进指挥所视察。

郑洞国同这二人是老熟人，见面后没有客气，很快就在郑洞国的房间开始磋商下一步的军事行动计划。

"桂庭兄，现今我们已占据有利形势，攻下四平街指日可待。"杜聿明开门见山地说道。

"是啊，我也觉得现在局势对我们相当有利，胜利应该很快就会到来。"白崇禧也面带微笑地附和道，但他话锋一转继续说道："下一步攻占长春、永吉的作战计划却需要慎重考虑啊。蒋先生很担心在长春附近再次遭到民主联军顽强阻击，倘在那里如同四平街一样形成旷日持久、师劳兵疲的僵持局面，形势将对我们非常不利。不如暂缓向长春北进，这样一则可以缓和国内外舆论的非难，为我们赢得主动；二则可以获得整训部队的时间。假如与中共和谈失败再发动进攻不迟。"

对此，杜聿明却有不同的看法，他皱着眉头说道："我军攻击四平街的目的，就是为了击败共军主力，一举收复长春、永吉。现军令已下，中途变更，首先部署很困难，其次容易引发部队混乱，易为共军乘机反攻，此法不妥啊。如果我们能一直打到永吉，可以隔

199

松花江与共军对峙，还可以接收小丰满水电站。"

杜聿明的话并未打消白崇禧的顾虑，他转身问郑洞国："郑副长官的意见如何？"

"我觉得杜将军所言有理，我军应当乘胜攻下长春、永吉。共军整补、扩充的能力非常强。若此时不乘胜追击前进，恐将前功尽弃，且后患无穷啊。"郑洞国连忙说道。

郑洞国的话似乎触动了白崇禧的某根神经，与共产党交战了这么多次，他知道郑洞国的担忧是有道理的，然而城府颇深的白崇禧只"哦"了声，便不再言语了。在没有把握能够顺利拿下长春、永吉时，他绝不会轻易表态。

在国民党军队推进的过程中，发现征程出乎意料地顺畅，一路上并未遇到民主联军的有力抵抗，这个消息使白崇禧兴奋，他预感到民主联军不会固守长春。最后在杜聿明再三表示必胜的决心后，白氏总算放下心来，对杜说："如果确有把握的话，我也同意一举收复长春、永吉。那么你就照原计划打，我马上回去同委员长讲，收复长春、永吉后再与共产党谈判下停战令。"

就在杜、郑二人按照原定作战计划指挥各部向长春、永吉进攻时，国民党军队内部存在的矛盾、分歧再次凸显。

国民党的军队在民主联军战术后退中抢得先机，战线的推进出乎意料地顺利，右翼兵团5月21日占领公主岭，22日占领长春，24日占领东丰、海龙，28日占领永吉，31日占领小丰满、桦甸等地；左翼兵团于5月下旬占领了辽源、双山，5月30日进至松花江南岸。

然而就在此时，中央兵团之新一军因军长孙立人托词伤亡过大，亟须休整，未按作战命令沿中长路以西经怀德、长春、德惠、农安方面向松花江北岸要点追击，部队前进至公主岭以西地区即逡巡不前。

为什么孙立人会突然作此反应？他自是有自己的打算。孙氏抗日战争中以卓越战功闻名中外。在四平街会战后期，孙氏方回到部队，很想借攻占东北名城长春使新一军扬威东北，却未想到杜聿明

200

把攻击长春的任务划归了新六军。新六军廖耀湘部，是杜聿明的嫡系部队，孙立人自然觉得杜聿明此举徇私偏心，又怎甘心积极执行杜聿明的命令呢？

得此消息，郑洞国连忙与新一军联系，要求他们立即迅速出击。然而，孙立人却执意不执行命令。作为指挥官的郑洞国除了无奈，实在没有他法。作为杜、孙的老熟人，这两人之间的矛盾，郑洞国一清二楚，也知道他们的关系不可能有什么好转。

就在这时，杜聿明的突然到来，使郑洞国感到左右为难。他只能委婉地转达了孙立人的意思和困难。然后，脾气火暴的杜聿明听完，勃然大怒，连连追问为什么孙立人不肯服从命令，话里话外已明显表现出对孙的极度不满。

夹在中间的郑洞国，为了大局只能两边安抚，怕杜聿明与孙立人闹翻了，后果更难收拾，他刻意隐瞒了孙氏对杜氏的不满，说自己再找孙将军聊聊。杜聿明其实也没有什么办法，无奈也只得让郑洞国周旋。

指挥所中，杜聿明不停地走来走去："现在左右两翼都在追击作战中，只是孙军长的中央兵团不能配合行动，倘被民主联军看出破绽，集中主力向新六军反攻，我们会吃大亏的。"

"光亭兄，少安毋躁。现今须以大局为重。孙将军脾气耿直，万不可与其硬碰硬。"郑洞国虽然和杜聿明有着相同的担心，但为了不让两人关系彻底搞坏，只得婉言劝道。

正说话间，孙立人也来到了指挥所。见到杜聿明后，他单刀直入地说："新六军作战过久，必须整补，请杜将军宽限追击期限。"

杜聿明听了此话，气不打一处来，但因为战事的推进还有赖于孙立人的部队，只得生生压住火气，说道："现在北满战场情势极佳，希望孙将军能以大局为重，遵令率部向长春追击前进。五十师孤军深入，倘在长春附近遇敌反扑，必遭覆没，还望迅速前往接应。"

"孙将军，还望您从大局出发，尽早发兵以保我作战胜利。"郑洞国也从旁规劝。

无奈孙立人铁了心，坚持不肯前进。这时时间已到正午，杜聿明见反复劝导均无结果，不禁勃然变色，站起身厉声对孙说："现在廖耀湘、陈明仁两部进展极为顺利，并未遇到敌人有力抵抗。新一军应迅速照令前进，否则长春攻不下，部队遭受损失，你是要负责任的。"孙氏见势成僵局，才怏怏回部，但始终未按杜的命令行事，纵是办事以强硬果断著称的杜聿明，此时也只有长叹一声，别无他计了。幸亏共产党主力无意恋战，纷纷撤到松花江以北，杜聿明和郑洞国紧提着的心总算落了地。

顺利的战事使蒋介石颇感得意，他放弃了原来不再北进长春的打算，大约在 5 月 23 日左右偕白崇禧亲自飞到沈阳，指挥军队向民主联军进攻。

就在这时，民主联军给蒋介石送来了一份"大礼"。南满民主联军集中了约三个师兵力，发起"鞍海战役"。民主联军攻克鞍山，全歼一八四师一个团，随后乘胜南下海城，驻守海城的该师师长潘朔端频频发电告急。

国民党在南满的战局骤然吃紧，杜聿明大惊失措。因为他知道，现在委员长还在沈阳，若鞍山一失，沈阳门户洞开，蒋介石和在沈的将领们很可能被解放军"连锅端"了。

杜聿明连忙连夜集中了数十列火车，限令新一军五十师，于 26 日以前集中辽阳，迅速解海城之围，并收复鞍山。这次行动杜聿明需要孙立人的配合，然而他也知道自己调动不了孙立人的军队，只得把这情况告知蒋介石，要求蒋介石敦促孙立人按命令去解海城之围。蒋介石表示同意。

然而让杜聿明想不到的是，第二天蒋介石就再次召见他，说自己已经答应给孙立人三天的假，让一八四师死守待援。这种朝令夕改的做法让杜聿明气苦不已，只得静待新一军的解围。

国民党军队内部的钩心斗角让他们付出了惨重的代价。当 29 日新一军全军集中后，始派一个师南进到鞍山，但为时已晚。潘朔端终于被迫率师直和一个团残部在海城宣布起义。民主联军随后主动撤出海城。

民主联军继续南下，相继攻占大石桥、营口，再歼一八四师另一个团。

一八四师的覆没，特别是潘朔端将军的临阵起义，使郑洞国感到深深的震惊。他隐隐已感到宛如散沙的国民党军队想要取得胜利，希望是越来越渺茫了。

6月6日，东北战场的停战令终于下达，并于7日起生效，为期半个月。郑洞国同其他人都知道，所谓"停战"不过是为了"大战"赢得喘息的时机，国共的决战近在咫尺。此后，由于关内内战烽烟大起，东北国民党军队一时无法得到新的增援，故停战期限一再延长，直至10月中旬，东北战场基本上维持了四个多月的停战状态。

进攻热河

1949年8月，郑洞国突然接到杜聿明发来的急电，要他迅速由长春返回沈阳。

到沈阳后，郑洞国驱车径奔长官部大楼。一见面，杜聿明开门见山地对他说："保安司令长官部要在锦州设立指挥所，拟由你负责，任务是指挥扫荡热河境内的共军，以保持北宁路的安全，并伺机攻占承德，确保东北、华北的联系。军情紧急，希望你赶快赴任。"

这突如其来的委任打了郑洞国个措手不及，他知道在停战期间采取大规模军事行动，一定会引起社会舆论的非议，中庸、温和的个性使他不愿意蹚入这趟浑水。

"光亭兄，你知道我长期驻守长春，对此项军事行动并不了解。未免耽误军国大事，还望另请高明啊。"郑洞国含蓄地说出了自己的想法。

"桂庭兄，你恐怕是担心停战期间进攻热河惹人非议吧？老兄不必多虑，停战仅限于东北地区，热河本不属调处范围，共产党奈何不了我们。况且共军李运昌部约五万人正在那一带积极活动，对我北宁路威胁极大，若不迅速予以消灭，难免有后顾之忧啊。"杜聿明狡黠一笑，娓娓道来。

"既兄已考虑如斯，桂庭却之不恭，也只好勉励而为了。"郑洞国知道杜氏计议已定，便不再说什么，接受了任务。

郑洞国到锦州指挥所后，开始执行杜聿明亲自拟定的作战部署。此次作战计划的要点是，先以一部兵力扫荡平泉以东、锦州古北口铁路以北地区的民主联军，继以主力一举攻克承德，伺机占领赤峰、围场、丰宁等重要据点，进而控制热河全省。

在攻击热河的作战中，共产党不计较一城一地的得失，不强攻死守，兵力集散灵活，避强击弱。因此，国民党方面的战事出奇顺利。然而，让郑洞国没有想到的是，攻城略地的胜利并未为国民党带来巨大的利益，反而日后却因为处处分兵把守，而陷入被动局面。

热河方面战事结束后，郑洞国即回到沈阳向熊式辉主任和杜聿明将军复命。

"桂庭兄，这次干得漂亮啊，这次顺利地解除东北民主联军对北宁路的威胁，你算是为党国立下了大功一件啊。"杜聿明满面笑容地对郑洞国说。

"是啊，郑将军此次出征旗开得胜，为我们去掉了一个心头大患，实在功不可没啊。"熊式辉也笑呵呵地说。

"主任、将军谬赞啊。此次得胜实因将军的好计谋，也因兄弟们的誓死奋战，郑某实在不敢贪功。"郑洞国连忙谦逊地说。

随后，郑洞国由锦州回到沈阳。不久，又奉命派驻抚顺营盘指挥所。临行前杜聿明设宴款待郑洞国。

宴毕，二人秉烛夜谈。

"桂庭兄，现在国统区内，形势可是不妙啊。"杜聿明接着说道，

"早在进攻东北之初，我们的官员就是抱着抢肥缺、发横财的目的来到这里的。现在更是什么人都涌入东北。这些大大小小的官员，置东北人民的生死于不顾，贪污、受贿、营私、敲诈，无恶不作。至于官场上，则更是乌烟瘴气。各派系之间角逐激烈，纷纷任用私人，排除异己，上下沆瀣一气，纲纪荡然。"杜聿明愤愤地说。

"是啊，现在军队中的腐败现象也更加严重了，许多高级将领和中级军官竞相用贪污和克扣军饷赚来的钱，购置房产土地，经营私人企业，甚至还有人从事走私军火、倒卖黄金等勾当。长此以往，可如何是好啊。"郑洞国也皱着眉头忧心忡忡地说。

"军队的纪律日益废弛，一些部队，特别是地方武装所到之处，奸淫掳掠，无恶不作。连号称'王牌军'之一的新六军，在驻防长春期间也时有违纪事件发生，我为平息舆论非议，不得不将该部与驻扎在鞍山、海城的新一军相互对调，才算暂时了事。"杜聿明忍不住发起了牢骚，"你再看看我们的对手，看看共产党在做什么。停战令刚一下达生效，中共便派出大批干部和部队深入农村。一方面肃清匪患，建政权；一方面发动农民，搞土改，老百姓怎么能不拥护？"

"是啊，你没听老百姓说'想中央，盼中央，中央来了更遭殃'。"郑洞国心情沉重地说，"我们让东北民众大失所望啊。目前东北政权的腐败现象，远比当初我在北平见你时预想的严重得多，倘不及时设法解决，我们终是要失尽民心啊。"

杜聿明闻言沉默了半晌，突然睁大眼睛愤愤地说："人家共产党自有真主张，懂得发动民众，争取民心，我们懂得什么了？还不是大家都想着发财。"停了一下，他又神色凄凉地说："你说我们在东北腐败，其实全国又何尝不是如此？这样下去，我们的天下不会有几天了。"

其实杜聿明的隐忧还不止如此，国民党军队之间派系纷争更让他感到无力。在东北的国民党军队主力中，新一军军长孙立人原本就与杜聿明有旧隙，杜聿明最近几次的调兵也公然被拒绝；新六军廖耀湘虽是杜聿明与郑洞国两人的旧部，可随着战功的积累，似乎也渐渐地更有自己的想法；第十三军军长石觉是汤恩伯的干儿子，第五十二军赵公武部是关麟征的旧班底，第九十七军军长牟廷芳是陈诚的人。另外，第六十军曾泽生部与第九十三军卢浚泉部都是滇军，对炮轰五华山的杜聿明难保不怀恨在心。而保安司令长官部组成人员，也是各有各的山头，各有各的背景：副司令长官马占山是资深的东北军老将，可谓坐山虎；副司令长官范汉杰原系胡宗南的参谋长，新近来东北安营扎寨，分明是胡宗南染指东北的一种迹象；参谋长赵家骧则是阎锡山手下名将楚溪春的女婿，其本人则又系东北讲武堂毕业生，算是脚踏东北军与晋军两只船。至于行辕主任熊式辉，虽系上将，但缺乏上将之才，与其说是军人，不如说是政客，其权谋手段似乎比军事才能胜出一筹。他为了讨好坐镇南昌行辕指挥"剿共"的蒋介石，不惜劳民伤财，在南昌东、南、北三湖上大兴土木，以供蒋偕其夫人游乐。如此老谋深算的政客，自是与杜聿明貌合神离。环顾四周，配合的人少，掣肘的人多。在东北国民党军队诸将领中，真正能与杜聿明同心同德的"铁哥们儿"，大约就只有郑洞国了。

形势的发展，让杜聿明和熊式辉如坐针毡。共产党军队在解放区不断壮大，其根据地日益巩固，他们感到很不安。杜、熊二人自知在政治上不是共产党的对手，便将希望寄托于军事上，幻想着凭借国民党军队的精良装备和人数优势击败共产党军队，通过"南攻北守，先南后北"的作战方针夺取整个东北地区。

因此，10月中旬，杜聿明坐镇沈阳，率十万大军进攻南满。此次作战，动用了国民党军队在东北全部兵力的三分之一，而南满共产党的军队只有三纵、四纵和两个独立师，人数在六万左右，大大地居于劣势。最初的小胜使前线的一些国民党军队将领骄傲起来，以为南满东北民主联军不堪一击，遂不顾相互配合，大胆向前挺进。然而10月31日，东北民主联军给冒进的国民党军当头一棒。第五十二军二十五师于新开岭地区被东北民主联军全歼，连师长李正谊

206

也未能幸免，成了共产党的俘虏。

二十五师的全军覆灭，让杜聿明痛心疾首。这支部队可以说是杜聿明一手带起来的部队。早在 20 世纪 30 年代初，杜聿明就是这支全美械装备的部队的副师长兼旅长，抗战时该部又是杜聿明指挥的远征军主力。这支深受杜聿明器重的部队，现在居然被东北民主联军全歼了，确实令他痛心不已。

12 月 27 日杜聿明挥师继续南进。国共双方在南满军事重镇临江展开激战，拉开了四野军史上称为"四保临江"的战役之序幕。杜聿明遭遇南满东北民主联军三纵、四纵一部和两个独立师的正面顽强阻击，僵持不下。就在杜聿明慌忙调兵救援时，东北民主联军四纵主力突然插其后方，国民党军队腹背受敌，全线溃退。东北民主联军乘此机会向通化、辑安铁路两侧的第五十二军一九五师展开反击，十余日内扫其两百多里，第一次临江大战以国民党军大败而告终，一攻临江便在 1946 年的辞旧钟声中草草收场。

1947 年 1 月 30 日，是农历正月初九，中国传统新年还没有结束，不甘心失败的杜聿明在这天兵分三路再次进攻临江。双方激战良久，但没有占据天时地利人和的杜聿明所面临的也只能是失败。国民党一九五师、二十二师、二〇七师先后遭遇败绩，纵使杜聿明有天大的抱负，也只能默默接受这让人难堪的失败。

然而杜聿明终究是久经战场考验的老将，他立志拿下临江。于是 2 月 16 日重新集结部队，兵分三路，再次进攻临江。南满东北民主联军面对国民党的进攻，据险狙击，大败国民党的军队，一九五师副师长何世雄被击毙。

就在南满国民党军遭受重创之时，2 月 21 日，北满东北民主联军十二个师的兵力，二下江南，以迅雷不及掩耳的速度包围了九台程子街，攻下九台、农安，乘胜进兵包围德惠。杜聿明大惊失措，一面严令德惠守军拼力死守，一面不得不临时调兵支援，虚张声势地对外宣称有四个师兵力驰援德惠。

德惠的国民党守军依靠坚固的"城塞堡垒"式防御工事奋力抵

抗，突入城中的一团东北民主联军受到严重损失，东北民主联军遇到了巨大的困难。在此情况下，东北民主联军主动撤围向江北退却。

然而一时间"德惠大捷，歼灭共军十万"的消息满天飞。这满天流言先击中了蒋介石，被共产党打得晕头转向的蒋氏听此消息，根本不去求证，急不可待地信以为真，随即命令正在追击前进中的新一军和第七十一军渡松花江追击。

这个命令吓得杜聿明一身冷汗，谣言的始作俑者自是知道战场的实情，一旦国民党军继续追击，共军如果再次反攻德惠，德惠实难再保。情急之下他也顾不得自己和孙立人、陈明仁之间的芥蒂，连忙打电话给此二人，要其迅速撤回原防。意料之中，孙、陈二人却执意不肯，非要渡江追击不可。杜聿明现在真是哑巴吃黄连，有苦说不出，为了弥补自己散布的弥天大谎，只好连忙赶赴德惠，当面告诉他们，此次共军在德惠并未受到多大损失，这次撤退是受其虚张声势所迷惑，现据情报，共军被俘人员口中已知道了实情，很有可能卷土重来。孙、陈二位将军这才同意撤退。果然，北满东北民主联军于3月8日对一部分冒险尾追的国民党军队发起反击，东北民主联军主力遂乘机三下江南。

当杜聿明带着几卡车卫队由德惠赶回长春部署时，途中突然与大批由东向西挺进的东北民主联军遭遇。东北民主联军没想到东北国民党军队的最高指挥官就在这车上，并未以主要兵力攻击杜氏的卫队，杜聿明侥幸逃脱，而他的大部分卫兵被俘。

惊魂未定的杜聿明一回到长春，就匆匆在市内布防，以备东北民主联军攻城。他被东北民主联军神出鬼没的战术搞得头昏脑涨。所幸东北民主联军无意长守，破坏了中长路四平长春段、长春德惠段以及长春吉林段等铁路干线后，于3月16日主动撤回江北。至此杜聿明才长松了一口气。

就在杜聿明的心还没有放到肚子里去时，南满东北民主联军又开始采取"北打南拉"的战术，乘机向梅河口、海龙、新宾、柳河等重要据点全面进攻。

这忽南忽北的战术搞得杜聿明疲于奔命，刚准备第四次进攻临江，以解通化之围时，身体先于精神垮下，再也无力指挥战斗，遂连忙召来郑洞国，要其在抚顺的营盘车站负责作战指挥。

在郑洞国和杜聿明的交往过程中，这种接力式的交接指挥权已经不是第一次了。实话实说，郑洞国似乎比杜聿明的运气总是好那么一点儿，不论是在对缅甸作战，还是上回锦州接手再战，郑洞国的战绩总是优于杜聿明的。这次，两人自然希望能有相似的结果。然而运气并不总是光顾郑洞国，这一次"四打临江"，他的排兵布阵也没能够改写失败的结局。

从 1946 年 12 月下旬至 1947 年 4 月上旬，东北国民党军队四次进攻临江均以失败告终，其"先南后北，南攻北守"的作战方针也宣告破产，而东北民主联军则由此从战略防御转入战略进攻。整个东北的军事形势开始发生了根本性的变化。

三战四平

国民党军队四次进攻临江失败后，损失惨重，士气低落。驻守东北的熊式辉、杜聿明二人犹如热锅上的蚂蚁，日日倍感煎熬。眼下的局势已经让他们没有信心去应对北满东北民主联军的再度南下，兵力匮乏、军心涣散都成了他们的心头大患。无奈病中的杜聿明再次把郑洞国叫到了他的住所，他要派这位几十年的老朋友去委员长那里寻求援助。

杜聿明旧疾复发后，身体状况一天不如一天。当郑洞国走进屋子时，躺在病榻上的杜聿明慢慢睁开了眼睛，对郑洞国说："现在局势非常严重，据情报判断，北满东北民主联军很可能不久又要举行大规模攻势，以我们现有的这点儿兵力，很难对付。那时不仅北满守不住，连整个东北都有沦落共军之手的危险。"

停了一下他又说："桂庭，你这次去见委员长，一定要陈明利害，无论如何要请委员长再给我们增加两个军的兵力，如果这一点做不到，那至少也要把第五十三军调回东北战场。"

杜聿明的话让郑洞国感到心情沉重，他预感到东北事态的严重，看着病中的杜聿明，内心苦辣酸甜，百感交集，也只得说："光亭兄放心，我必将竭力不辱使命。"

从杜聿明那里告辞后，郑洞国便匆匆飞往南京。郑洞国身负搬救兵之重任，一下飞机便赶往蒋介石的府邸。焦急地等了十多分钟，蒋介石终于推门而入。郑洞国发现蒋的面容看上去颇严肃，也有几分憔悴，已不是去年 6 月初他在长春飞机场召见郑洞国时的那种容光焕发的神情。

不等郑洞国说话，蒋介石直截了当地问道："东北的情形怎样？你们有什么打算？"

郑洞国把前一阶段东北战场上的作战情形和他们所面临的危险局面一五一十地做了汇报，然后心情忐忑地说出了此行的目的。

"学生惭愧，东北现在局势严峻，目前我们现有的兵力，已不能抵挡北满东北民主联军的再次大规模攻势。如若北满失守，整个东北都有沦落共军之手的危险。学生此次前来，还望委员长能增兵东北，以解东北之困。"

蒋介石的眉头愈皱愈紧，沉思了一会儿说："东北的情况确实很严重，你们一定要设法稳住局面。但目前我派不出军队到东北去，你们要自己想办法。"

郑洞国一听此言，心里着急起来，连忙再次强调了东北战场的重要性和可能出现的危险局面，并说道："学生知道内战已在东西南北中全面铺开，如若委员长不能给我们增加两个军的兵力，请至少将第五十三军调回东北战场。"

蒋介石未等他说完，就打断说："东北固然重要，南京更为重要。现在各个战场的兵力都不够用，我不但不能给你们增加两个军，就是第五十三军也不能调回东北。"

言毕，蒋介石起身踱到地图边，端详了半响，继续指示说："你回去告诉熊主任和杜长官，根据目前情况，我军在东北应当采取'收缩兵力，重点防御，维持现状'的方针，将来再待机出动。现在要增加兵力是绝对没有办法的。"

次日，郑洞国又去国防部见部长白崇禧，希望他能在蒋介石面前讲一下情。不料白崇禧认为华北比东北更重要，坚持不同意向东北增兵。这次谈话不欢而散了。

这毫无回旋余地的结果，使郑洞国倍感失望，然而，也只能带着这"收缩兵力，重点防御，维持现状"的十二字方针回到沈阳。

回到沈阳后，郑洞国顾不上休息，匆匆去见杜聿明。病房中，杜聿明正一边躺在病床上输液，一边同刚从南京到东北就任新六军一六九师师长的郑庭笈谈话。

一见郑洞国进来，急切地问："桂庭，你回来了，快讲讲情况怎样？"

看着杜聿明脸上期待的神色，郑洞国心有不忍地转达了蒋介石的"十二字方针"。瞬间，杜聿明蜡黄的脸上写满了失望，沉默良久，才长叹一声说："唉！眼下也只能按委员长的指示精神办。我们在一起苦撑吧。"

郑洞国与杜聿明会商了一番，将兵力收缩，加强沈阳、长春、锦州等地的防御。他们知道，做到收缩兵力、重点防御不难，难的是要共产党同意维持现状，他们清楚共产党的进攻马上就要打响了。

1947年5月中旬，东北民主联军开始了林彪称之为"夏季攻势"的大反攻。在晋察冀东北民主联军一部的配合下发起了大规模的夏季攻势，分别从北满、南满、东满、西满和热河、冀东等六个方面向国民党军队进攻，其中南满、北满东北民主联军主力，向长春、四平、吉林之间实施主要突击，意在打破南北分割的局面。而林彪亲自指挥的南北两路，向长春、四平、吉林之间实施主要突击，其主攻目标则是四平。

四平是当时辽北省的省会，人口八万，位于中长、四洮、四梅铁路之交点，为东北交通枢纽、工业及军事之重镇。一年前，林彪在此经历了自己平生一大败仗。当时毛泽东下令林彪"死守四平，寸土必争"，但最终民主联军损失惨重，不得不退出四平。林彪似乎想兑现自己在队伍中常喜欢说的那句话：哪里跌倒，就从哪里爬起来。为此，他一下子集中了十余万兵力，直向四平扑来。而四平守军只有陈明仁的七十一军一万四千人，加上周边部队也不过三四万人马。国民党军队在人数上第一次处于如此悬殊的劣势。

6月14日，林彪挥师从南、西、北三面对四平发起总攻。四平攻防战一开始就极为激烈。第七十一军八十八师和军直属特务团崩溃，连陈明仁的胞弟陈明信也被生俘。陈明仁被迫率军部退到铁东地区死守，并连连向沈阳和南京告急。

攻打四平的炮声，震动了千里之外的蒋介石。先前不同意派往东北战场的第五十三军，被飞速送往东北增援。同时向杜聿明下了死命令，必须在6月30日以前解四平之围。

病榻上的杜聿明顾不得每况愈下的身子，连夜将郑洞国与长官部的几位高级幕僚召至病榻前，商讨解四平之围的对策。最终定下了先收复本溪，以固沈阳门户，然后集结兵力，再解四平之围的计策。

至于南攻北救的指挥重任，又责无旁贷地落在了郑洞国的肩上。对这次任命，郑洞国的内心是感到不安的。正如他在回忆录中写道："我知道这次作战行动事关重大，困难重重，搞不好就可能遭至全军覆没的下场，那时不仅我自己会在国民党政权中弄得身败名裂，就连国民党在东北的这小半壁江山也保不住了，因此很不情愿担当这种风险。"但是，对朋友的道义和对"党国"的责任，最终迫使郑洞国接下了这份重任。

6月17日，郑洞国亲自指挥第五十三军周福成部攻打本溪，激战三日，占领本溪。匆匆布防完毕，又赶至铁岭，部署大军北上解四平之围。

为了对应林彪惯用的"围城打援"战术，郑洞国用战斗力最强的新六军专门对付东北民主联军的打援部队。第九十三军、第五十

212

三军、第五十二军一九五师等部队则由其亲自统率向四平北进。为了隐蔽自己的作战意图，郑洞国特命新克本溪的第五十三军按兵不动，迷惑对手，以便在新六军、第九十三军打响后，迅速北上，突出奇兵，于战斗僵持之际切入，改变战局。

就在郑洞国向前推进的同时，固守四平的守军已危在旦夕。守军将领陈明仁6月初即收到蒋介石的信函，蒋介石在信中叮嘱道："四平乃东北要地，如失守则东北难保矣！斯时为吾弟成功成仁之际，望砥砺三军，严行防御。"因此他知道自己除了坚持，别无选择。

战斗打响后，四平城内到处是枪炮声，到处是白刃肉搏的场面，两军的尸体堆满了街巷。七十一军的直属队打光了，陈明仁把身边的卫队都派了上去，孤注一掷，他自己也头戴钢盔，手持冲锋枪，在后面督战。陈明仁为维系军心士气，据说甚至曾抬出为自己准备的棺木督战，以示与阵地共存亡的决心。同时亦不断向沈阳告急，哀请杜聿明发兵援救，表示自己要"以身殉国，壮志成仁"。

郑洞国接到杜将军一道又一道十万火急的电令后，知道四平街守军已到了最后关头，不能再拖多久了。6月28日清晨，郑洞国亲率先头援军第九十三军逼上来了，在外围与攻城部队短兵相接。激战至午，第五十三军从侧翼赶来，形成合击之势。激战至次日，第九十三军先头部队突破重围，与守城的第七十一军会师。随即，第五十三军和第五十二军一部联合突击。在蒋介石下达的解围期限最后一天逼得东北民主联军部队全线撤退。

四平解围的战报飞电至南京，蒋介石立即为这些将领予以嘉勉，对陈明仁、周福成、廖耀湘等将领劝勉有加。在一片"庆祝"的欢歌笑语声中，郑洞国却高兴不起来。他知道这回在四平虽胜了，但在整个东北战场上却是败了。在共军持续五十天的夏季攻势中，国民党军队损失了八万人的兵力，丢失了县以上的城市四十余座。共产党方面已将其东、西、南、北的根据地连成一片，而国民党仅控制着沈阳、长春、锦州、四平、永吉、本溪等十余个战略要点，完全失去了东北战场的主动权。这种结果与其说是胜，毋宁说是败。

摆脱不了的内战旋涡

东北民主联军的夏季攻势，沉重打击了国民党军队，也彻底拖垮了杜聿明将军的身体。7月初，杜聿明走了，带着不甘、愁闷的心情离开了东北。他原本想出国治病，无奈蒋介石不允，以"国难当头，需用大梁"这样的理由，将他留在国内。他的司令长官职务由郑洞国代理。

临危受命的郑洞国因挚友的离去，而心情沉重。这一年多与共产党交手的经历让他清楚地认识到，共产党是难以战胜的。他知道在东北待下去，将来很难预料会有什么样的厄运降临到自己头上。从那时起，就萌动了离开东北的想法。

7月12日，参谋总长陈诚突然来到东北视察。这非同寻常的视察让郑洞国想起了几个月前的谣传。东北的政界当时风言风语地传着陈诚将来东北主事的消息，只是那时郑洞国对此并未多想，但此时陈诚的举动似乎在坐实之前的谣传。

陈诚此番的举动不仅使郑洞国感到忧虑，更是煮怒了行辕主任熊式辉。他接连七次上书蒋介石，请求辞职。蒋先是不准，后来却突然下令要熊交卸在东北的工作。几天后熊式辉也带着一肚子不满和怨气，愤愤地离开了东北。

8月初旬，陈诚飞临沈阳，接替了熊式辉的东北行辕主任职务。这次他带着罗卓英等一大批"土木系"的人马，誓将东北的党政军大权独揽在自己的手中。他撤销了东北保安司令长官部，规定作战指挥由行辕直接掌握。

陈诚到东北之初，便公开宣称："要六个月恢复东北优势，收复东北一切失地！"他锐意整军，大肆扩充部队，同时，陈诚借整肃军纪、政纪为名，排除异己，到处安插自己的亲信。他以贪污舞弊为由，接连撤换了包括辽宁省主席徐箴，第七十一军军长陈明仁，第五十二军军长梁恺、副军长兼十二师师长刘玉章等在内的一批官员和将领。

陈诚的这些做法实属必然，他早就为接管东北造势。早在 7 月中下旬召开的一次驻沈中外记者招待会上，陈诚就大肆攻击原在东北的国民党高级官员和将领政治腐败无能，军事指挥失当，致使东北国民党军队成了瓮中之鳖，等等。这些话其实陈诚无论公开或私下里，都曾说过多次，而且大家都知道他的矛头主要是针对熊式辉、杜聿明的。现在他在东北大肆整肃军纪、政纪，安排自己人在重要岗位上，明眼人都知道，陈诚是在清理门户，把杜聿明的人统统赶出东北。

据郑洞国对陈诚的了解，知道他在国民党高级将领中，算是作风比较廉洁的人，很有些魄力，且善于辞令。但他野心很大，一有机会便想吞掉别人的队伍，排斥异己，偏袒自己的亲信，培植个人势力，搞得国民党军队内部矛盾很深。虽然此次整顿中，陈诚依然留下郑洞国担任新行辕的副主任，实际上等于挂名，许多事情都是由陈将军的亲信、另一位副主任罗卓英将军协助他去做。鉴于对陈诚有理性的认识，郑洞国对国民党政权在东北的前途愈加灰心，暗中寻找机会，准备离开东北，另外他就。

陈诚将原有八个军扩充为十四个军，恩威并施，把一顶顶兵团司令、军长的官冕加封在廖耀湘、李鸿、李涛、潘裕昆、罗又伦等一批战将头上。一切整顿就绪之后，陈氏调兵遣将，跃跃欲试，准备在战场上大显身手了。想用胜利证明给蒋介石看，自己才是最有能力的一位，同时也可狠狠扇躺在上海治病的前任杜聿明一记响亮的耳光。

陈诚将军来东北就任行辕主任的那段时间，正值东北民主联军的夏季攻势结束不久，秋季攻势尚未开始的空隙，战场上的平静，使陈诚骄傲轻敌。

9 月初，首次进攻热河非但没有消灭东北民主联军主力，自己反而损兵折将，让东北民主联军歼灭了一〇五师，切断了北宁路。经此一战，陈诚的优柔寡断、动摇不定的指挥作风暴露无遗，一些原对他抱有希望的人也开始感到灰心。

为了重新打通北宁路，陈诚绞尽脑汁，但苦于兵力不足，无计可施。于是，他只好请求蒋介石下令让华北的傅作义出兵援助。

不久，傅作义拨出第九十二军和第一〇四军，由侯镜如指挥，向热河出击。侯镜如"集结强大兵力，机动灵活作战"的战术，取得了成效，比较顺利地打通了北宁路。

这次成功，启示和刺激了陈诚，他决心打一两次漂亮仗来扭转东北的战局，挽回自己的面子。就在这时，东北民主联军突然于10月初在北满地区发动大规模的秋季攻势，一下子打乱了陈诚的部署。第五十三军一三〇师被歼，师长刘润川被俘，法库、彰武等地相继失守。这些消息传来，陈诚顿时慌了手脚，接连向南京告急。蒋介石连忙加派援兵，以保住东北。

东北民主联军见大批国民党军队向沈阳及以北地区增援，改变战略，将主力转向长春、永吉方面作战，相继攻克德惠、农安等城。活动在热河及辽西地区的东北民主联军与北满东北民主联军遥相呼应，大败国民党军，至11月5日，东北民主联军的秋季攻势始告结束。这次秋季攻势共歼灭国民党军队近七万人，攻占城市十七座，使东北国民党军队完全处于被分割状态。

陈诚的所谓战略计划由此彻底破产了，他初到东北之际，北宁路及中长路尚能开通火车，可打来打去，北宁路与中长路都时断时续、欲通难通了。故当时沈阳人民有一句讽刺他的歌谣："陈诚真能干，火车南站通北站。"

明明吃了败仗，明明局势越来越危险，可陈诚却在1948年元旦发表的《告东北军民书》中虚张声势："目下国军已完成作战准备，危险时期已过。"

就在陈诚夸夸其谈之际，东北民主联军易名为东北人民解放军，解放军突然发起的冬季攻势，使陈诚的公告成了天大的笑话。

当第九兵团之新五军前进至公主屯时，发现解放军二纵、三纵、六纵、七纵等大批主力部队向该军迅速合围。在新五军被包围时，廖耀湘指挥的新六军原可就近解围，廖却畏首畏尾，按兵不动，坐失救援时机。到 1 月 7 日上午，新五军全军覆没，军长陈林达、师长谢代蒸、师长留光天也在此役中被俘。

在这期间，第四十九军七十九师、二十六师亦先后在彰武、新立屯被歼灭，陈诚苦心经营的所谓机动兵团不到一个月便损失了三分之二。解放军趁沈阳只有新三军和新一军的两个师驻守时，兵临沈阳市郊，用大炮轰击铁西区，一时国民党方面形势万分吃紧。

国民党军队遭受的一连串败绩和沈阳面临的危险局面，吓得陈诚手足失措，卧床不起。气得蒋介石再也在南京待不住了，匆匆飞至沈阳，当日即召集师长以上将领举行军事会议。

参加会议的将领们事先已预感到，此次蒋先生飞临沈阳，定会追究失败责任，因此大家都提心吊胆、忐忑不安。

果然，会议一开始，脸色铁青、表情严厉的蒋介石便大发脾气，痛责在东北的众将领指挥无能、作战不力，把好端端的队伍都一批批送掉了。他愤愤地责问众人："你们当中绝大多数是黄埔学生，当年的黄埔精神都哪里去了？简直是腐败！这样下去，要亡国了！"在场的人吓得无一人敢出大气。

郑洞国暗想，陈诚常将打败仗的责任归咎于将领的腐败，就在新五军全军覆灭之后，他亦曾大骂众将腐败，不服从命令，并直接点了第九兵团司令廖耀湘与新六军军长李涛的名。看来，会前陈诚单独与蒋解释的谈话中，确已告了廖、李两人一状。

郑洞国的预料不错。蒋介石将在场人不分青红皂白地骂了十余分钟后，突然话锋一转，指名道姓地大骂起廖耀湘与李涛。什么"目无长官、不服命令"，什么"拥兵自保、见死不救"，使新五军全军覆没。声称廖、李二人要对这次惨败负责任。郑洞国心想这二位今天是"在劫难逃"了，不禁暗暗替他们捏着一把汗。

未承想，身材矮小结实的廖耀湘刚等蒋介石骂完，便唰的一下站起，大声申辩："委员长指责原不该辩，但我二人从未接到援救陈林达将军的指示，故不能对新五军的失败负责。"李涛也随即站起，极力做证。

"我曾叮嘱罗卓英将军给廖将军打电话，请其援救陈林达将军。"看到蒋介石皱起了眉头，陈诚立时说道。罗卓英也立即出面做证。

当事双方一方说有一方说无，但谁也无法拿出证据，形成是非功过无法辨明的僵局。陈诚、廖耀湘都是蒋介石的死忠派，一时蒋介石也不知如何是好，场面极为尴尬。

争吵到最后，陈诚看再难让廖、李当替罪羊，遂来了个以守为攻："新五军之败，系陈某指挥无方，不怪各位将领，请总裁按党纪国法惩办我，以肃军纪。"

蒋介石原本打算惩办廖、李二人，现在见陈氏自己承担了责任，他打量了陈诚几眼，终于放缓了语调："仗还在打，待战争结束后再评功过吧！"说罢即离席而去。

陈诚为了对委员长的宽大做出反应，立即信誓旦旦："我决心保卫沈阳，如果共产党攻到沈阳的话，我决心与沈阳共存亡，最后以手枪自杀，以殉党国！"

蒋介石在沈阳时，断然做出了一项决定：成立东北"剿匪"总部，让二级上将卫立煌出任总司令，郑洞国与范汉杰为副总司令，依然保留陈诚的东北行辕主任一职。卫氏于元月 22 日即到沈阳就职。

此时，东北解放军的冬季攻势仍在继续，国民党在东北的局势吃紧。陈诚再也不愿待在东北，也不再记得几天前自己决心与沈阳共存亡的誓言。一面连电向蒋介石称病辞职，一面要他在南京的夫人谭祥搬请宋美龄在蒋介石面前疏通，最后总算得到了蒋先生的"恩准"，离开了东北。许多国民党高级党政军人员，愤愤地骂他是草包、骗子，紧要关头却抛下一切，自己溜之大吉了。

陈诚走了，走时还不忘拉上郑洞国一起去南京，向蒋介石证明东北战场失利是众将不听指挥，而非自己无能，撇清自己的责任。

郑洞国本不愿去，无奈陈诚一定要让他去，卫立煌也有意让他去南京了解一下各方面的情况，再加上自己也想相机向蒋提出离开东北的请求，便随同陈诚上了南下的飞机。

南京黄埔路的蒋介石官邸。一见蒋介石，陈诚先说了些仗没有打好，对不起总裁之类的话，然后就滔滔不绝地讲起在东北的将领们如何不服从命令，如何难以调动，等等。这种将所有罪责推给别人的做法让郑洞国感到不屑。当陈诚指着郑洞国，口称"郑副司令可以做证"时，郑洞国只是低头不语，默默地看陈诚表演。

蒋先生默默地听着陈诚的诉说，对其陈述未置可否。

末了，转对一边的郑洞国询问起东北战场的近期态势。郑洞国简单地汇报了东北的局势后，正思考该如何向蒋介石提出调离东北之事时，突然蒋介石话锋一转，严肃地说："郑副司令，你在东北的时间久些，情况熟悉，要好好地协助卫总司令扭转局面。目前东北局势紧张，你若没别的事，就赶紧回去吧！"

听此言，郑洞国知道自己再无可能请辞离开东北，只好将已到嘴边的话咽了回去。第二天，便匆匆飞返沈阳。

蒋、卫的分歧

卫立煌虽不是蒋的嫡系，但在国民党军中资深历久，屡立战功，抗日期间曾任第一战区司令长官、西安行营主任、远征军司令等要职，连蒋介石对他也不得不敬重三分。

陈诚走后，蒋介石为了安抚勉强同意来东北应付危局的卫立煌，2月12日，又正式任命卫立煌兼代东北行辕主任，答应将在陈诚手上损失的十万人马悉数补上，并将第五十四军增调东北战场。

虽说蒋介石对卫立煌给官给人又给枪，但他对卫立煌始终是不放心的。在蒋氏心中这位资深历久、军事经验丰富的将领，在抗战初期同共产党方面一贯合作得很好，言谈间对共产党也颇多赞誉。

东北的形势逼得蒋介石不得不赋予卫立煌党政军大权，然而他心中的隐忧却是无论如何也消除不掉的，他怕卫立煌在关键时刻投向共产党方面。

东北解放军的主力在辽西、辽南势如破竹，攻城略地。国民党在鞍山、法库、营口、开原相继失守。在华北方面作战的聂荣臻切断了榆关至锦州的交通。国民党得到消息，东北解放军一部在沟帮子、盘山一带构筑坚固阵地，目的显然是阻止沈阳、锦州两地的国民党军队会合，以便分割而歼灭之。

解放军隆隆的炮声不但打得国民党军队阵脚大乱，各地迭电告急；同时也打出了蒋介石与卫立煌之间的猜忌与隔阂。面对解放军的攻势，身处南京的蒋介石格外焦虑，他再三电令卫立煌派兵解各地守军的围，并打通沈锦线。但卫氏却一概不为所动，他认为解放军的真正意图是围城打援，消灭国民党主力部队。所以尽管蒋介石再三催促，卫立煌仍稳坐钓鱼台，把兵力向沈阳收缩集中，补充兵员装备，整军练武。

卫立煌的举动引起了蒋介石的猜疑，他对卫氏"以不变应万变"的做法深感不满，同时也开始担忧自己对东北军队的指挥权，如若不能够逼得卫立煌"听话"，那么东北的局势将不可测。为了敦促卫立煌执行自己的战略意图，他特意专派国防部第三厅厅长罗泽闿、副厅长李树正飞到沈阳与卫立煌协商，并提出仅留第五十三军及二〇七师驻守沈阳，其余主力应尽快从沈阳撤至锦州的方案。

当卫立煌获悉蒋介石的意思后大吃一惊，他没有料到蒋介石许诺"全力支持保住东北"的誓言似还在耳边，而自己下大力气经营的战略基地沈阳，就这样被放弃了。他无论如何是想不通的，当然也不愿就此乖乖地执行蒋介石的命令，于是急忙招来身边的高级将领和幕僚商议对策。

当卫立煌的随从副官将电话打到郑洞国那里时，郑洞国已经睡下，他连忙匆匆穿好衣装，赶往卫立煌的寓所。

见到郑洞国后，卫立煌直入主题："桂庭，委员长现命令我将主力部队尽快撤至锦州。这件事，你的意见是怎么办？"

这单刀直入的问话让郑洞国一时不好回答，想了想说："还是先听听总司令的意见吧。"

卫将军沉吟了一下，说："如果委员长坚持这样决定，我们当然也只好服从。不过，现在放弃沈阳去打通锦州，途中要通过几道河流，加上共军设有几道坚固的阻击阵地，依我军目前的士气，很有可能会全军覆没。"

看郑洞国没有表态，他又带试探的口气说："我们最好能说服委员长，让我们暂时固守沈阳，整训部队，然后再乘机出击，是有希望扭转战局的。况且沈阳有兵工厂，抚顺有汽油，本溪有煤，粮食也可以想办法，完全能够坚持下去。你看如何？"

听了卫立煌的话，郑洞国心中矛盾重重，半晌没有作声。他清楚卫立煌所强调的那些困难都是事实，但却也并不赞成卫立煌力图固守沈阳的主张。郑洞国认为将东北的几十万军队分散困守着十余个孤立的据点，实际就是等死，只有将主力设法拉出去，将来或许还能卷土重来。但现在在沈阳等地军队精疲力竭，士气低落时，将部队拉出沈阳，向锦州方面运动，中途可能被解放军主力包围消灭。反复思索后，郑洞国说道："我以为部队还是应先在沈阳守上一个时期，看情况再打通锦州稳妥些。"

听到郑洞国这样说，卫立煌高兴地说道："桂庭也是这样想，我便放心了。明天我们再和其他将领们商议一下，如果大家意见一致，我们就把这个想法报告给委员长。"

随后，卫立煌派郑洞国和罗泽闿、李树正三人去南京，当面向蒋介石陈述他的主张。

2月23日，当郑洞国三人到达南京时被告知蒋介石正在庐山休息。第二日，三人连忙赶往庐山。一路上，没人有心观赏周围的风景，心心念念想的是如何说服蒋介石同意暂缓撤离沈阳。郑洞国志忑不安，他知道委员长性情固执，做好的决定不会轻易改变。

听到蒋介石问他卫立煌的打算时，郑洞国连忙把卫立煌拟暂时固守沈阳的意图陈述了一遍。

"这样不行，大兵团靠空运维持补给，是自取灭亡，只有赶快打出来才是上策，况且锦州方面又可以策应你们。你回去再同卫总司令商议一下，还是想办法向锦州打出来吧。"蒋介石听后皱紧眉头，不假思索地说。

当郑洞国委婉地讲述了出沈阳可能遇到的困难、危险及失败等情况时，蒋介石不耐烦地挥挥手，用很不高兴的腔调责备说："北伐前，樊钟秀带几千人，由广东穿过几省一直打到河南，难道你们这些黄埔学生连樊钟秀都不如吗？唉……"

郑洞国心中暗自苦笑，蒋介石果然是固执的，他果然是不会接受卫立煌的战略的。目前国民党党政军内部的腐败、颓废之气已让郑洞国感到无可奈何，而对手共产党人却深得人心，强大无比。委员长不去看这些实际变化，只是一味凭主观想象来支配行动，使郑洞国感到灰心丧气，却也不敢向蒋介石说出这些内心的真实想法，只好带着蒋介石对卫立煌的命令，回到了东北。

卫立煌的反应也在郑洞国的预料之中，他坚持不能现在去攻打锦州，不能丢下在长春、永吉、四平街等地的十几万军队不管。卫立煌再派人员到南京见蒋介石，重申他和在东北的将领们的意见。

大概是车轮战术让蒋介石头痛了，他勉强同意了卫立煌的方案，不过暗中又留了一手，提出除留守沈阳的第五十三军及二〇七师，其余各军及特种兵团统编为机动兵团，归廖耀湘将军统率，随时准备行动。这样一来，就等于把在沈阳的卫立煌架空了，所以这项主张马上遭到卫立煌的强烈抵制，后来始终未能实行。蒋介石见此计不行，另命东北"剿总"副总司令范汉杰将其经营的分店——冀辽热边区司令部由秦皇岛移驻锦州，并增拨两个军的兵力，归范氏指挥，要范氏加紧准备打通沈锦路，将沈阳主力拉到锦州，锲而不舍地为"锦州方案"打下埋伏。

"用人不疑，疑人不用。"蒋介石却偏偏反其道而行之，卫立煌不能不恼。由于蒋、卫在东北撤守这个重大战略问题上意见不相统一，甚至彼此拆台，这种"军中有军、将外有将"的局面，弄得在东北的高级将领们之间也互怀成见，各有所私，既不能及时制定出明确的战略决策，也无法实行统一的军事指挥。国民党兵败东北似是历史发展的必然。

奉命死守长春

郑洞国对当时东北的局势早已感到失望，在目睹了这场将帅之斗后，更坚定了离意。他知道蒋、卫之间如果在东北撤与守这个战略决策问题上一直僵持不下，东北的这几万军队势必会被葬送掉。在东北苦苦煎熬的这两年，使郑洞国身心俱疲，他决意要找机会从这个令人苦恼的地方脱身。正在这时，心病引发身病，郑洞国的胃病发作，他顾不得身体不适，只觉得此时生病简直是天赐良机。

3月上旬的一天晚上，郑洞国冒着东北刺骨的寒风，夜访卫立煌，向长官提出北平治病的要求。

郑洞国突然提出要离开东北，卫立煌感到非常吃惊，他紧紧地盯着郑洞国，想从这个搭档的脸上看出一些真相。片刻后，他摇了摇头，说："桂庭，我明白你的困难，但目前东北的形势你也清楚，我实在不能少了你这个得力助手。你放心，我定会请最著名的医生为你医治病患。留下吧，为了东北。"

卫立煌的回答在郑洞国的意料之中，从卫氏来到东北后，两人的相处也算融洽，但是他已不想再在看不清前途的旋涡中挣扎，离开东北的决心坚如磐石。卫立煌苦口婆心，充满感情地力劝郑洞国留下，这场"蘑菇"战，足足打了近两个小时。见实在无法挽留，他才长长叹一声，答应了郑洞国的要求。

临别时，卫立煌亲自送郑洞国至寓所门外，语气凄凉地说："桂庭，希望你病情好转后，还是赶快回来吧，不然你们都走了，我一人孤掌难鸣哟！"

"孤掌难鸣"一语，令执手相握的两位将军心有戚戚焉。望着卫立煌，郑洞国心中感到不忍。然而，东北已经不能再久留了，在此生死关头，不容再有迟疑。郑洞国用力握了一下卫立煌的手，终是毅然决然地转身上车离去。

　　回到自己的住所，郑洞国心情顿时轻松了许多。为防事情有变，他连夜发电通知家人，要他们先到北平，准备一家会合。同时，急急收拾行囊，差人订飞机票，准备马上就走。

　　然而天意还是将郑洞国留在了东北的乱局中。就在他准备启程上路的时候，战场风云突变。刚刚在辽西、辽南获得大胜的解放军主力，正纷纷向四平方面运动，分明是要再战四平了。卫立煌知道今非昔比，国民党已无力再保四平，如果四平一失，则长春、永吉也岌岌可危。卫立煌决定放弃永吉，把驻扎在该地的第六十军部队集结到长春，以加强长春的防务。如果说卫立煌身边的人谁对永吉方面情况熟悉，且又有旧部的将士支持，那这个人选非郑洞国莫属。因此，他只得将熟悉的郑洞国派上阵去，坐镇指挥。卫立煌的这个决定，打乱了郑洞国撤离东北的计划，他懊恼不已。可军情如火，军人以服从命令为天职，郑洞国只得忍痛退了机票，通知家人缓行，自己则偕同"剿总"参谋长赵家骧火急火燎地飞往永吉，安排部署撤退事宜。

　　郑洞国在临行前郑重地向卫立煌建议，在放弃永吉的同时也放弃长春，将东北的国民党军队主力集中于沈阳、锦州之间，易于保存有生力量。郑洞国的建议没有得到卫立煌的支持，他听后不置可否，只是表示要请示蒋介石。当晚，卫立煌找到郑洞国说："桂庭，委员长已明确指示要固守长春。你要理解，委员长担心放弃长春国际影响太大，再说，固守长春可以吸引一部分敌人兵力，减轻敌人对沈阳、锦州的压力。况且从长远看，今天放弃容易，将来要占领就困难了。"

　　对卫立煌转述的蒋介石的指示，郑洞国打心底不能认同。但委员长既已做了决定，此刻多说无用，军人的职责就是服从。

当 3 月 8 日清晨，第六十军军长曾泽生得到立即向长春撤退的命令时，他根本没有反应过来这个突如其来的指示说的是什么，只是下意识地问了一句："什么时候撤?"

"今晚就开始行动，限两天之内取道放牛沟之线到达长春。"郑洞国答道。

"这，这太紧张啦! 官兵没有一点儿准备，暂二十一师还有两个团驻在鸟拉街、江密峰等地，请副总司令和参谋长能不能稍微宽限一下时间?"曾泽生为难地请求道。

"不行啊，曾军长。永吉距长春两百余里地，周围都有解放军出没，万一走漏风声，第六十军就出不去了，兵贵神速，还是出其不意，马上就行动好些。"赵家骧说道。

军令如山，撤军势在必行。东北"剿总"的指示，命令曾部于撤退前破坏小丰满电力厂，并将弹药、粮食等无法携带的军需物资全部焚毁或破坏掉，避免落入共产党的手中。曾泽生实在不忍将这些耗费了东北人民无数血汗的物资财富毁掉，终以避免暴露军事行动企图为由，没有执行这道命令。

在六十军传达了指示后，郑洞国和赵家骧又急忙赶往长春，安排长春方面的接应工作。考虑到第六十军属云南军队，来到长春后难免受到排挤和歧视，郑洞国在各种大会小会上不停地敲打李鸿等新七军将领，告诫大家要为了党国利益排除私念，共同克敌。

郑洞国恪尽职守，指挥第六十军在雪原上跋涉了两百多里，安全撤至长春，中途损失极小。远在南京的蒋介石对此次撤退颇为满意，称赞说："吉林撤退是最成功的一次战略撤退。"一些中外右翼报家也将此行誉为"东方敦刻尔克大撤退"。

值此期间，林彪签署了对四平的总攻令，以十四万人对一万四千人的压倒多数，仅一天，全歼国民党守军，在四战四平中写下了最后的胜利。

这样，东北国民党军队在一星期内接连丢失了两个省会(永吉市为当时吉林省省会，四平为当时辽北省省会)，长春则成了一个战略上的孤岛，完全处于孤立无援的境地，东北国民党军队的处境也更加险恶。

为了防止解放军乘胜攻打长春，郑洞国留在长春布置防务。他希望在做好这最后一件事情后，自己能够从此离开东北这个让他愁肠寸断的地方。然而，希望是美好的，现实却是残酷的。就在郑洞国准备开始前往北平"治病"的计划时，卫立煌的电报犹如一盆冷水，兜头浇灭了他的所有希望之光。电报中，卫立煌要郑洞国兼任刚刚组建的第一兵团司令官，并接替梁华盛将军的吉林省主席职务。

这封电报使郑洞国又气又恼，他气卫立煌将他置于危险境地，且事前一点儿不商量，他第一次对上司的命令不予理睬，立即飞回沈阳。

回到沈阳后，卫立煌见到郑洞国，问道："桂庭，不是要你留在那里吗，你怎么又回来了？"

听到这话，郑洞国更是气不打一处来，没好气地回答："请总司令还是另择良将吧，长春我不去，我还是要到北平去治病。"

其实卫立煌也有他的无奈，他派不出比郑洞国更合适的人来坐镇长春。原来负责长春防务的梁华盛才能有限，难以担当重任，先前熊式辉便瞧不起他，中途让郑洞国替换过他，眼下，卫立煌也只能去用更放心的郑洞国。

看出郑洞国的不快，卫立煌却没有动气，语气很和缓地说："桂庭，目前这种情势，你还是不要走了吧。要你到长春，不是我个人的意见，委员长也是这么主张的。"

郑洞国听此，更觉得卫立煌拿蒋介石压自己，赌气地说："不管怎么讲，长春我是不去的。"

言毕，即起身告退。

僵持不下时，蒋介石发来一封措辞严厉的电报，要郑洞国一定赴长春负起军政重任，这使郑洞国如坐针毡。他曾建议收缩兵力，放弃长春，被蒋介石拒绝，现在看来蒋介石定要依靠自己器重的学生死守长春了。

卫立煌的命令郑洞国可以违抗，但蒋介石的命令呢？郑洞国曾有过这样的思虑："去，还是不去？我思想上斗争得很厉害，去长春，显然是死路一条，恐怕很难生还；不去，就要冒公然违抗蒋先生命令的风险。而那时我受'忠君'的封建思想影响较深，加以多年来受蒋先生用曾国藩的榜样培养教育的结果，使人养成了'服从命令，安分守己'的作风。这也正是我一向深受蒋先生信任的原因之一。此时我不愿、也不敢不听他的话。"

郑洞国在东北的一些朋友，听到这个消息，连忙赶来劝他，要他万万不可接受这个危险的任务。廖耀湘和舒适存劝道："桂公，你最好能要求卫立煌让梁华盛继续主持长春军政事务，或请求在锦州的范汉杰将军与你对调。"

好友的劝说让郑洞国觉得应该去和卫立煌好好谈谈，看看事情能否有回旋的余地。

然而，卫立煌听了郑洞国的要求，半晌方说："桂庭，梁副司令与曾军长关系搞得很紧张，你是知道的，他到那里不便指挥作战。范副司令对长春的情况也不熟悉，我们反复考虑，只有你去比较合适。"

卫立煌说着站起身，在室内踱了几步，很恳切地继续说："桂庭，我们是多年的朋友，彼此都很了解。说实话，我也知道长春很危险，不太情愿让你担这种风险，可现在局面坏到这种地步，实在是没有别的法子好想呀。我辈身为军人，应以党国利益为重，请不要再推辞。况且长春工事坚固，兵力雄厚，只要认真防守，是可以坚守下去的。你去之后，有什么困难都可以提出来，我一定全力支持你。"

卫氏这一番推心置腹的话，让郑洞国再也无话可说。

那天夜里，郑洞国辗转反侧，夜不能寐。思来想去，终于决定去长春。去长春固然很危险，但在沈阳、锦州又何尝不危险？实际上整个国民党政权都在危险之中，倘有一天国民党垮台了，这些人有谁能走得掉呢？相反，若坚决不去长春，就算今后能侥幸保全性命，但自己在国民党军队中的地位和声誉就可能完结了。

第二天上午，当郑洞国告诉卫立煌，愿意接受去长春的任务时，卫氏闻言大喜，高兴地搓着手连声说："好！好！"设宴在寓所招待郑洞国吃了一餐丰盛的酒饭。

郑洞国最终接受了新的任命，也接了残酷的命运，怀着"临危受命、义不容辞、明知不可为而为之"的悲壮，去往长春，开始了他一生最为艰难和痛苦的一段时光。

第九章　困守长春的日子

郑洞国不得已驻守长春。在近半年的长春之围中，他内无粮草，外无援助。在突围无望的情况下，郑洞国为自己准备了一颗子弹，谁知手枪却又不翼而飞！身边的将领纷纷投诚，内外交困中，他不得不被迫"起义"。

长春之围

长春，这座末代皇帝溥仪的末代"帝都"，虽远非其最初继位时的帝都宏大雄阔，却也有点儿帝都的气派。日本集中国内一批一流专家，采用欧美式建设理论，到长春进行规划设计。绿化系统，既吸收了霍德华的田园城市理论，又注意到整体环境。新区采用分流制的排水系统，以保持公园绿地流水清洁，利用天然沟渠造成借助于地形的绿化带。主要干道采用电力、电信、照明线路地下化，新住宅区设置电力路线走廊。为适应 20 世纪 30 年代城市交通方式，采用平面环状交叉，设计了许多圆形广场。由于长春独特的多民族多种族聚居，被称为"东方瑞士"。这座在沦陷期膨胀起来的都市带有浓郁的现代欧美园林城市色彩，与国内诸多城市相比，便显得有点儿雍容富贵。然而到郑洞国来到长春时，这座美丽城市的人口已由鼎盛期的一百二十多万锐减至四十多万了。

1948 年 3 月底前后的长春，已处于解放军四面包围之中。除城郊仅有的大房身机场，与外界的一切联系均被切断，城内粮食、燃料缺乏，军队士气低落，民众惶恐不安。坐在宽敞的办公室里，郑洞国想起飞离沈阳前的情景。当时一些好友来看他，谁都知道局势险恶，前途未卜，谁都知道他这一去凶多吉少，彼此都有点儿生离死别的感觉。廖耀湘紧紧拉着他的手说："将来万一事情不可为，请桂公率队伍向西南方向突围，那里共军兵力空虚，我到时也一定设法接应你们。"郑洞国心中既感激又酸楚，然而他当然知道若真有这一日，又怎么能够突围而出呢？

3月25日，郑洞国在长春励志社大礼堂举行了宣誓就职仪式。宣誓之后，他当场宣读蒋介石"固守待援，相机出击"的八字方针，号召大家精诚团结，共守长春，等待美械装备的新军出关增援，相机反败为胜。委员长立誓死守长春，郑洞国首先确定了"加强工事，控制机场，巩固内部，搜购粮食"的固守方略，着手整顿防务，安定人心，以图长期固守。

长春位于东北腹地，是贯通中长铁路、长图铁路及东北境内各铁路线的交通枢纽，战略地位十分重要。长春的市区建筑，从布局到构造，都强调了平战结合。在日本法西斯军队占领时期，就已经在城内街道及近郊区修筑了许多碉堡、壕沟、坑道、瞭望台等永久性或半永久性工事。城中心的四座重要建筑中，有三座的地下室，均有钢筋水泥筑成的坑道通过宽阔的马路，彼此相连，更有笨重的铁闸门，可以彼此隔绝。每座建筑物的外墙都是厚墙铁窗加上钢筋水泥屋顶，坚固无比。

为了日后更好地固守待援，国民党军队进驻长春后，郑洞国详细地考察了长春的基础设施。他发现这是一座构造完美的城市，市内各主要街道都宽约六十米，街与街之间和各大建筑物之间都留有许多草坪、花园空地，距离足够发扬火力。只需在市郊与市区增添若干工事，就可形成一个以市中心为核心的层层设防的防御体系。

1947年秋季起，郑洞国敦促国民党军队环市构筑了很多钢筋水泥地堡，并用战壕将其联系起来。在城四周设立宽三米、深两米的外壕，壕内有纵射火力点，加设隐蔽的侧射、斜射火力点，以最大限度发挥各种火器的威力，以备将来可能发生的巷战。壕外则架设铁丝网等障碍物，使长春的工事"坚冠全国"，把长春形成了一个具有现代化防御体系的城市。

除了加紧巩固完善原有防御设施，还加紧调整部队的兵力和配备。当时，长春城内的守军主要是新七军和第六十军，以及第一兵团直属部队、长春警备司令部所属部队、新一军留守处部队、青年教导第一团、吉林师管区、联勤十六兵站支部、驻长空军部队等部。此外还有一些地方保安部队，共十万余人。

主力新七军这支部队的前身是以原国民党新一军王牌主力新编三十八师为基础改编的，由该师师长李鸿出任军长。新编三十八师从组建后在抗日战场、出国远征缅甸和印度、国共战争时期一直战功显赫，这支部队作战勇猛顽强，再加上清一色的美国机械化装备，一直隶属蒋介石最亲近的嫡系部队。新三十八师进入东北后虽屡遭损失，但基本保存了驻印军时的老班底，几经补员，兵力达一万两千人，依然是清一色的美械装备，为长春守军之精锐。暂五十六师，前身是原伪满铁石部队，后经收编由关内空运东北，在战场上屡遭败绩，改编时虽有七千余众，但战力极弱。暂六十一师有七千余人，系由地方团队改编而成，虽经训练，战力也仅稍强于暂五十六师。该军另有直属部队四千余人。因此，号称所谓"王牌军"的新七军，其实也只有新三十八师一个师尚称能战，其余两师则徒有虚名。

另一主力六十军也有三万之众。该军前身是龙云所属的滇军一部，士兵和军官成员百分之八十以上是云南人，其中又有很多少数民族，主要是彝族和白族。这支滇军虽非嫡系，却也是抗战中屡有建树的强旅。但现在，这支下辖三个师的六十军，也只有一八二师约一万兵力，实力较强。暂二十一师兵力约九千余人，战力较弱；暂五十二师系在永吉时由交警总队改编拨归第六十军指挥的部队，有六千余人，但内部成分复杂，军事水平低，几乎没什么战斗力；此外，第六十军还有一个预备师，约七千人，多是新兵，更是不堪大用。为了恢复和提高第六十军的战斗力，加强长春东半部守备区的防卫力量，郑洞国还下令将新七军的一些汽车、大炮等重装备拨归第六十军使用，并将新七军的一个重炮连配属六十军指挥。

在长春时，郑洞国还遇到当地的游杂部队，这些部队军纪涣散，战斗力薄弱，打仗不行，骚扰百姓却很有一套。郑洞国一度下令不许他们进城，但这些部队的"司令"们却不甘心被关在城外，时不时地找郑洞国要钱要粮，动辄则称自己有几千或几万人马，结果很多却是光杆司令。这些人为了争地盘，讧来讧去，搞得郑洞国头疼不已，只好瘸子里挑将军，将一些素质好的编成两个骑兵旅，新七军亦收编了一个骑兵团，使其参加市区防务，其余的干脆逐出城外，任其自生自灭。这下城郊的百姓更遭了殃，那些反动地主、胡匪，纪律本来就坏，每到一处，烧杀抢劫，无恶不作，使百姓们恨之入骨。

为了把部队中的散兵游勇武装起来，加强内部凝聚力，增强大家长期固守的信心，郑洞国开始举办各种短期干部训练班，轮流抽调干部受训。

此外，郑洞国还要求教育厅负责整顿长春市的学校，把学生组织起来，以免学生闹事，影响治安，这也是当时巩固内部秩序的一种措施。

同时，为了减轻六十军对历来遭受歧视的不满，郑洞国想尽了各种办法。他保荐曾泽生兼任第一兵团副司令官，请曾泽生到家里吃饭、谈话，增强私人友谊；私下里提醒、告诫李鸿等新七军将领，注意和第六十军"同舟共济"，搞好团结。对于两军间出现的一些小摩擦，也要由他"和稀泥"。这时的郑洞国不仅要加紧安防，还要四处灭火，却已分身乏术。

1948 年 4 月 18 日，中共东北局和东北军区就攻打长春进行讨论，并致电中共中央军委，计划从 5 月中旬开始进行长春战役，以围城打援手段，用九个纵队攻打长春，预计将在十到十五天内结束战斗，可能会造成四万人员伤亡。4 月 24 日中共中央军委同意攻打长春提议。5月中旬，解放军在长春东南四五十公里的李家屯成立第一前线围城指挥所（后改称第一兵团），萧劲光任司令员，肖华任政委。此时，解放军已完成对长春合围，一纵、六纵和三个独立师将长春围住。

郑洞国此时已经知悉进入5月份以来，长春四周的解放军调动频繁，并有大批部队正源源开来，估计连同原来的围城部队，兵力在三四个纵队以上。郑洞国清楚虽然长春城防坚固，但依现在的士气、民心很难支撑很久。大家都感到前途渺茫，忧虑重重，他心里也很空虚，没有任何把握。但是士气只可鼓，不可泄，因此5月20日，蒋介石在南京就任中华民国"总统"时，他特地下令于当天在长春组织了一次庆祝大会。会后，在长春警备司令部主持下，由新七军和第六十军联合举行阅兵典礼。

当全美械装备的新三十八师部队走过检阅台时，郑洞国心头突然袭扰上一股难以名状的伤感。新三十八师，其步伐依然是那么矫健，队形依然是那么整齐。这支抗战期间在印缅战场上纵横驰骋、屡建奇勋、名扬中外的抗日劲旅，自踏上这片黑土地以来，却屡屡败北，鲜有胜绩，如今又跟随自己困守孤城，等待着他们的将不知是什么命运。

陷入沉思的郑洞国已经完全不知道周围发生了什么，直到身后的兵团副参谋长杨友梅将军轻轻用手臂碰碰他，说："司令官，部队已检阅完了。"才发现四周已是空空荡荡。这场气氛像葬礼的检阅，让郑洞国觉得喘不过气，心头犹如压上了一块沉甸甸的大石头。

阅兵结束的第二天，郑洞国指挥长春守军沿飞机场方向发起了一次规模出击行动。这次行动是由他和杨友梅、曾泽生、李鸿等共同策划的，旨在趁解放军发动攻城战役前争取主动，解除解放军对机场的威胁，确保空中走廊畅通。同时，也打算搜购一些粮食。

最初，战况似乎比较顺利，解放军进行小规模抵抗后，便节节后撤，出击似乎也收到成效，当天便占领了距长春西北约三十公里的小合隆镇，并在机场外围抢修了一些工事，将敌军阻挡在火炮射程之外。

然而 24 日，情况突然发生逆转。解放军为实行空中封锁，以一纵、六纵、十二纵三十四师、三十五师，独立第七、第十师，奔袭小合隆和大房身机场，歼灭驻守机场之新七军暂五十六师两个团六千余人，俘获暂五十六师副师长王正国。此刻，城内精锐尽出，倘再迟延，不仅长春城防危险，就连在长春市外活动的两个半师也有被解放军分割歼灭的可能。郑洞国这时才知道中了解放军的诱敌之计，当即决定将新三十八师等出击部队撤回，并命史说率新三十八师及暂六十一师一部趁解放军立足未稳，迅速夺回机场。

国共双方展开激烈的战斗，无奈众将皆不敢恋战，纷纷打算后撤，史说见状又气又急，就地打开铺盖，躺在上面怒气冲冲地骂道："我就睡在这里了，看你们哪个要退？"此言一出，众人遂不敢相弃，只好返身悉力抵抗。不多时，后卫部队赶至，解放军乃稍退。史说这才得以收拢队伍，匆匆返回城中。

这一仗国民党惨败。不仅粮食颗粒未得，部队也遭到严重损失，最糟糕的还是机场丢失了。从此，长春、沈阳间唯一的空中交通也彻底断绝了，守军只好龟缩城内，再也不敢轻易大规模出击。

解放军占领了大房身机场，长春守军与沈阳空中运输遂中断，却迟迟未打响攻城的炮火。虽然这次战斗解放军损失两千余人，但正是此次试打，让解放军指挥者看清了东北战场上的局势，认识到打长春是不可猛攻，只能围困，对长春围而不攻，先打锦州，以实施其"关门打狗"的战略。同时，在具体战术上，解放军亦由过去的远困改为近逼，双方火线距离，近处仅一百米，远处不过千米。两军不时发生零星炮战和小规模交火。

这种战略战术把城内的国民党军逼到了更为困难的地步，空运的补给没有了，劫粮的小部队被封锁在哨卡内动弹不得，原来就极为困难的粮食及燃料问题更加艰难了。

困在长春的郑洞国现在面临的最大问题就是要解决城中人员的生活物资补给问题。现在的长春城中，除了有几十余万居民，还有七十万的军队、军官眷属、公教人员及警察。粮食问题如果不能很好地解决，城内可能就会发生骚乱，严重些会引起兵变。虽然在郑洞国刚一上任时，就已经拨出"东北流通券"由部队自行采购，同时命令吉林省粮政局和长春市田粮管理处分别代为抢购，先后购军粮三百万斤左右。1941年冬以来已积储了一些粮食，后来又从商人手中购买了一大批大豆作为市属公教人员的粮食储备。但看到手下人送来的户口清查和余粮登记情况时，郑洞国的心里更加焦虑，现在市内存粮只能吃到7月底为止。

他一面电请卫立煌加紧空运补给，一面命人绞尽脑汁地继续在市内及四郊搜粮食。时任长春市市长的尚传道也曾提出"人人种地，日日练兵"的口号，郑洞国知道那只不过是自欺欺人而已，纵使人人去马路上、公园里开荒种地，可远水毕竟解不了近渴。

就在郑洞国焦头烂额之时，长春城内的粮食市场又出现了大动荡。面对解放军合围，城内的人民心中恐慌，百姓、军队纷纷开始屯粮，奸商哄抬粮价，粮食投机倒把随之盛行，粮价一日数涨，市场混乱，人心更加不安。城内通货膨胀得厉害，几元一斤的高粱米最后竟涨到三亿元一斤，临到长春快解放前，一两黄金也换不得几斤高粱米。严重的物资困难使郑洞国干脆遣散了省政府工作人员，以节约成本。

古语说"仓廪实而知礼节，衣食足而知荣辱"，现在长春城内仓廪都是空的，百姓缺衣少食，在生存需求得不到满足时，社会道德沦丧也必然随之出现。士兵私闯民宅抢粮，百姓有粮也不敢举炊，怨声沸沸。新七军的个别军官竟背地里参与粮食投机活动。为了安定人心，郑洞国决定杀一儆百，把倒卖粮食的军需官枪毙示众，可还是止不住城区的骚乱与人们的恐慌。

就在这时，郑洞国的"后院"又开始起火。曾泽生跑到郑洞国那里去告状，说是尚传道在国民党《中央日报》《长春日报》上披露了六十军士兵私闯民宅、抢民财物的事情，还表白自己要"饿死不抢粮，冻死不拆房"。郑洞国理解曾泽生的愤怒，他知道现在第六十军的处境有多么窘迫。自长春被困以后，该军官兵先是吃豆饼掺高粱米，以后高粱米吃光了，只好去酒坊挖陈年酒糟来吃。有的连酒糟也挖不到，只好去抢。手下的战士要活下来啊，和共产党打仗还要靠这些兵啊，曾泽生有什么办法，对这些情况也只好睁一只眼，闭一只眼。

对曾泽生的愤怒，郑洞国也只能抚慰一番，为了维持领导层的团结，他帮尚传道做了些解释，也委婉地表达希望曾泽生能尽量设法约束士兵，免生意外。

粮食问题还没解决，燃料的问题又出现了。无人居住的房屋、树木、柏油路遭到砍伐、挖掘。尽管政府一再发表禁令，却屡禁不止。为解决燃料问题，无奈郑洞国只得让第六十军暂五十二师出击，抢占长春东郊煤矿。但很快遭到解放军迎头痛击，该师第三团团长彭让等两百余官兵被击毙，余部只得狼狈退回。

内外交困中，郑洞国只得一而再、再而三地电请卫立煌加紧空投粮食，一面发动各军师长官联名打电报给蒋介石，诉说困守长春的艰苦情况，请他速想办法。

蒋介石在给郑洞国复电中，命令他将城里市民的一切粮食物资收归公有，严禁私人买卖，全部由政府计口授粮按人分配，以渡难关。这封电报没有让郑洞国感到一丝轻松，因为他知道这道命令的实质即"杀民养军"，如果这样一来，城内必定要大乱了。他最终只能找到一个折中的办法，制定了《战时长春粮食管制暂行办法草案》，允许市民留自吃粮食到 9 月底，剩余粮食一半卖给政府做军粮，一半可以在市场上自由买卖，各保组织粮食管制委员会，由保内缺粮吃的市民派代表参加工作。买卖粮食均应按照政府议定的价格，不许哄抬粮价，凡违反该法令的，均处以极刑。

"战时粮管法"公布后，几名与吉林师管区司令李寓春有染的粮商自恃后台很硬，依然我行我素，高价倒卖。郑洞国闻之怒起，下命按"战时粮管法"处决了三名奸商。然而重刑也不能彻底解决城内的缺粮困境。

千里外的南京，正在召开军事会议。参会的人员曾讨论从东北撤退，固守华中的部署，但因失去东北在国内外影响太大，因此终是未能实行。此时的长春已到山穷水尽的边缘了。军队中，官兵因为长期吃豆饼酒糟，得了浮肿病，虚弱得难以行走。军队如此，民众的日子更惨，他们只有找野草、瓜花、豆秧、树皮来充饥，一边卖去箱底存货，换取米粮、豆饼、酒糟一类的东西配合吞食。糟糠豆粕、树皮之类的东西，本来就不是食物，吃了之后不仅有碍营养，并且容易患消化器官的疾病。当时长春城内，眼疾与胃肠炎病泛滥，百姓的身体日渐瘦弱，蓬发污面，终至相继倒毙僻巷颓垣、陋室沟壑之间。

郑洞国焦急得食不甘味、席不安枕。他只好再三哀请蒋介石和卫立煌增加空投，但空投的物资越来越少，简直是杯水车薪。一些落到指定地点以外的米包，立刻引来成批饥饿的军民蜂拥抢夺，甚至彼此展开械斗。当时尽管有法令规定"凡抢物资者处以极刑"，但纪律和命令已无法有效约束极度饥饿威胁下的人们。街上的弃婴却越来越多。起初，于心不忍的郑洞国还发动慈善机构收容这些嗷嗷待哺的弃婴，后来，每日有弃婴近百名，慈善机构再也无力负担。无可奈何，郑洞国也只能听任啼饥号寒的婴儿们个个哑然死去。

大约在8月上旬，蒋介石发来电令，让郑洞国将长春城内居民向城外疏散，以减轻守军压力。城门一开，饥民们潮水般地涌向城外。鉴于城内居民成分的复杂，尤其是有不少国民党军政人员也化装成难民试图混出城去，围城共产党部队开始时一度对长春的出城者严格审查后才予以放行，大量饥民滞留在城外中间地带，又不被守军准许回城里，结果出现了大批死亡。围城部队发现中间地带有饥民大量死亡的现象后，8月14日，中共吉林省委做出《关于处理长春外围难民的决定》，决定成立处理难民委员会，初步决定攻克长春后处理难民收容、救济等事宜。8月中旬共产党下令在指定哨卡一律放饥民过封锁线，并对出城的饥民予以救济。出城的难民共被收容了十五万余人。

在回忆这段惨痛的历史时，郑洞国这样写道："长春本是一座美丽的城市，此时城内外却是满目疮痍、尸横遍地，成了一个活生生的人间地狱，人民遭受了一场亘古少有的浩劫！多少年来，每每追忆起长春围城时的惨状，我都不免心惊肉跳，尤其对长春人民当时所遭受的巨大灾难和牺牲，更感到万分痛苦和歉疚，此生此世我都将愧对长春的父老百姓。遗憾的是，那时尽管我已经清楚地意识到，长春守军灭亡的命运已经不远了，而且内心更后悔当初到东北来打这场内战，但是，那种愚忠愚孝的封建意识却继续左右着我的思想。我错误地认为，不论国民党多么腐败，也不论局势多么险恶，我毕竟跟着蒋先生干了几十年，唯有尽自己的力量，挣扎到底，才能保全军人气节，对蒋先生也算是问心无愧。所以，我的心情虽然极度痛苦、绝望，却仍然强作镇静，拼命支撑，丝毫没有改变坚守到底的决心。由于我的这种顽固态度，使长春人民的灾难又延续了一个时期，这是我后来思之而痛悔不已的。"

在黄仁宇的笔下，郑洞国是一位内向保守、温文尔雅、慷慨善良的人，从郑洞国对这段历史的反思中，事件当事人的忏悔之心跃然纸上。作为一位在鄂西剩下军粮救济饥民，在长春绝不"杀民养兵"，救助弃婴的将领，郑洞国在长春时内心的煎熬可想而知，也难怪郑洞国说这是他一生最艰难和痛苦的时光。

困守失利后的无奈"起义"

9月初，东北"剿总"曾动议由沈阳派几个军北上四平，以接应长春守军突围，郑洞国终于看到了一线希望。谁知9月12日，辽沈战役打响。解放军各路大军云集北宁路，连续猛袭北宁路锦州至唐山段各点的国民党军队，义县至锦州的陆路交通亦被切断，孤立了锦州。锦州一旦失守，沈阳和长春的国民党军就会成瓮中之鳖。严峻的战场形势让郑洞国这点儿希望也成了泡影。他很清楚，目前等待援军已无可能，再拖下去，只有全军饿死、困死，要想解困，只能趁解放军主力南下之时，拼死突围。然而新七军军长李鸿将军、第六十军军长曾泽生等人皆无突围信心，耐不住郑洞国再三坚持，才勉强同意派兵向长春西北方向先做试探性突围。

10月3日，一队队靠酒糟豆饼果腹的士兵挣扎起来，向着阵地冲去。两个多小时后，郑洞国接到李鸿打来的电话："司令官，不行啊，共军好像已有了准备，我们攻不上去呀！"

"你要有信心，不要怕牺牲，一定要打出去。没有我的命令不许后撤！"郑洞国言毕放下听筒，驱车赶往新三十八师师部，亲自指挥督战。不利的局势、低落的士气、失当的指挥令郑洞国火大起来，他急召一八二师加入战斗，重新调整兵力，组成几支梯队，轮番向解放军阵地进攻。战况十分激烈，国民党尽管炮火很猛，但步兵终因饥饿过久，体力不济，运动很慢。有几次突击部队好容易接近解放军阵地前沿，又被反击下来，伤亡很大。阵地向前推了几里地之后，就再也打不动了。

次日，郑洞国邀曾泽生到兵团司令部。这时他还不知道曾泽生早已萌生阵前起义之心。

"曾将军，现在形势危急，请你第六十军暂二十一师派出一团兵力助攻，以解突围之困啊。"郑洞国紧紧地盯着曾泽生，急切地说道。

谁知，曾泽生半天都不说话，似乎思考了良久，才恳切地说："桂公，现在部队士气非常低落，城外共军有一个纵队、六个独立师的兵力，围得很紧，我们根本突不出去，这样打下去只能徒遭伤亡。"

"那么你说怎么办？难道我们就坐以待毙？"

"桂公一意要打就打吧，反正我们六十军是没有办法了。"说完曾泽生长长地叹了口气。

"曾将军，你要相信谋事在人，成事在天，现在共军大举南下，这正是我军突围的绝佳时机，如若不能把握，恐你我会悔之晚矣啊。"尽管对曾泽生的态度非常不满，但郑洞国还是好言劝慰了几句。

曾泽生回去后，勉强增派了一团兵力摆摆样子，根本没有认真打。就这样，仗打了三天，无论王牌军新七军，还是第六十军，都"不敢越雷池一步"。郑洞国又气又急，却毫无办法。

就在这时，东北"剿总"指示郑洞国使用毒气弹突围。曾在缅北受过日本人毒气弹之害的郑洞国断然拒绝，他不忍向同胞使用这种国际上的禁用武器。

7日下午，解放军发起一次反击，第六十军方面一度吃紧，郑洞国急忙赶到第六十军的临时军部监战。然而让他没想到的是，自己手下的两员大将早已失去了作战的信心。

"司令官，弟兄们都饿着肚子，实在打不下去了。这几天伤亡这么大，再打就要把队伍拼光了。请您下令无论如何要在今晚把部队撤回来吧。"郑洞国刚一进门，曾泽生便嚷嚷起来。

"李军长，你的意见如何？"尽管知道突围没有多大希望，但郑洞国还是不死心地问身边的李鸿。

"桂公，看来现在突围是不行了，先把部队撤回来再说吧。"

两位军长都坚决表示不愿再突围，郑洞国再坚持也没有意义，只得下令撤退，部队龟缩回城中。

10月10日，是国民党的"国庆"日，几架飞机投下蒋介石分别写给郑洞国、李鸿、曾泽生的亲笔信，信中述着一个意思：目前共军主力猛攻锦州，东北局势十分不利，长春的空投物资亦难维持，望接信后迅速率部经四平街东南地区转移，届时将派飞机掩护，沈阳方面亦有部队接应。

看到委员长的最高指示，郑洞国百感交集，有条件突围的时候要求死守，无力突围时却得到了"恩准"。下一步的路该怎么走？他只好通知自己的几个将领一起研究一下如何对待这不合时宜的最高指示。

"总统命令我们突围，二位看看怎么办好？"

曾泽生连连摇头苦笑道："总统下命令容易，真正突围谈何容易？现在城外共军兵力雄厚，而我军是兵无斗志，根本突不出去的。"

"就是突出去，这七八百里地，中间没有一个国军，官兵又都腿脚浮肿，不要说打仗，就是光走路都成问题呀。"史说愁眉苦脸地补充道。

翻来覆去地密商了许久，却无结果，郑洞国只好将会议结果电复给蒋介石。

这年 10 月，东北的寒流来得特别早，气候一天比一天冷。城里军民在挨饿的同时，又面临着寒冷的威胁。早已失去斗志的国民党官兵，在度日如年的痛苦煎熬中苟延残喘着。

10 月 15 日，锦州城破，守军全军覆灭，整个东北国民党军队的陆上退路完全被切断了。

次日，飞机再临长春上空，投下一份措辞严厉的"国防部代电"：

长春郑副总司令并转告曾军长泽生李军长鸿：

  酉灰手令计达，现匪各纵队均被我吸引于辽西方面，该部应遵令即行开始行动。现机油两缺，尔后即令守军全成饿俘，亦无再有转进之机。如再迟延，坐失机宜，致陷全盘战局于不利，该副总司令军长等即以违抗命令论罪，应受最严厉之军法制裁。中正删日（十五日）已来沈指挥，希知照。

中正手启

随"代电"来的还有蒋介石给郑洞国的亲笔信，内容与电令大致相同，说他已派二〇七师去清原接应，他也将在沈阳停留三日，嘱郑务必果断地率部突围。

面对电文与信，郑洞国又陷入痛苦的抉择。他知道突围已经是不可能的了，眼下一群饥寒交迫、面黄腿肿的官兵，怎么逃得脱呢？然而作为军人又不能不服从命令。思来想去，最后只得横下一条心：突围是死，坐等也是死，横竖是一死，好歹战死也算死得其所。

想到这里，他立刻命令副官通知曾泽生和史说，他要告诉这两位已无突围之心的部下，同意要突围，不同意也要突围。史说得了通知忙赶到郑洞国的住所，但曾泽生却迟迟不肯前来。直到郑洞国以强硬的口气告诉曾泽生有要事相商，必须即刻到达，曾氏才犹犹豫豫地答应了。

"桂公召我什么事，这么急？"曾泽生问道，他担心郑洞国已经知道了自己要起义的事，要将自己扣起来。两天前曾泽生已将与共产党方面联络的人派出，预定的返回时间是十五日，但是直到十六日中午还没有消息。如果不能得到回信，曾泽生的第六十军就不得不跟随郑洞国突围，他不愿把自己和兄弟的性命扔在混战中。

"昨天锦州已经消息断绝，情况不明了，唉。"郑洞国沙哑地说道，一边把电报和信递给了曾泽生。

看完电报和信，曾泽生问道："司令官准备怎么办？"

"现在没有别的选择了，只能按命令突围，我决定今晚就开始行动，明天四面出击，后天就突围，你们看如何？"为避免这两位将领反对，郑洞国用不容置辩的口气说道。

"我没有意见。不过，部队士气非常低落，突围，第六十军没有什么希望。"曾泽生小声说道。

"新七军的情况也差不多，这些桂公很清楚。如果桂公决定突围，我们服从。"史说也慢吞吞地表了态。

在座的每一位都清楚，突围，仅仅是为了服从命令，其结果无非是战死在城郊。气氛静默得让人觉得尴尬，曾泽生率先起身，匆匆离去。

午后讨论如何行动时，曾泽生并未到来，而是派去了自己的参谋长徐树民。经过两三个小时的反复商讨才算把突围的详细计划制订下来了。命第六十军与新七军分成左右两个纵队，向清原方向突围。右纵队新三十八师行动时间定在当日午夜 12 时，暂六十一师于次日凌晨 2 时前向伊通方向疾进；左纵队亦在午夜同时突围。

回到住所，郑洞国躺在卧室床上不停地吸烟，却依然排解不了那满心的愁绪。在决定了突围之后，他终于松了一口气，但紧接着一种空虚、绝望的心情又袭上心头。这是一次力量悬殊的决战，自己很可能以身殉国，他不能不想起自己远在上海的家人。原本自己可以"因病"与其团聚，哪知莫名被卷入东北的乱局，这一错过，怕是与妻儿再也相见无期了。思及跟随左右的十万袍泽，十万更年轻的生命，也将随同自己一同走向死亡，心中不免一阵阵悲凉。想着想着，竟不觉睡着。

突然，一阵急促的铃声将沉睡中的郑洞国惊醒，接起电话，里边便传来第六十军暂五十二师副师长欧阳午急促的声音："喂，喂！司令官吗？六十军已经决定起义了，今夜就行动！"

郑洞国刚想问个究竟，耳边响起了嘀……嘀……嘀……的声音。

这个电话惊得郑洞国一身冷汗，第六十军若真的起义，让解放军占领了长春半个防区，那情况就不堪设想了。他强自镇定，不停地安慰自己：欧阳午等人素来与曾泽生等滇系将领不和，是否是有意夸大其事？

郑洞国立即给兵团副参谋长杨友梅打了一个电话，请他设法了解第六十军的动向。

约莫午夜时分，新七军副军长史说、参谋长龙国钧，新三十八师师长陈鸣人来到郑洞国的住处，告诉他半小时以前，新七军军部附近突然遭到乱枪袭击。经派出该军特务连部队搜查，发现士兵说话很多是朝鲜语，先前的一阵乱枪便是大街东侧防区街心地堡内的守兵发射的。打电话给第六十军军部接洽，但电话总机称，与第六十军的直达电话线，在三个小时以前就拆除了。

听到这一消息，郑洞国只觉得头脑中嗡的一声，一片空白。他立刻抓起电话，要第六十军军长曾泽生将军电话，但等了很久没人接，再要第六十军徐参谋长的电话，也无人接。郑洞国无力地放下话筒，他知道，第六十军真的起义了，曾泽生在蒋家嫡系军的欺压下过了这么多年，早已有心离开，没有掉转枪口只是不忍背弃远在云南的滇军首领、第六十军首任军长卢汉，现在已值生死关头，终于还是走到了这一步。

"算了吧，他们要怎么干，就由他们干去吧。"沉默了片刻，郑洞国重重地叹了口气，无可奈何地说道。

郑洞国只得取消翌晨的突围计划，并立即电告沈阳"剿总"。

17日拂晓，郑洞国总算摇通了与六十军对话的电话。

"你是谁？要干什么？"

"我是兵团司令官。"郑洞国平静地回道，"你是谁？请曾军长同我讲话。"

等待了半天，电话中终于传来了另一个声音："司令官，我是六十军新闻处长。曾军长命令我转告您，六十军已决定光荣起义。如果司令官赞成我们的主张，欢迎您和我们一同起义；如果您不赞成，我们也不勉强，就各行其是好了。"

不管郑洞国如何要求和曾泽生对话，曾泽生都打定了主意，拒不联系。

郑洞国颓然地跌坐在沙发上。这时，电话铃突然响起，是《民国日报》特派记者杨治兴的声音："桂公，六十军已经起义了！曾军长刚刚给我打来电话，要我转告您，说他决不向你开第一枪，希望您带头率大家举行反蒋起义。您看怎么办？桂公，您要尽快拿定主意啊！"

郑洞国已是心乱如麻，现在更是心烦意乱，只说了"知道了"三字，手上便将电话挂断。

天亮了，杨友梅、史说、崔垂言、尚传道等军政要员相继前来打听消息，当知道六十军起义已成事实时，呆若木鸡。短暂的静默后，开始七嘴八舌地考虑对策。正在这时，一名军官走了进来，原来是曾泽生的政工处长姜弼武。此次前来，他带来了曾泽生给郑洞国的亲笔信，墨迹犹润，字迹工整，信中写道：

桂庭司令官钧鉴：

　　长春被围，环境日趋艰苦，士兵饥寒交迫，人民死亡载道，内战之残酷，目击伤心。今日时局，政府腐败无能，官僚之贪污横暴，史无前例，豪门资本凭借权势垄断经济，极尽压榨之能事，国民经济崩溃，民不聊生。此皆蒋介石政府祸国殃民之罪恶。有志之士莫不痛心疾首。察军队为人民之武力，非为满足个人私欲之工具，理应救民倒悬。今本军官兵一致同意，以军事行动，反对内战，打倒蒋氏政权，以图挽救国家之危亡，向人民赎罪，拔自身于泥淖。

　　公乃长春军政首长，身系全城安危。为使长市军民不做无谓牺牲，长市地方不因战火而糜烂，望即反躬自省，断然起义，同襄义举，则国家幸甚，地方幸甚。竭诚奉达，敬候赐复，并祝戎绥！

　　　　　　　　　　　　　曾泽生　敬启

看了曾泽生的信，郑洞国内心纠结不已，他知道信中所说的都是事实，眼看国统区内的各种腐败现象比比皆是，日甚一日，而共产党人作风清廉，处处为百姓着想，深受人民拥护。尽管和共产党打了这么些年，但对这样的政党，这样政党领导的军队，却很难不产生些许的敬意，他对共产党大有惺惺相惜之情。他也理解多年受排挤打击、从未被蒋介石信任过的地方军将领曾泽生的感受，尽管他极力调解这支滇军与中央军的矛盾，但他也知道这支军队在国民党军事体系中被边缘化的悲哀。然而若要他同曾泽生一样起义却是困难的，于公，蒋介石是他的领袖、统帅；于私，是他的师长。这几十年的信任与关爱之情，这几十年的知遇之恩不是说割舍就能割舍的。

郑洞国决心已定,不管别人怎样,自己是一定不会起义的,一定会将突围进行到底。慢慢地将信放在桌上,他冷冷地对姜弼武说:"信我留下,就恕不作复了。请你回去转告曾军长,他要起义,请他自己考虑;要我和他一路,我不能干!"

郑洞国终是不能甘心就这样失去第六十军,送走了姜弼武,他派崔垂言、尚传道、杨友梅三人去与曾泽生面谈,劝他回心转意,希望事情能有转机。

一个小时后,三人无功而返。

由于六十军临阵易帜,长春城已去了半壁江山,设在原伪满国务院的兵团司令部受到威胁,郑洞国决定将司令部迁往建筑高大坚固的中央银行大楼,这座建筑的外墙均用花岗石砌成,厚度在一米以上。室内可储存大批弹药、粮食、淡水,还可自行发电。郑洞国决定在这里坚持指挥余部做最后的突围。

正当他忙碌之时,《民国日报》记者杨治兴来到他的住所。

杨治兴了解郑洞国对蒋介石的感情,犹豫了一下,方鼓起勇气说:"桂公,您一向待我亲如子侄,现在我不能不向您进一忠言。目前长春的局势已很难挽回,下面都不肯打了,再打也没什么希望,请您还是早作妥善主张吧。"

杨治兴非常尊重郑洞国,因为他是国民党高官中为数不多的清廉者。杨治兴也知道这个学者般的将领对国民党的腐败、派系之争也深感不满。因此,他说:"桂公,我大胆地说一句,您不是以前也同我讲过国民党政府腐败,不得人心吗?现在您却执意要为这样一个政权打到底,就是战死了,又能怎样?我看还是退出内战吧,免得再作无谓牺牲。"

郑洞国被杨治兴的话刺痛,他也有自己的理想、抱负,然而那深入骨髓的"忠孝"意识,使他无论如何也不会在这个时刻背叛蒋介石。看着眼前的这个年轻人,他不忍其和自己一起命丧在突围路上,说道:"小杨啊,跟着我走是浑水,跟着共产党是清水,你与我不同,还是留下吧,我让人给你留下几袋米。"

这种生死关头的关爱，使这位文弱青年竟失声痛哭起来，他哽咽着说："这个时候我不能离开您，我陪您去中央银行。"

入住央行大楼的郑洞国发现，人心散了，队伍不好带了。现在向他一样固守着自己头脑中的突围堡垒的人越来越少了，下午那场不欢而散的会议让他越来越感到前途渺茫。

接到突围指示后，郑洞国组织大家开会，他知道突围关键要看实际带兵的将领态度。谁承想会议上史说和向迺光居然吵了起来。

郑洞国问史说："史副军长，突围的事你看怎么办好？"

"现在突围是突不出去的，不过是又要无辜地死伤几万人罢了。"史氏无精打采地答道。

郑洞国未及答话，向迺光忽然奔到史说面前，用手指着他的脸庞厉声责问："我们必须突围，拖也要把队伍拖到长白山去打游击。难道新七军就这样无用吗？"

史说腾地站起来，狠狠地瞪了向迺光一眼，拂袖而去。

当晚7点钟，曾泽生打来电话，想对这位长官做最后的规劝，并让解放军代表与他直接对话。

刘姓共产党人对郑洞国说："我是解放军的代表，现在长春的局势你是知道的，我们的政策是，放下武器，可以保障生命财产安全。希望你考虑，不必再做无益的牺牲。"

郑洞国毕竟是名血性军人，他愤然回道："既然失败了，除战到死以外，还有什么可说，放下武器是做不到的！"言毕，咔嚓一声挂断了电话，紧紧关上了和谈的大门。

然而，就在这天晚上，一名年轻的小伙子为促成起义而奔波着。

这名小伙子就是杨治兴，他只身拜访了史说，面对敌军紧围、友军起义、突围无望、人心惶惶的局面，史说也只能唉声叹气，别无良策。

杨治兴借机说道："目前突围和战守都没有前途。您是否有意率部声明退出内战，与解放军商议停战？"

史说与新七军的其他将领本已不想再打了，只是碍于郑洞国这德高望重的老长官，不忍背叛，问道："桂公意下如何了？"

杨氏急于促成和平，决定"假传圣旨"，说道："桂公也有此意，不过依他的身份怎么好讲呢？"

史说了解郑洞国早年的亲共倾向以及近年来对政权腐败的不满，信以为是他派杨治兴来当信使的，不由大喜过望，说："倘桂公同意，一切就好办了！"

第二天一早，他与龙国钧将军商议，派炮兵指挥官王及人、新闻处长杨天挺、暂叙师第二团团长姚凤翔三人出城与解放军谈判。这时，郑洞国还被蒙在鼓里。

18日早晨，沈阳如期派出的一队轰炸机飞临长春上空，配合郑洞国突围，发现城东有大批部队正在向城外转移。机上指挥官即问郑洞国是什么部队，郑说可能是第六十军吧。机上人员听罢，即要投弹轰炸。郑洞国苦笑着说："算了吧，那些以前都是自己的人，况现在轰炸已无意义，徒使老百姓遭殃，还是停止轰炸吧。"

18日下午，在看望了病中的李鸿，目睹了昔日的虎将如今却蜷缩于行军床上的惨状，郑洞国压下心中的伤感，匆匆来到隔壁会议室召开师长以上将领会议。

会上，郑洞国依然坚决主张突围，但其他人都神情落寞地默不作声。史说等人还以为他这是为了掩人耳目，上演双簧戏给驻长的中、军统特务们看的，在郑洞国的再三催促下他只得说："目下官兵饿得腿脚浮肿，行军困难，况且途中还有共军拦截，这些情况您是深知的。"之后，便垂着头再也不肯讲话了。

屋内的气氛一时十分尴尬。最后还是邓士富大着胆子说："目前情况，突围已不可能，建议司令官暂时维持现状，再徐图别策吧。"

无奈中，郑洞国只得宣布散会。

会散后，史说、龙国钧二人坚意要留郑洞国在新七军军部过夜，他们怕郑洞国在兵团司令部为特务包围，不安全，想将他置于保护之中。但不知情的郑洞国心头疑云大起，暗自一惊："这些老部下，在此危急关头，莫非要挟持我向解放军投诚？"思及此，郑洞国说什么也不肯留下，头也不回地冲门而去。

这一夜，郑洞国心情痛苦、绝望到了极点。那种众叛亲离的感觉几乎要逼得他发疯。时至今日，突围不成，守亦不成，自己能决定的，也唯有自己的性命了。

次日清晨，郑洞国被一个坏消息叫醒。他尚未起床，兵团副参谋长杨友梅坐在床沿上，声音低低地问："桂公，桂公！您睡醒了？刚才接到新七军史副军长和龙参谋长电话，他们已经与解放军方面接洽，决定放下武器了，解放军同意保证司令官以下全体官兵的生命财产安全。李军长和史副军长他们都希望由您来率领大家行动，解放军方面也再三表示了这个意思。您看我们……"

这个消息使郑洞国满脑子中只徘徊着这样的念头："完了，一切都彻底完了！"顿时如五雷轰顶一般地倒在床上。

当龙国钧走进来请郑洞国去主持新七军营级以上干部会时，郑洞国心头突然烧起一把怒火，猛地撑起身来向对方劈头盖脸地大骂："龙国钧，你和史说随我做了几年事，我待你等不薄，今日为何要学张学良、杨虎城卖我求荣呢？"

室内外都是跟随郑洞国多年的部属，从未见长官发过这么大的火。至于龙国钧更是如坠雾中，不知为何已经有投诚起义意思的长官会作此反应。

郑洞国重重地叹了口气，又颓然躺在床上，事已至此，又能怎样呢？

19日上午，新七军放下了武器，其他部队也前前后后放下了武器，整个长春，便只有兵团特务团还在央行大楼负隅顽抗。

见大势已去，回天无力的郑洞国只得将全部情况汇报给沈阳"剿总"。未过多久，刚刚被重新派到东北来收拾残局的杜聿明拍来电报，说他已恳请蒋总统派直升机来营救郑洞国，问有无停落地点。郑洞国感激之余，不得不怀着沉痛的心情复电："现在已来不及了，况亦不忍抛离部属而去，只有以死报命。"他开始安排自己的后事。

万念俱灰的郑洞国已注意不到身边的杨友梅和高级幕僚已经和

解放军接洽上了。他在夜里给蒋介石拍发了最后一封诀别电报。

电文中首先简要介绍了退守央行大楼后的战况，末了陈情："缅怀受命艰危，只以德威不足，曾部突变，李军覆灭，大局无法挽回，致遗革命之羞，痛恨曷已。职当凛遵训诲，克尽军人天职，保全民族气节，不辱钧命。唯国事多艰，深以未能继续追随左右，为钧座分忧，而竟革命大业为憾……"

这份电报拍出几个小时后，天色微明，一阵突然响起的枪声惊住了郑洞国。"难道是解放军已发起最后攻击吗？罢，罢，罢，终是我以身殉国的时候到了。"他起身穿好军装，平静地躺在床上，慢慢地闭上了眼睛。这么多天的惊心动魄，这么多天的苦力挣扎，今天终于结束了，一切都结束了……久未相见的家人、朋友一一在眼前闪现，一生戎马，今天也算马革裹尸还！

郑洞国将手伸向枕下，去摸那支随身佩带了多年的手枪，枪膛里装有他为自己准备的子弹。可他做梦也没想到：枕下的手枪不见了！他明白准是手下人怕他自杀，先行将枪偷走了。他想发怒，想号叫，却已没有工夫了。室外的枪声愈发激烈，他生怕耽搁一步就做了俘虏，忙在室内另寻可结束自己生命的器械。

一直守候在门外的卫队长文健与四名卫士闻声拥入，一边呼唤一边死命地将他抱住。住在邻室的侄子、时任吉林省政府秘书处处长的郑安凡也跑了过来，直挺挺地跪在他面前，含泪说道："二叔，不能啊，您可千万莫走绝路！"言毕，泪流如注。

一时间，求死无门，看来注定是要做俘虏了，毁了一世英名啊。郑洞国颓然倒在床上。

少许，杨友梅带着一群幕僚匆匆进来，见室内情形，心中什么都明白了，不免怆然，语带哽咽地说道："桂公，事情到了最后关头，请您赶快下去主持大计！"说罢，便不由分说地命人将郑洞国从床上扶起，拥向楼下。

看到一楼大厅里已站满了荷枪实弹的解放军，郑洞国一下子愣住了，他被四名卫士和杨友梅等人紧紧环绕，郑洞国知道这些部下唯恐他再有什么极端的举动。

一个军人放下武器的痛苦，甚于自杀。可是，部下们为了回报多年呵护他们的可亲可敬的长官，为了保全长官年仅四十五岁的生命，他们联合起来，迫使郑洞国在无可选择中，接受了这一令他当时颇为心痛的事实。后来郑洞国才知道原来这兵临司令部的一幕，是杨友梅与众幕僚导演的。他们已经暗中与解放军接上了头，为了不让他难过，才朝天开枪，造成猝不及防的样子，促使郑洞国与大家一道弃暗投明。

眼望楼下如林的解放军，回顾环绕在身边的亲随与卫兵，只见上上下下都是一双双期待的眼睛，郑洞国一切都明白了，也觉得一切都完了，遂无可奈何地挥了下手，喃喃地低语了一声："放下武器吧……"

当日天大亮后，当郑洞国带着已经放下武器的兵团直属部队出城时，途中恰巧与随解放军大队进城的解放军兵团司令员萧劲光和政委肖华。

晚上，萧劲光和肖华在位于长春郊区四家子的司令部里盛情款待郑洞国。然而败兵之耻、被俘之辱让他怎么也开怀不起来，对"党国"的愧疚使郑洞国感到这顿饭吃得比枪毙他还难过。纷繁复杂的愁绪让他只是闷头喝酒，根本不开口说话。

两位主人虽看出郑洞国的不快、敌意，却还是不停地给他斟酒夹菜，尽好一个做主人的责任。

郑洞国终还是放心不下这些跟了自己几十年的部下，酒过数巡之后，说道："我在国民党里搞了二十九年，现在失败了，当然听凭处理；至于部下官兵，如果有愿意回家的，希望能让他们回去。"

"关于这些我们党有政策规定，请郑将军放心，要回家的人我们一定要帮助他们回家，愿意留下的也一定给予妥善的安置。"肖华和蔼地说道。

"既然过来了，大家都是一样的，都还可以为人民服务嘛。郑将军今后如何打算？是愿意回家还是愿意留下来？"萧劲光也在一旁微笑着问道。

"谢谢二位好意，郑某只想当个老百姓，什么事都不想做。还望二位答应：一不去广播、登报；二不参加公开的宴会。"郑洞国那死灰般的情绪萦绕在心头，坚决地向他们说道。

对郑洞国的两点"要求"，二位将军毫不介意。他们冲着郑洞国笑了笑，说："郑将军放心，我们绝不勉强您做不想做之事。"

听到这爽快的承诺，郑洞国不安的心才渐渐平静下来。

萧劲光和肖华很敬重郑洞国的人品和才华，他们用尽办法想要消除郑洞国心中对共产党的误解和隔阂。因此，笑着向郑洞国说道："将军不愿工作，是否愿意到后方哈尔滨去多看一看，休息休息，或者学习一段时间？"

"到解放区去"的邀请，不能不使郑洞国心动，他觉得去看一看也好，还可以研究一下共产党究竟为什么能够得人心、打胜仗，自己输也输个明白，于是爽快地接受了这个邀请。

第二天，郑洞国便离开了长春，离开了这座刚刚熄灭战火、让自己爱恨交织的城市，从此，开始了人生历程中一个新的转折。

第十章　走向新的生活

郑洞国在解放区，通过阅读马列主义经典著作和参观解放区建设，对中国共产党有了新的了解，最终造成了他态度的转变，积极投身于新中国的建设事业中；在"文革"大动荡的年代，他始终坚守自己的良心底线；粉碎"四人帮"后，郑洞国为了他人的平反而努力奔走，为了两岸的和平统一而贡献力量。在平静地走完这一生后，两岸同悲，共悼一代英才。

到解放区去

离开长春，郑洞国同一批放下武器的兵团司令部及新七军军官，一起动身去哈尔滨解放区。11 月的哈尔滨，已是一片北国冰雪风光，此时的郑洞国也如身处冰窖般寒冷。

当郑洞国一行人到达哈尔滨火车站时，早有解放军和当地人民政府的负责官员等候在站台上。由于郑洞国他们来得突然，接待人员只好现将他们安置在解放军政治部联络部招待所。一段时间以后，又帮他们搬到市区一个白俄商人留下的室内设施齐全的小楼中，希望他们能在哈尔滨生活得舒适。

在哈尔滨的三个月里，百姓们的欢歌和锣鼓声时常传入郑洞国的耳中，窗外也总能看到踏着鼓点兴高采烈地扭着秧歌的游行队伍。人们的脸上由衷的笑容，整个解放区洋溢着的勃勃生机，都让他犹如置身梦中，这一切都是那么的不真实，这一切与几天前长春城中遍地饿殍的情景反差如此巨大，这种反差像一块沉重的巨石压在他心上。痛苦、怀疑、愧疚多种情感缠绕着他，解放区快乐的景象根本不能让他快乐起来，眼下他不是以东北行辕副主任、吉林省主席的身份来到这片欢乐的黑土地上，他不是来与民同乐，而是以一个战败者的身份来见闻人民之乐。这种巨大的变化让郑洞国觉得喘不过气来，心中隐隐有个声音在问："难道之前所有的一切，真的错了吗？"

尽管生活十分舒适，行动也很自由，可那不甘失败、不服失败的心情，却缠得郑洞国分外难过。他想不明白为什么自己与新旧反动军阀血战过、与日本侵略者血战过的二十余年戎马生涯，最后竟败在共产党的手下。自己为之奋斗了近半生的"党国"事业，已经穷途末路，回天乏术。这种失败就好似否定了他这半生的努力，这巨大的挫败让他根本找不到自己的价值所在。

到哈尔滨不久，郑洞国就得知东北形势发生了天翻地覆的变化。长春解放后，蒋介石飞到北平，亲自指挥廖耀湘的第九兵团向辽西方向撤退，但10月底即在辽西黑山、大虎山地区陷入解放军重重包围，全军覆没，廖氏本人及部下官兵八万余人被俘。11月初沈阳、营口相继解放，东北全境宣告解放。这位立志与"党国"共存亡的"殉道者"，心中的苦闷实是无人可诉，他不得不服输，但始终却是不能服输。所以他拒绝了何长工等人提出的工作邀请，他需要时间好好地思考自己的前半生，思考自己的失败及未来的方向。事实让他不得不承认，共产党在短期内取得全国范围内军事胜利的可能性，但他深知"得天下易，治天下难"的道理，共产党能不能治理好一个拥有几亿人口的贫穷落后的大国，还不好说。

起初，从报纸看到国民党军队节节败退的消息，郑洞国难免感到心绪烦乱，报纸的字就像是一个个浮在天上的道符，他根本不知道在说什么。然而时间是治疗一切创伤的良药。随着时间的推移，郑洞国的心境渐渐平静下来，终于能静下心来看看共产党的报纸上说什么。报纸上关于共产党经济、文化的报道和政策，解放区的情景也让他慢慢开始相信这个党认真地带着人民建设着千疮百孔的国家。

这些潜移默化的思想变化在不知不觉地发生着，郑洞国渐渐开始对中国共产党感兴趣，对他们的政策感兴趣，对他们的胜利感兴趣。他想找到共产党胜利的原因，他想从共产党人的思想中找到原因。郑洞国开始读《毛泽东选集》，以后又阅读了《列宁文选》、斯大林写的《列宁主义基础》《联共（布）党史》和普列汉诺夫的一些著作。也许"行万里路莫若读万卷书"这句话是很有道理的，阅读的过程是郑洞国重新认识、理解和接受共产党的过程。

毛泽东的渊博学识，通过局势分析进而预知未来的能力让郑洞国大大折服。过去他并不清楚中国共产党究竟是怎么一回事，但是他作为一个军人在和共产党的多年征战中，已清楚地知道民心早已归于共产党。现在通过对共产主义著作的研读，他真正地理解了中国共产党是经过无数艰难困苦得来胜利的。这些书籍仿佛为深陷迷雾中的郑洞国点燃了导航的明灯，他如饥似渴地看了一本又一本。通过阅读革命书籍和考察实际，郑洞国逐步建立了对于中国共产党和毛泽东的敬重与信仰。

就在郑洞国潜心研读马克思主义经典著作时，中国人民解放军于 1948 年 11 月初，在淮海战役中大胜国民党军队，歼灭国民党军队五十余万人，杜聿明也在这次战役中兵败被俘。12 月平津战役，攻克张家口和天津，和平解放了古都北平。郑洞国认识到，国民党凭借自己的军事优势发动了这场战争，却输掉了这场战争；共产党凭借自己的政治优势接受了这场战争，却打赢了并行将结束这场战争。郑洞国知道，历史又一次证明了得民心者得天下，他不得不承认从国民党失掉民心的那一刻起，便注定输掉了这场战争。

1949 年 1 月底，郑洞国从哈尔滨移居抚顺。不久后，郑洞国以前的一些老部下开始分批遣散，不少人还分配了工作，杨友梅、史说、龙国钧等被委派去部队军事院校担任高级教官。看着老朋友纷纷开始新生活，郑洞国的心中不能说不感到惆怅，只是他还下不了决心替共产党效力。于是，他把更多的时间用来啃马克思主义的经典著作，没想到这打发时间的爱好，竟使他改变了以往看问题的方式方法，自己的世界观、人生观、价值观居然产生了重大的变化。之前种种的过往，现在想来似是有了不同的结论。

6月间，妻子陈碧莲的到来，更使郑洞国感到家庭的温暖。自1948年3月郑洞国不得已去了长春，夫妻二人这是第一次见面，想到这一年中发生的种种往事，真是百感交集。

郑洞国在哈尔滨和抚顺的这两年时间，是他精神上的新生时期。被迫放下武器后，他其实一直有各种顾虑，不能确定共产党会怎么对待自己这个"前国民党高级将领"，真的能做到他们所说的既往不咎吗？但这两年的学习、生活让他重新认识了共产党，也真的相信了共产党人承诺的"既往不咎"。放下武器后的这两年时间，在接触的共产党人中，谁也不曾追究过他历史上的任何问题，也从未强迫他做当时尚不愿做的任何事情。由此他深深体会到萧劲光将军说过的"既然过来了，大家都是一样的"那句话。他意识到自己的政治生命并没有完结，而且正在重新开始，思想也渐渐开朗起来。

与老友、恩师北京相会

1950年8月，郑洞国因旧病复发，离开东北前往上海就医。在前往上海的途中，郑洞国受到了盛情款待。行至沈阳，中共中央东北局负责人高岗会见了他，并带着郑洞国一起吃饭、看戏，周到而热情。

到了北京，郑洞国先去看望了好友焦实斋。焦实斋在东北内战初期，因不满国民党的腐败统治而弃官回到北平，跑到了北平师范大学当起了教书匠。北平的和平解放与他的这位老友有着密切的关系，正是焦实斋积极推动和协助了傅作义与解放军的和谈。此次老友重逢，分外开怀。看着焦实斋谈及解放以来国家出现种种新气象时的兴奋表情，以及对新中国建设光辉前景的展望，郑洞国被深深地打动，当初愤而辞职教书的老友如今似乎又变回当年激扬文字的热血青年。这次老友相逢，两人都分外激动与快乐，谁又能想到，几年后两人从好友进而变成了亲家，儿女结为秦晋之好。

拜别焦实斋后没几天，郑洞国就接到萧劲光和肖华的邀请。他们请郑洞国去全聚德吃烤鸭。全聚德，创建于1864年，是中华老字号，其挂炉烤鸭非常有名。郑洞国和二位将军也是熟人，没想到这次在北京竟然能够再次重逢。思及两年前自己对二位将军的态度，郑洞国感到十分不好意思。一见面，他首先就上次见面时的生硬态度表示了歉意。

两位将军哈哈一笑说道："无妨无妨，郑将军的心情我们理解，快莫要放在心上。"

那皮焦肉嫩的烤鸭令郑洞国开胃不少。大家边吃边谈，一时间宾主尽欢。渐渐，话题转到如何建设新中国上。两位将军相机议开了祖国统一大计，并诚恳而明确地提出希望郑洞国能为解放台湾出力。当听到这一提议时，郑洞国心中一紧，尽管这两年的生活让他的思想有了巨大的转变，但当听到要他和往日故旧朋友兵戎相见，实在是难以接受。思考了半天，他还是坦诚地对两位说道："两位心意，郑某明白，但是与多年老友在战场相见，实在是与心相悖啊。还望二位海涵。"

闻言两位并未有不悦之色，坦诚地说："我们只是希望郑先生能为人民做一些事情，至于做什么、怎么做，完全尊重您个人的意愿，绝无勉强之意，吃菜吃菜。"

就在郑洞国停留在北京时，一天突然收到了通知，周恩来总理将接见和宴请他。这个消息让郑洞国既兴奋又忐忑，兴奋的是周恩来还一直记挂和关怀着自己这个不成器的学生，忐忑的是这么多年和共产党兵戎相见，不知将以何颜面与老师相见。郑洞国想起两年前自己在长春山穷水尽之时，周恩来亲自给他写信，信中言辞切切，希望他能弃暗投明，做出对国家和人民有益的选择。只是由于战场混乱，史说派去的人并未能将信送到郑洞国手中，以致到了解放区他才见到这封信，但他将这封信的情义连同信笺上的字句，都深深刻在他心里：

洞国兄鉴：

　　欣闻曾泽生军长已率部起义，兄亦在考虑中。目前，全国胜负之局已定。远者不论，近一个月，济南、锦州相继解放，二十万大军全部覆没。王耀武、范汉杰先后被俘，吴化文、曾泽生相继起义，即足证明人民解放军必将取得全国胜利已无疑义。兄今孤处危城，人心士气久已背离，蒋介石纵数令兄部突围，但已遭解放军重重包围，何能逃脱。曾军长此次举义，已为兄开一为人民立功自赎之门。届此祸福荣辱决于俄顷之际，兄宜回念当年黄埔之革命初衷，毅然重举反帝反封建大旗，率领长春全部守军，宣布反帝反蒋、反对国民党反动统治，赞成土地改革，加入中国人民解放军行列，则我敢保证中国人民及其解放军必将依照中国共产党的宽大政策，不咎既往，欢迎兄部起义，并照曾军长及其所部同等待遇。时机急迫，顾念旧谊，特电促速下决心。望与我前线萧劲光、肖华两将军进行接洽，不使吴化文、曾泽生两将军专美于前也。

周恩来
十月十八日

现在将要见到老师，自己又有何颜面去面对恩师呢？

当郑洞国到达中南海见到周恩来的时候，发现黄埔军校的另一位老师聂荣臻已经在座。还未及开口，就见周恩来已经起身快步走过来，紧紧握着他的手说："洞国，欢迎你，我们很久没见面了，难

258

得有这个机会呀……"

郑洞国一时真是百感交集，两行热泪几乎夺眶而出，半天才愧疚地说出几句话："周总理，几十年来，我忘了老师的教诲，长春解放前夕，您还亲自写信给我，我感谢您和共产党的宽大政策。"

"过去的事不提了，你不是过来了吗？今后咱们都要为人民做点儿事嘛！"周恩来打断了郑洞国的表白，笑着对他说。

寒暄落座后，周恩来听郑洞国说自己黄埔军校一期的同学李奇中也在北京，随即吩咐工作人员快去请来。过了不久，李奇中便赶到了，师生四人相见，分外亲热。

故友恩师相逢，大家的心情分外愉快，饭桌上四人谈笑风生。

"洞国，听说你身体不适，到底哪里不舒服啊？要抓紧时间治病。爱人和孩子如今在何处？工作学习上有没有什么困难啊？"周恩来关心地问道。

这春风般的问候使郑洞国心底感到温暖，连忙简单地介绍了现在自己和家人的情况。

就在这时，周恩来又问他今后的打算。郑洞国想了想，答道："我别无所长，人也老了，打算回家乡种地去。"他会这么说绝非虚情假意，而是真正不愿再卷入国共之争，他清楚前些天两位将军邀他参与"解放台湾"的行动，绝非只是他们自己的意思，此时，他怕恩师再次提起这个话题，遂将心意袒露出来。

"好哇，你在老师面前还敢称老？"李奇中的一句话，说得一桌人都笑起来，刚才饭桌上那微微凝滞的气氛瞬间活跃起来。

"洞国，你还不到五十岁嘛，还有很多时间可以多为人民做贡献。现在国家建设刚刚开始，有许多事情等着我们去做呀。"周总理诚恳地说。

想了一下，郑洞国表示要先回上海治治病，料理一下家务，再听候安排。

周总理说："你先回家休息一下也好，身体养好后随时可以来。"

之后的话题，让郑洞国轻松了不少。那时正值美国发动侵朝战争，战火已经烧到了鸭绿江边。为了知己知彼，了解美国军队，周恩来询问起当年中国驻印军在缅北与盟军联合作战的情形。

郑洞国向周恩来详细地介绍了美军的作战特点，告诉他美国人打仗主要靠武器装备，打不了硬仗。

"您知道吗，美国大兵吃不得苦，他们非常依赖空中补给，一次我们和美军队共同执行作战任务，美国兵行军走累了，就先丢弃武器弹药，然后再丢弃衣服，等到达目的地时，浑身只剩下一条短裤了，我们只好把空运的装备先全部补充给美军。"

听到这儿，总理率先大笑起来。后来，周总理曾援引他这天所举的几个事例，以此激励大家要从战略上藐视敌人，克服崇美恐美思想，坚定抗美援朝、保家卫国的信心。

8月中旬，郑洞国回到了上海。

上海，本是郑洞国非常熟悉的地方。但现在再次回到这里，郑洞国几乎不敢相信这是解放前那个花花世界、灯红酒绿、流莺遍地的上海。今天的上海已不见了码头街口的恶霸、流氓，遍地的流莺也被改造成自食其力的劳动者。郑洞国原以为共产党未必有管理天下的才能，而眼前的景象不能不让他叹服。

这个被列强盘踞百年以上、被官僚买办作为大本营的城市，逐步改变了性质，成为中国新型的经济、文化大都市，广大民众的生活得到改善，根深蒂固的旧社会风气也彻底扭转了，上海的确新生了。

郑洞国按捺不住自己的激动心情，写信告诉李奇中自己准备春节再去北京看看。闻讯的周恩来很快给郑洞国发来电报，要他到北京来。

春节前夕，郑洞国到了北京，并再次被周恩来宴请。一见面，周总理还是那么亲切地关怀备至，问长问短。

"这段时间，我在上海所看到的情景，让我深感振奋，我愿意参加新中国的建设事业。还望老师能给我机会。"

"你的思想又有了新的进步，这是值得庆贺的，我代表大家欢迎你，你的年纪还轻些，完全可以多为人民服务嘛。"

郑洞国恳切地向周总理表示："感谢总理的关怀，我把上海家中的事情安置好，很快来京工作，听候总理安排。"

周总理爽朗地笑了起来，说："好，好，你可以边工作边学习嘛。"

1952 年 6 月，郑洞国举家迁往北京，被任命为水利部参事，开始为新中国的建设事业添砖加瓦。

毛泽东的家宴

1954 年 9 月，在第一届全国人民代表大会第一次会议上，经毛泽东主席亲自提议，郑洞国又被任命为国防委员会委员，参与国家机要工作。

此后不久，郑洞国突然接到毛泽东的家宴请帖。这个请帖来得有些突然，一时间郑洞国心情既激动又不安。自己曾负罪于共产党，现又未为国家立下寸功，何德何能蒙国家的最高领导人宴请自己。内心不断地思考着："见了毛主席，我该说些什么呢？"他既想时间过得快些，又愿时间最好停滞不前。

时间还是到了赴宴的那一天，郑洞国迟到了几分钟。踏进中南海丰泽园时，发现贺龙元帅和叶剑英元帅，还有鹿钟麟将军等早已在座，如此宴请阵容让郑洞国感到有点儿紧张。

见郑洞国到了，毛泽东快步如风地迎上来，亲切握手、让座，旋即又寒暄开来："郑洞国，郑洞国，你的名字好响亮哟！"毛泽东这诙谐的话语引起大家的欢笑。

"吸烟吗？"看出郑洞国的紧张和局促，毛泽东随意问道。

"吸。"郑洞国应声说道，并随手在茶几上取了一支香烟。

没想到毛泽东居然十分敏捷地擦着一根火柴，站起身替他点燃了香烟。这一平易随和的小动作，顿时让郑洞国的身心轻松起来。

"此番北上进京，家人是否安排妥当？在北京的生活可还习惯？"毛主席操着浓重的湖南乡音，问起郑洞国全家的生活情况。

主席的话勾起了郑洞国的愁绪。此次进京，让郑洞国变得家不成家。四年前，他回到上海，住在赵主教路 191 号那栋花园小洋楼旧居里。抗战胜利后这座漂亮的小楼被当作伪产，由国民党的市政府分配给他居住，1949 年解放战争结束后，这座小楼再次易主，被共产党收归国有，考虑到郑洞国是共产党团结的起义将领，上海市人民政府并未收回这处公房，依然让他的家眷继续居住。

郑洞国回沪后，不仅住着公房，还享受着公费医疗，得以到同济医院治病。不久，除解放前夕随国民党政权逃往台湾的儿子浪迹海外外，一家人基本上团聚了。1952 年 6 月，郑洞国正欲举家北上时，妻子陈碧莲提出自己是南方人，不愿离开上海。他不愿强人所难，独身北上。但谁承想，一年后，收到妻子要求离婚的来信。这种情感上的背叛让郑洞国伤心至极、气愤不已。然而这位铁骨硬汉没有纠缠，没有报复，在离婚书上签下自己的名字，把自由当作送给妻子的礼物。眼下大儿子辗转回国后，大学毕业分配到了沈阳，大女儿在老家，小儿子还在海外漂流。北京的这个家中只有他自己。

听主席问他，郑洞国坦率地告诉了主席自己的家庭情况，但神色不免黯然。

"家庭问题很重要，你一定要妥善处理好。人对生活要有一种达观的态度，千万不要为一时的波折而灰心。要相信只要进取向上，是不难重新获得个人幸福的。"看出郑洞国的黯然，毛泽东款款地劝导着。

听了毛主席这些体贴入微的话，郑洞国感动得不禁连连点头。

接着毛泽东又笑着说："你的家庭生活安排好了，还得多为人民做点儿工作嘛！你今年五十一岁，还很年轻哟！"

郑洞国想不到毛泽东这么了解自己的情况，激动之下脱口而出："主席放心，今后我一定要好好为人民服务！"

之后的谈话越来越轻松愉快，鬼使神差之下，郑洞国问出了日后自己都觉得"不甚得体"的问题。

"您的马列主义为什么学得这样好?"

毛泽东似乎也被郑洞国的问题问愣了,不明白他的用意是什么。怔了怔,望着郑洞国。当看出郑洞国有些不好意思时,毛泽东爽朗地笑了,然后回答说:"我当年接受马列主义之后,总认为自己已经是个革命者了。哪知道一去煤矿,和工人打交道,工人不买账。因为我还是那么一副'学生脸''先生样',也不知道怎样做工人的工作。那时我成天在铁道上转来转去,心想这样下去怎么行呢?想了很长时间,才有些明白,自己的思想立场还没真正转变过来嘛……"

他又加重了语气说:"其实呀,我也不是生而知之的圣人,而是在向社会学习、向群众学习的过程中逐步走上革命道路的……"末了他还说,一个人的思想总是发展的,立场是可以变的。只要立场变了,自觉放下架子去拜人民为师,这就灵了,学习马列主义就容易学好了。

与毛泽东的这次谈话,对郑洞国日后真正走上爱国和革命道路产生了巨大的影响。

新的家庭生活

在毛泽东宴请后不到一年光景,郑洞国遇到了日后给他带来很多幸福和快乐的伴侣。她叫顾贤娟,三十五岁,人如其名,贤惠而娟美。顾贤娟带着与前夫共育的七岁的女儿,走进了郑洞国的生活。

婚后,两人的小家安在了王府井南口胡同的一个四合院,夫妻琴瑟和谐,婚后多年,从未红过脸、吵过架。不久,郑洞国的大儿子安飞也与他老友焦实斋的女儿喜结连理。

两年后,久未添丁的家中迎来了一个新的生命。顾贤娟为郑洞国产下一女,老来得女的郑洞国,将其视为掌上明珠,依其郑氏排行,取名为安玉。也就在这一年,他的长孙建邦呱呱坠地,虽说辈分不同，却宛若一对金童玉女。

太平的日子，安定的生活，美满幸福的家庭，使他感到从未有过的满足。郑洞国突然想起在 1948 年 10 月，他率部向中国人民解放军投诚时，将一箱子的书画古玩交有关部门"代存"。他想起在这箱书画中，有赵孟頫的《浴马图》。

赵孟頫的《浴马图》曾跟着末代皇帝溥仪多次辗转。1932 年 4 月，溥仪进入长春伪满皇宫；1935 年，《浴马图》等国宝被从天津运至长春，放置在伪满皇宫后院的小白楼内。1945 年 8 月，日本败亡，溥仪携带部分国宝从长春出逃。溥仪出逃后，看守小白楼的伪满洲国士兵开始哄抢、争夺、撕扯小白楼内的国宝，造成了部分国宝的损毁和破坏。之后，抢得国宝的这些士兵有的将其携带回老家珍藏，有的将其转手变卖。这批散失的国宝当时被古玩商们称为"东北货"。《浴马图》也就是从那时散失在民间的。

1946 年 3 月，郑洞国被派驻到长春就任"东北保安副司令长官"，当时正是"东北货"开始在长春活动期间，郑洞国在东北的两年多时间，对散佚书画极为关心，一直留心访求。在日军投降后人心惶惶的混乱时局下，他利用自身优势，深居伪满中央银行地下室，军务之余，用重金购得不少于二十件的"东北货"。在郑洞国收藏的这批"东北货"中，就包括赵孟頫这幅价值连城的《浴马图》。

郑洞国决定无偿地献出这幅价值连城的文物书画。他以全国政协常委的名义，向国家文物局询查下落，后经有关部门的多方努力，终于从当年解放军缴获的一大堆作战地图和档案中，找到了这批书画，其中有唐代的《万岁通天帖》、五代杨凝式的《夏热帖》、辽代的《卓歇图》、元代王蒙的《太白山图》、明代沈周的《仿王蒙山水》等稀世之宝。

平静的日子一天天过去了，转眼已是 1957 年新春。郑洞国突然得到消息，政府决定开放公安部设在北京德胜门外功德林的战犯管理所，让战犯们与社会接触。

功德林原是一座庙宇，在清朝末年被改建成为一座监狱。1915

年，北洋军阀段祺瑞执政期间，司法总长罗文干最终完成了这座监狱的全部改造，后来成为国民党北平"第二模范监狱"。新中国成立后，这座监狱被公安部接管，成为关押和改造战犯的一座监狱。

这个消息让郑洞国兴奋不已，他的老朋友杜聿明、宋希濂、廖耀湘、郑庭笈都被关在这里，现在他们终于可以相见了。一天，郑洞国偕同老长官张治中、卫立煌、邵力子等人最先进入了功德林。老友相见自是激动不已，当年沈阳相别时廖耀湘要他遇到困难向其突围，以伺机营救的话犹在耳边，而眼前人却已是两鬓斑白。

唯有杜聿明仿佛被上天眷顾，岁月在他身上并未留下太多的痕迹，反而一扫病容，格外精神。听他介绍，被俘后，共产党积极帮他诊病，最终发现他多年的隐疾脊椎结核，并治好了他的脊椎结核、肺结核、肾结核和胃溃疡。杜聿明对共产党的革命人道主义精神深铭肺腑。

看着眼前神情矍铄的老友，郑洞国倍感欣慰，不管怎样，大家终是再次相逢了，不管怎么样，大家终是重获新生了。他相信过不了多久，老友将能走出功德林，真正地和这个蓬勃成长的国家共同进步。

这一天来得很快，在中华人民共和国成立十周年的大喜日子里，由中共中央主席毛泽东提议，经第二届全国人民代表大会常务委员会第九次会议决定，由中华人民共和国主席刘少奇颁布特赦令，特赦了一批确实已经改恶从善的战争罪犯、反革命罪犯以及普通刑事罪犯。杜聿明和往日曾紧紧跟随他的旧部郑庭笈榜上有名。与他们同时特赦的，还有末代皇帝溥仪。

这个消息让郑洞国大喜过望。他飞快地向后院奔去，后院西房就住着郑庭笈的妻子冯莉娟。可临到门前，他却止住了脚步，这时，蓦然想起冯莉娟已和郑庭笈离了婚，自己贸然闯进去，也许别人会尴尬。他只得黯然返回。

想到冯莉娟和郑庭笈的婚姻，郑洞国不禁唏嘘不已。他知道这个贤惠而坚强的女人，选择离婚有着自己深深的无奈。20 世纪 50 年

265

代初，冯莉娟便带着郑庭笈的母亲以及他们的孩子从郑氏老家海南来到北京，夫妻团聚是她最简单而美好的心愿，她耐心地等着丈夫出狱。然而，新中国阶级斗争之弦愈绷愈紧，唯成分论的调子使他们的孩子备受歧视，郑庭笈的历史严重影响了孩子，孩子们读书求职都找不到好的出路。看着孩子们所遭受的不公平的待遇，没有哪个母亲会不心痛。离婚，能够给孩子一个好的前途，但会对不起自己还在狱中的丈夫，可是不离婚，又会对不起自己的孩子。这种艰难的选择折磨着冯莉娟。看着生活在不公、歧视中的儿女，她只得忍痛绝情断义，与郑庭笈离了婚。

离婚后她一肩挑起了养育子女、赡养老人的重担，这位坚强的女性自食其力，开始寻些缝缝补补的活儿。看到孤儿寡母的惨淡生活，郑洞国便帮她买来当时尚属家庭"三大件"之一的缝纫机。逢年过节，几家人经常走动，亲如一家。

如今，杜聿明、郑庭笈等老友就要出来了，郑洞国打心底希望他们能有幸福平静的生活，有心要使郑庭笈和冯莉娟破镜重圆。

无独有偶，思虑郑庭笈与冯莉娟复婚的不仅有郑洞国，还有日理万机的周恩来总理。

杜聿明、郑庭笈等人很快被安排为全国政协文史资料研究委员会专员，成了郑洞国的同事。为了给郑庭笈提供破镜重圆的机会，总理将冯莉娟安排到政协文史委当打字员。很快郑庭笈和前妻破镜重圆，杜聿明的妻子曹秀清从美国飞往瑞士，辗转归来，夫妻终于团圆。郑庭笈在回忆这段历史时写道：

我于1959年12月4日被第一批特赦，并定居北京与家人团聚。此时，久违的桂公已担任水利部参事、国防委员会委员，特邀为全国政协委员。自1938年结识共抗日寇以来，我们经历了多少惊涛骇浪，几度聚散，怎么也没想到我们终于得以开始新的生活，在和乐融融的气氛中再度相逢。当我们四目相对、畅叙经历与感受时，真是百感交集。桂公仍是我的学长、我的良师益友，他依然像以往那样和蔼、亲切、坦诚。他更加乐观了，从他那微笑中我能看出他对人生的执着追求与满足感，从而也增强了我对未来的希望！

郑洞国由衷地为老友旧部的新生而欢欣，也非常珍惜自己的家庭生活，享受着含饴弄孙的幸福安宁。

坚守"良心底线"

1966 年，正当国民经济的调整基本完成，国家开始执行第三个五年计划的时候，意识形态领域的批判运动逐渐发展成矛头指向党的领导层的政治运动。一场长达十年、给党和人民造成严重灾难的"文化大革命"爆发了。

"文化大革命"这场群众运动，几乎让所有的人都疯狂起来。在这场政治浩劫中，很少有人能够独善其身。幸运的是，在周恩来的保护下，郑洞国没有受到太多的冲击。那些红卫兵到郑洞国家的时候，还非常客气，只说"郑先生，我们到你家看看"，看了一下也没有破坏，就收走两把军用水果刀。

可郑洞国那远在辽宁阜新的长子郑安飞却受到了冲击。郑安飞在解放前夕收到了蒋介石派人给他兄弟俩送来的两张机票，让他俩去美国留学。当时兄弟二人认为父亲已经阵亡，几经犹豫，最终选择了去台湾。但不久安飞又只身返回大陆，并于参加工作后主动向组织上将这段历史做了说明，但此时这些成为他的罪证。最后逼问不出什么名堂的造反派只得把他交给了司法部门，郑安飞才侥幸活下命来。

在"文化大革命"那狂热的气氛中，想要守住自己的良心也非易事。郑洞国就是这么一位坚守自己良心的人。郑洞国跟刘少奇、贺龙都算同乡，尤其是贺龙，他的老家湖南桑植县与郑洞国老家湖南石门县相邻，两人私交不错。可在"文革"时有人要他揭发贺龙，他坚决不干。他有他的底线，他有他的坚守。

一次，海军司令部的一伙造反派打上门来，威逼郑洞国证明时为海军副参谋长的张学思（张学良之弟）是"隐藏在党内、军内的大叛徒、大内奸"。郑洞国觉得这莫须有的罪名实在可笑。然而造反派却并不放过他，"启发"他，说"当时国共在东北内战，三人调停小组时，张学思曾密谋向国民党投诚"，郑洞国想了想说不大可能。在造反派说张学思自己已经承认这件事时，郑洞国依然坚持说没有这回事。

不死心的造反派分子不断来，但郑洞国只有一句话"这个事如果有的话我应当知道"。因为那时他在东北保安司令长官部是副司令长官，而且是管作战的，杜聿明生病，他两度代替指挥，这么大的事他能不知道吗？最后被逼得实在没有办法了，郑洞国只好说："对不起，我实在想不起来，不能随便冤枉好人。"

一听此言，造反派勃然大怒，拍案而起："你不老实，你没有冤枉好人，难道是我们冤枉好人了吗？"

"你们冤枉没冤枉好人我不知道，但是我不能冤枉好人，对不起，我累了。"说完郑洞国走回了自己的卧室，不再理睬屋外的造反派，心想大不了明天去坐牢呗。幸好后来也没事。

不能冤枉好人，这个说起来容易的道理，在那个是非混淆、黑白颠倒的年代坚持起来却实属不易，然而郑洞国却在这不易中坚守了自己的良心。

郑洞国从"两报一刊"那些"批林批孔批周公"的文章中，看出了一些苗头，不禁为周恩来暗暗地捏上一把汗。正在这时，他那相濡以沫近二十年的妻子突然患了重病，住进了医院。他陪同其妻住进医院时，无意中获知周恩来也身患重病，心中更是忧上加忧。

在这大动荡的岁月中，郑洞国一日复一日地煎熬着。然而灾难般的生离死别却一次又一次地落在他的头上。

1973 年，郑洞国送走了挚爱妻子，让她在那不平静的年代平静地走了。在给儿媳的信中他这样写道："贤娟之死，是我人生的又一次重大打击。"那种生死两茫茫的哀伤又该如何诉说。

在这短短的几年中，他送走了贺龙，送走了爱妻，自己的恩师周恩来还在病床上躺着，这无常的生死，这莫测的政治变化，让他身心俱疲。

然而，死亡不会因为人们的哀伤而停下脚步。就在顾贤娟离世后的第三年，周恩来在那飞雪如絮的一月，离开了敬爱他的人民。

郑洞国和全国人民一道，沉浸在无尽的哀思中。当他与杜聿明等人一起去向周恩来的遗体告别时，望着灵床上恩师那布满老年斑的消瘦遗容，泪水潸然而下。

回到家中，郑洞国呆呆地看着手中的照片，久久地凝视着，没有一声言语，只有泪水在默默地流。这是 20 世纪 60 年代第一个金秋十月，他与其他在京的黄埔军校师生一起摄于颐和园的合影。那时张治中在颐和园休养，周恩来托付人以黄埔教育长的身份发了通知，邀请在京的黄埔同学到颐和园集会，并且嘱咐有家属的也要偕同参加。

19 日上午，黄埔同学都兴高采烈地来到了颐和园。有张治中及夫人洪希厚、邵力子和夫人傅学文、屈武、陈赓及夫人傅涯、郑洞国及夫人顾贤娟、侯镜如与夫人李松芸、黄雍、李奇中、覃异之、张治中的女儿张素我及女婿周嘉彬、唐生明及夫人徐来以及杜聿明、宋希濂、周振强、王耀武、郑庭笈、杨伯涛等。

周恩来和邓颖超两位按时到达，大家起立欢迎。周恩来满面春风，招呼大家就座。他对杜聿明等六人到红星公社插队的情况仔细询问，然后对大家说："这次的集会是黄埔师生联欢。这次文白先生在颐和园休养，趁这个机会请文白先生邀约大家来这里见面。大家工作得很好，我很早就想和你们谈谈的。"

周恩来转向杜聿明等六人说："你们是第一批特赦的，要做好改造标兵。你们是特赦了，但是过去的历史罪恶，这是客观存在不能

269

改变的，不能因为特赦就一笔抹掉了，而人的思想行为是可以改变的。赦人不赦罪。大家要引以为戒，继续改造自己。"

"请总理放心，我们一定按照您的指示去办，继续改造自己。"杜聿明等点头说道。

时至中午，大家一起就餐。会餐完毕，周恩来兴致勃勃地问国务院的工作人员："大家聚会不易，要留个纪念，在哪里拍几张照？"工作人员引导总理和众人一行到昆明湖北岸的牌楼前，以巍峨的万寿山为背景，拍了几张集体照。周恩来又对杜聿明等六人说："我单独和你们拍个照吧。"于是留下了这张珍贵的历史照片。

而今天，看着照片已是物是人非。陈赓、邵力子、张治中已驾鹤仙去，今天周恩来也离开了人世，心中的哀伤涌上了心头。

人们的哀思变作清明节天安门广场上人山人海的悼念。"四人帮"的镇压，激发了亿万人民心底喷涌的火山。

这一年注定是新中国历史上最让人哀伤的一年，唐山大地震使无数的百姓离世，而缔造了共和国的伟大领导者周恩来、朱德、毛泽东也相继离开了他们的人民。

在举国哀痛的时候，"四人帮"却加紧了夺权的步伐。悲极而怒的党和人民真正"扬眉剑出鞘"了。不久，倒行逆施的"四人帮"倒台了。以邓小平为代表的一批老干部开始领导新中国的建设和发展。废置了十年之久的高考制度恢复了。郑洞国仿佛看到了新的希望。

身边的小女儿，已经长成了美丽的大姑娘，那水汪汪的大眼睛、高挺的鼻梁，隐隐透着和妈妈相似的风采。郑洞国极爱这个俏丽、多才多艺、秀外慧中的小女儿。在得知恢复高考的消息后，他兴冲冲地回家告诉女儿这个好消息，鼓励女儿参加高考，实现自己的大学梦。

女儿安玉在父亲的鼓励下，参加了恢复后的第一次高考。三天的考试结束后，安玉信心满满地告诉父亲自己一定能考上名牌大学，这位美丽的姑娘幸福地畅想着即将到来的大学生活。

然而厄运再次向郑洞国袭来。在和女儿一起看完《巴黎圣母院》

270

这部电影后的第二天，郑洞国突然收到女儿单位传来的消息。安玉在北京外文印刷厂自己的宿舍里被人杀害了。这位美丽的姑娘带着刚刚才开头的大学梦，带着十多处流血的伤口，永远地离开了她那年迈的父亲，离开了她深深眷恋着的人世。

公安人员根据安玉的日记和厂里群众提供的情况，很快查到了凶犯。此人姓王，系部队干部子弟，与安玉是同事，追求安玉未果，眼看安玉参加高考，很快就会步入大学，自己的苦苦追求将会化作泡影，遂想孤掷一注。当晚，他潜入郑安玉的宿舍，翌晨趁她上班前回房换衣之机，丧心病狂地将她杀害了。

正义的枪声最终响起，然而那"白发人送黑发人"的哀痛成了郑洞国心中永远也难以愈合的疤痕。

为他人平反而奔走

郑洞国是一位勇敢、温和而宽容的人，尽管生活中有太多的不幸和磨难，他总是无畏地应对着。爱女惨然离世所带来的伤痛，随着时间的流逝，渐渐愈合。在第五届全国政协大会上，郑洞国当选为全国政协常委，并担任中国国民党革命委员会的领导工作。他开始将自己的生命投入到伟大的国家复兴工作中去。

随着"四人帮"的倒台，中国共产党在全国开展了一场关于"实践是检验真理的唯一标准"的大讨论，中国共产党人开始实事求是地评价自己的历史。在邓小平的支持和推动下，政治上的拨乱反正与平反冤假错案的工作也加快了步伐，开始为在历次政治运动被错误"戴帽子"的人们平反，纠正加在他们身上的不公正的不符合政策的错误。

这一决定让很多中国共产党党内和原国民党军政人员看到了希望。在极左路线的影响下，冤假错案中的受害者开始通过各种途径为自己的不公待遇找说法。由于郑洞国是全国政协常委，他的一些

271

老部下觉得通过他能让自己早日落实政策，纷纷上门求访，或来信诉说自己的遭遇。

一天，有名河南来的残疾老兵找上门来，他曾是郑洞国手下的一名战士，跟随部队参加过驻印军的抗日战争，在战争中失去了一条腿。然而，1949年后他没能逃过一次又一次的政治运动，至今还戴着"敌特分子"的帽子。

当这名老兵看到郑洞国时，抑制不住失声痛哭，生活给了他太多的磨难，生活也给了他本不该遭遇的不公。郑洞国了解了情况后，奋笔疾书，为这名老兵写下了旁证材料。由于时间已晚，他留老兵在自己家中吃饭住宿。

这种对战友的关爱之情我们从他写给中共中央统战部部长阎明复的一封信函的草稿中，可以了解一二：

阎部长：

您好！

现转呈原国民党投诚将领邓士富的儿子邓绍赖要求给其父彻底落实政策的信，能否请您亲自过问一下此事。

邓士富将军原任国民党新七军暂六十一师师长，1948年10月随我在长春向解放军投诚，1950年他被遣送回广东梅县原籍，不久即被当地政府错误镇压，其房屋、财产亦被抄没。此后，邓夫人也在贫病中含冤去世。目前他们夫妻留在家乡的儿子邓绍赖已年近五旬，尚无力娶亲，亦无安身之地，处境非常窘迫。

近几年我曾多次向有关方面呼吁为邓士富落实政策，并解决好有关善后问题。据闻中央统战部也曾指示当地有关部门落实解决，但至今当地有关部门仍以种种借口拖着不办，实在令人费解。目前邓士富将军还有许多亲友、同事居住在台湾和海外，他的问题迟迟得不到公正解决，将会产生很不好的政治影响。

故请您在百忙之中督促有关部门按政策尽快予以落实为盼！

此致

敬礼！

郑洞国

1986. 10. 6

那阵子由于要给故友旧部写信回信，郑洞国平均每月耗费邮资六七十元，然而他却从未为自己家的不平遭遇向政府提出过要求。郑洞国的兄长，曾留学日本，是一名一直倾向于民主革命的开明绅士，却在土改中被当作土豪劣绅给错误地镇压了。原因是这样的：中华人民共和国成立前，郑洞国的哥哥身为族长，用族规处罚了族中一名屡教不改当完田产的鸦片鬼，将他绑住后沉了潭。在法律缺失、法制极不健全的时代，这种做法并不少见，这种做法也是为了警示族人远离鸦片，其用心是善的。可是在宁左勿右的思潮下，这笔"血债"遂成了族长老人必须偿命的理由。郑洞国的哥哥被处以极刑。郑洞国事后得知，只是暗暗地流泪。郑洞国在老家的私宅，被长期充了公，先是做了县里中医院，后又成了疗养院，而后又成了县委大院的一部分。

郑洞国有无数次的机会可以向毛泽东与周恩来等人申诉，但他从来没有提过。现在，"文革"结束了，共产党人开始大力拨乱反正，他依然没有申诉。对于自身之事，郑洞国几乎与世无争；对于他人之事，他则据理力争。郑洞国的一生，未见其争名逐利争权夺位以及争逐其他身外之物，这种高贵的品格弥足珍贵。

为"和平统一"贡献力量

1978 年第五届全国政协大会上，郑洞国和杜聿明都被选为全国

273

政协常委。1979 年 10 月，郑洞国又被选为民革中央副主席。20 世纪 70 年代后期，郑洞国和杜聿明这对好搭档，开始在两岸交流工作中发挥着重大的作用。

自 1949 年以来，大陆与台湾两岸相隔数十年，长年相隔使得海峡的鸿沟太深，两岸的隔阂太大。两岸统一是中国领导人共同的心愿。郑洞国知道，老师周恩来念念不忘的事情就是让台湾回到祖国的怀抱。

1975 年 9 月，蒋介石在台北病逝后不久，卧病在床的周恩来看了载于香港某杂志的一篇文章，介绍了蒋介石去世后的台湾时局，介绍了蒋经国接任后的若干情况。与蒋氏父子均不乏交往的周总理用颤抖的手写下了他终生的最后一次批示："请约王昆仑、屈武一谈，托、托、托！"

这重于泰山的三个"托"字，让郑洞国和杜聿明这些与台湾有着千丝万缕关系的人感到"两岸统一，责无旁贷！"

从 1979 年郑洞国与政协常委侯镜如、政协委员覃异之一道发表了题为《和台湾朋友们谈新年的感想》的对台讲话后，他与杜聿明等人几乎年年都作为中央人民广播电台的嘉宾，发表对台讲话，撰写对台文章，用自身的经历与感受谈论"合则两利，分则两害"的观点，寄语台湾及海外师友，共同为实现祖国统一大业而奋斗。

就在杜聿明发表《纪念二二八寄语台友》一文，呼吁在台湾的老同学、老同事、老朋友们为完成祖国统一大业贡献力量的一年后，他因患肾衰竭在北京逝世，享年七十七岁。

痛失挚友的郑洞国悲痛欲绝。然而就在这时，台湾当局竟阻挠杜聿明滞留在台湾的子女回大陆奔丧。杜聿明的妻子曹秀清致电蒋经国的同时，郑洞国与黄埔校友黄维、李奇中、侯镜如四人联合致电在台黄埔校友，与杜妻一道强烈要求台湾当局为杜氏在台子女回大陆奔丧放行。然而，台湾当局却冷酷地用沉默拒绝了这一请求。这一有悖中国传统伦理的做法使郑洞国倍感心寒，想杜聿明为蒋家王朝出生入死，坐尽大牢，死后竟落个不让其子女奔丧的下场。

在老友的葬礼过后，郑洞国这位性格宽厚的老人也禁不住向《人民日报》记者发表谈话，表达自己的遗憾与愤慨。他说，台湾当局不放杜聿明在台子女回来奔丧，不近人情，违背中华民族传统。又说，现在丧仪已毕，人未归来，甚至连封电信也没有，实在太不讲情理了。蒋经国口口声声宣扬"孝道"，自命为"孝子"，为什么不让别人为其长辈尽孝道呢？实在令人百思不得其解！

1982 年，第五届全国人大常委会第二十二次会议通过决定，全部释放在押服刑的原国民党县团以下党、政、军、特人员，郑洞国当即发表文章称此乃仁义之举，并引用杜聿明的话做结束："我的老同学杜聿明生前曾对我说，历史最能教育人，最具有说服力，一个人经历过曲折的道路，经历了两种不同的社会，才有了比较、甄别的发言权，才更能笃信国家独立、富强的理想。这段话，我是感受极深的。在中国共产党的领导下，祖国独立、富强的理想已经初步实现，并且展示了光明的未来。"

1984 年 6 月，黄埔军校同学会成立时，他又被选为副会长。在纪念中国国民党"一大"召开与黄埔建军六十周年的大会上，他再次呼吁黄埔精神是联共而不是反共，海峡两岸携手并肩，实行第三次合作。

1985 年 9 月 20 日，他在《瞭望》周刊海外版改版试刊上发表了以"希望齐心协力实现祖国统一"为题的告台湾同胞书。1986 年 4 月，他与侯镜如、贾亦斌在全国政协六届四次会议上做了《关于促进祖国统一工作的几点意见》的联合发言。1987 年 4 月在全国政协六届五次会议上，他做了《"一国两制"是实现祖国统一的最好方式》的发言。

从这些文稿和发言中不难看出，郑洞国是年年盼望祖国和平统一，声声呼唤祖国和平统一。唯有经历过战争的人，方知和平的可贵。这位历经炮火的老人再也不愿两岸同室操戈，他知道和平统一祖国，已成为两岸同胞共同的心声。这位战场上曾经的悍将，用自己的余生为两岸的和平统一奔走呼号。

海峡两岸共悼英才

1990 年，就在亚运会召开期间，这位八十八岁高龄的老人，终究难以抗拒衰老与病魔的入侵，脑血栓与心脏病并发，被迫住进了北京协和医院，进入了他人生的倒计时。

在预感到自己时日不多后，郑洞国拉着病榻前亲人的手说："我曾是军人，对生死已看得很淡。你们要好好生活，不要为我难过。我现在对国事、家事均无所憾，只可惜没有看到祖国统一。一旦国家实现了统一，国民革命就算彻底成功了。"

老人带着未了的心愿离开了人世，他的离世让两岸同悲。

2 月 26 日，郑洞国遗体告别仪式在北京八宝山公墓礼堂举行。灵堂里摆放着前国家主席李先念、前全国政协主席邓颖超、老帅聂荣臻，以及王首道、刘澜涛、萧克、程子华等领导人敬送的花圈。中共中央政治局常委宋平，国防部部长秦基伟，中共政治局委员丁关根，全国人大副委员长雷洁琼，全国政协副主席洪学智、杨静仁、赵朴初等党和国家领导人以及民主党派、全国工商联等单位和郑洞国生前好友到八宝山与老人告别。

新华社北京 2 月 26 日对海内外发布的电讯，高度评价郑洞国的一生。电讯中说：

郑洞国的一生，是不断追求光明和进步的一生。他走过了从爱国主义到社会主义的历程，得到了光荣的政治归宿。这位 1903 年出生于湖南省石门县的爱国人士，早在学生时代就参加过五四运动。1924 年他考入黄埔军校第一期，一出校门就参加了东征和北伐。

郑洞国是最早参加抗日战争的国民党将领之一，1933 年，他就以国民党中央军第十七军二师四旅旅长之职，率部参加长城古北口战役，与日军浴血奋战，给日军以重创。七七抗战爆发后，他又首先率第二师参加了平汉路保定会战。1938 年 3 月，郑洞国率第二师参加徐州会战，在震惊中外的台儿庄大捷中战功显著，升为第九十五军军长，后率部参加武汉会战。1938 年底，郑洞国任国民党第一支机械化部队——新编第十一军（后改第五军）副军长兼荣誉第一师师长。次年 12 月，他率部参加昆仑关战役，指挥荣誉第一师担任正面主攻任务，同日军血战二十余日，迭克要点，两度攻入昆仑关。昆仑关战役后，郑洞国升任新编第十一军军长，旋改第八军军长，率部参加鄂西会战，并担任宜昌以西、宜都以北沿长江一线防务近两年之久，多次击退日军进攻。1942 年秋，他率部配合战区主力反攻宜昌，歼敌甚众。1943 年春，郑洞国被派赴印度担任新一军军长，后升任中国驻印军副总指挥，为收复缅北及支援整个缅甸战场做出了贡献。

1946 年，郑洞国被派往东北担任军职。1948 年，在辽沈决战的重要时刻，郑洞国脱离国民党阵营。

新中国成立以后，郑洞国同志历任水利部参事，中华人民共和国国防委员会委员，政协全国委员会文史资料研究委员会专员，第三、四届全国政协委员，第五、六届全国政协常务委员。同时，在民革中央第五、六次全国代表大会上，均当选为中央委员会副主席。他拥护中国共产党的领导，热爱社会主义祖国，与中国共产党密切合作。他努力学习马克思列宁主义、毛泽东思想，积极参加政协活动和民革领导工作，坚持不懈地为社会主义贡献力量。近年来，尽管他年老多病，仍十分关心国家大事，勉力参加各项活动，直至生命的最后一息。

郑洞国同志一贯致力于祖国统一大业，真诚希望海峡两岸早日实现和平统一。他拥护中国共产党的和平统一、

"一国两制"的方针，认为这是符合国家民族根本利益的，是解决台湾问题的唯一正确途径。近年来，他接待了不少从台湾和国外来访的故旧袍泽，向他们介绍情况，解释政策，帮助他们消除疑虑，增进了解，做了大量卓有成效的工作。

几乎与此同时，在海峡彼岸，也举行了郑洞国追悼仪式。在数百名黄埔学员中，只有他与杜聿明被两岸同时悼念。

曾在印缅任过郑洞国作战参谋的台湾军政元老蒋纬国在唁电中写道："郑公洞国将军逝世，噩耗惊传，无任哀悼。将军忠贞为国，功勋永留。国丧大老，痛失元良，天地同悲，谨此申奠！"

孙立人将军长子孙安平自台湾发来唁电，撰联以凭吊。

郑洞国的亲朋好友、袍泽故旧，纷纷撰文缅怀，或以其他方式祭奠。

他的老友旧部、曾与之同战昆仑关的郑庭笈，以"桂公——我半个世纪的良师益友"为题撰文，极尽缅怀之情。

…………

一位不知名的老兵，拄着拐杖，举着花圈，献于他的灵前。

一位旧部寻至他的故居，始知噩耗，号啕大哭。

20世纪90年代郑洞国长孙访美时，已患老年痴呆症的郑洞国的参谋长潘华国听说老长官已于几年前去世后，嘴角蠕动了半天，方才说出一句含混不清的话来："我……没有吊唁……"话音未落，泪水簌簌而下。

这位一生坦荡、战功卓著的一代名将，用他高尚的品格感染了无数的人，影响了无数的人。他的功绩、他的魅力，将永世长存！

参考文献

1. 郑洞国.我的戎马生涯——郑洞国回忆录[M].北京:东方出版社,2012.

2. 章戈,石澧.黄埔忠魂——郑洞国传[M].北京:团结出版社,2003.

3. 〔美〕约瑟夫·W·史迪威,黄加林.史迪威日记[M].北京:世界知识出版社,1992.

4. 〔美〕黄仁宇.黄河青山:黄仁宇回忆录[M].北京:生活·读书·新知三联书店,2001.

5. 薛庆煜.孙立人将军传[M].呼和浩特:内蒙古大学出版社,2000.

6. 王鲁东,王建.师出印度:二战打通中印公路纪实[M].青岛:青岛出版社,1999.

7. 郑庭笈.桂公——我半个世纪的良师益友[J].黄埔,1991,(1).

8. 王朝柱.王昆仑[M].石家庄:花山文艺出版社,1997.

9. 文闻.我所亲历的印缅抗战[M].北京:中国文史出版社,2005.

10. 军事科学院军事历史研究部.中国人民解放军战史·全国解放战争时期[M].北京:军事科学出版社出版,2000.

11. 王伯惠,宁大年.中国驻印军印缅抗战(上下)[M].北京:团结出版社,2009.

12. 徐康明.中缅印战场抗日战争史[M].北京:解放军出版社,2007.

279

13. 王子言. 古来征战几人回:亲历滇缅抗战[M]. 北京:团结出版社,2010.

14. 张席珍,李石. 难忘参加远征军的日子[J]. 黄埔. 2011,(3).

15. 周郁谋. 血战密支那[J]. 黄埔. 2012,(3).

16. 王楚英,张明金. 史迪威与杜聿明在缅甸战场上的恩怨纠葛[J]. 军事历史. 2007,(1).

17. 范德伟. 蒋介石和史迪威的分歧与中国远征军入缅作战失败[J]. 军事历史. 2010,(5).

18. 〔美〕黄仁宇. 缅北之战[M]. 北京:新星出版社,2007.

图书在版编目（CIP）数据

郑洞国传 / 戴燕君，冯云飞著. — 北京：中国文史出版社，2019.3

ISBN 978 - 7 - 5034 - 9798 - 8

Ⅰ . ①郑… Ⅱ . ①戴… ②冯… Ⅲ . ①郑洞国（1903 - 1991）- 传记 Ⅳ . ①K825.2

中国版本图书馆 CIP 数据核字（2017）第 286133 号

选题企划：箫　笛　段　冉

责任编辑：卢祥秋

出版发行：**中国文史出版社**

社　　址：北京市海淀区西八里庄 69 号院　邮编：100142

电　　话：010 - 81136606　81136602　81136603（发行部）

传　　真：010 - 81136655

印　　装：廊坊市海涛印刷有限公司

经　　销：全国新华书店

开　　本：720×1020　1/16

印　　张：18.25　　字数：203 千字

版　　次：2019 年 3 月第 1 版

印　　次：2019 年 3 月第 1 次印刷

定　　价：65.00 元